高等学校商科教育应用系列教材

U0369359

电子商务概论
（第二版）

李　晶　王红旗　主　编
屈娟娟　段　超　李长路　副主编

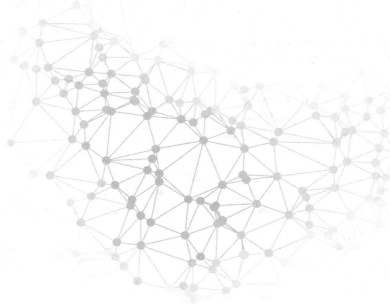

清华大学出版社
北京

内 容 简 介

本书为广州新华学院精品课程配套教材、课程思政示范课程配套教材。本书结合电子商务的最新发展编写而成,全书共分 10 章。第 1 章介绍电子商务的定义和特点,简介电子商务的产生与发展;第 2 章介绍电子商务模式;第 3 章介绍电子商务网络技术;第 4 章探讨电子商务的安全问题;第 5 章讨论电子支付与互联网金融;第 6 章介绍电子商务物流管理;第 7 章讨论网络营销;第 8 章介绍商业智能与客户关系管理;第 9 章介绍跨境电子商务;第 10 章简介电子商务法律问题。

本书可作为高校电子商务基础课程的教材或参考书,也可作为企业的培训教材,还适合企业领导、管理人员和技术人员阅读和使用。

图书在版编目(CIP)数据

电子商务概论/李晶,王红旗主编. —2 版. —北京:清华大学出版社,2023.10
高等学校商科教育应用系列教材
ISBN 978-7-302-64290-9

Ⅰ.①电…　Ⅱ.①李…②王…　Ⅲ.①电子商务-高等学校-教材　Ⅳ.①F713.36

中国国家版本馆 CIP 数据核字(2023)第 137578 号

责任编辑:左卫霞
封面设计:傅瑞学
责任校对:李　梅
责任印制:宋　林

出版发行:清华大学出版社
　　　　　网　　　址:http://www.tup.com.cn,http://www.wqbook.com
　　　　　地　　　址:北京清华大学学研大厦 A 座　　　　　邮　　编:100084
　　　　　社 总 机:010-83470000　　　　　　　　　　　　邮　　购:010-62786544
　　　　　投稿与读者服务:010-62776969,c-service@tup.tsinghua.edu.cn
　　　　　质量反馈:010-62772015,zhiliang@tup.tsinghua.edu.cn
　　　　　课件下载:http://www.tup.com.cn,010-83470410
印 装 者:三河市人民印务有限公司
经　　销:全国新华书店
开　　本:185mm×260mm　　　印　　张:15　　　字　　数:346 千字
版　　次:2016 年 2 月第 1 版　　2023 年 10 月第 2 版　　印　　次:2023 年 10 月第 1 次印刷
定　　价:49.00 元

产品编号:097243-01

第二版 前言

本书第一版于 2016 年 2 月出版,自出版以来,受到众多教师和学生的欢迎。近年来,电子商务这一学科的理论与实践有了突飞猛进的发展。为了适应社会、经济、科技发展与教学的需要,我们在广泛收集用书教师意见、建议的基础上,跟踪本学科的最新发展,对本书进行了全面、细致的修订。

本书全面贯彻党的二十大精神,始终坚持"教育、科技、人才是全面建设社会主义现代化国家的基础性、战略性支撑"的方针,将爱国教育、立德树人、培养电子商务领域优秀人才作为首要目标。在内容安排上紧扣"加快构建新发展格局,着力推动高质量发展"的主题,通过电子商务的技术模块的思政案例学习,帮助学生认识到我国正处于数字经济和实体经济深度融合阶段,技术层面的广泛渗透和应用催生出社交电商、直播电商、兴趣电商、信任电商、共享经济、反向定制等"新电商"模式,以此培养学生探索科学技术前沿的兴趣和爱好,增强民族自豪感。通过电子商务的商务应用模块的思政案例学习,帮助学生认识到电子商务产业与其他产业深度融合,在促进现代产业体系优化的同时,推动了物流、乡村振兴、跨境贸易等产业优化升级,以此激发学生的学习动力,提高学生投身建设中国特色社会主义事业的信念。

电子商务的安全问题日益严峻,各种诈骗形式层出不穷,本书贯彻党的二十大报告中提到的"坚决维护国家安全和社会稳定",提高防范化解重大风险能力,严密防范系统性安全风险,严厉打击敌对势力渗透、破坏、颠覆、分裂活动,严防严惩各种电商诈骗,建设人人有责、人人尽责、人人享有的社会治理共同体。

本书为广州新华学院精品课程配套教材、课程思政示范课程配套教材。在本次教材修订和完善的过程中,我们始终高举中国特色社会主义伟大旗帜,贯彻党的二十大精神,以打造精品教材为目标,使思政元素进教材、进课堂、进头脑,使教材与实践工作保持紧密联系,与思政教学相匹配。

本版保持了第一版的优势和特点,在原有结构体系的基础上,删除或者微调了部分章节内容,选用新数据和新案例,增加新的电子商务知识。本版的调整主要有以下几个方面。

(1)重新梳理第 2 章"电子商务模式",补充现有新型模式。

(2)第 5 章"电子支付与网络银行"改为"电子支付与互联网金融",新增了第三方支付、移动支付和互联网金融等内容。

(3)第 8 章"客户关系管理"改为"商业智能与客户关系管理",新增了商业智能及其在客户关系管理中的应用。

（4）将第 9 章"移动电子商务"改为"跨境电子商务"，讲述跨境电商的模式、物流方式及支付方式，并对典型跨境电商平台进行分析。

（5）其他章节均有不同程度的调整和更新。

本书由广州新华学院李晶、王红旗担任主编，屈娟娟、段超、李长路担任副主编。具体编写分工如下：李晶编写修订第 1 章、第 2 章、第 7 章；王红旗编写修订第 6 章、第 8 章、第 9 章、第 10 章；屈娟娟编写修订第 3 章～第 5 章；段超、李长路制作微课、视频等数字资源。编者相互之间进行了审查，李晶、王红旗负责最后统稿。

本书教学课件和习题参考答案可在清华大学出版社官网 http://www.tup.com.cn 下载。

本次修订参考了众多专家及百余位授课教师的意见和建议，在此向这些专家和授课教师表示诚挚的谢意！衷心希望各位专家、广大师生继续对本书给予批评、指正，我们将不断对本书进行更新和完善。

编　者

2023 年 4 月

第一版 前言

　　电子商务目前如日中天，是非常热门的话题，许多企业和个体创业者都在积极地涉足电子商务，大力开展各种电子商务业务，但许多企业管理者对企业电子商务究竟包括哪些内容，其模式与流程怎样，电子商务涉及哪些技术和安全问题，企业如何进行网络营销，如何管理电子商务物流，电子商务涉及哪些相关法律问题，企业需要哪些电子商务人才……都不清楚。在校学生更是需要系统学习和掌握电子商务的基本知识，以便将来能参与或担负起这方面的工作。虽然有关电子商务基本知识的教材不少，但电子商务的发展日新月异，其教材应不断更新完善，以反映或预见电子商务发展的现状和趋势。本书结合电子商务的最新发展，以清晰的理论叙述和紧扣理论的大量实际案例为读者理清上面的问题，使读者对企业电子商务的意义、内容、方法、过程和可能面临的风险及规避有一个较全面、系统、清晰的认识，为其现在或将来领导、管理或参与企业电子商务工作打下基础。

　　本书的写作特点：

　　理论和案例并重，各章有开章引例，正文有大量实际例子，章后有较完整的综合案例，各案例紧密围绕本章节理论重点；每章后有本章小结、复习思考题；理论和案例内容强调实用性和可行性，兼顾先进性和前瞻性。

　　本书主要内容：

　　全书共分 10 章。

　　第 1 章介绍和分析电子商务的定义，明确电子商务包括的范围，简介电子商务的特点、发展情况，概述本书主要学习内容。

　　第 2 章介绍电子商务的模式与流程。介绍电子商务模式的相关概念，指出商务模式的核心是价值，其包括三个方面：客户价值、投资者价值（盈利模式）和伙伴价值。对主要的 B2B、B2C 和 C2C 电子商务模式做了详细的介绍，讨论分析了其发展现状、运营模式、盈利模式和交易流程。并对电子商务的创新模式进行了探讨。

　　第 3 章介绍电子商务网络技术。介绍计算机网络的相关概念，如因特网的通信协议、IP 地址、因特网的接入方法及 WWW 技术等。并对企业开展电子商务的另外两个常用网络的应用及技术进行了简单探讨。

　　第 4 章探讨电子商务的安全问题。主要介绍电子商务的不安全因素和网络安全措施，如防火墙、DDN 专线、病毒防治、数据加密技术、数字摘要、数字签名、数字信封、数字时间戳、数字证书、认证机构等。

　　第 5 章介绍和讨论电子支付与网络银行。介绍电子支付的概念、发展阶段、类型和电子支付系统的构成；详细分析电子现金、电子钱包、智能卡、银行卡和电子支票等电子支付

工具的概念和支付流程；介绍网络银行的概念、类型和业务。

第6章介绍电子商务物流与供应链管理。阐述现代物流的概念、定义、物流的基本职能与功能，分析电子商务与物流的关系。对三种主要的电子商务物流模式进行探讨，介绍电子商务物流配送系统的基本作业流程。介绍供应链、供应链管理、电子供应链的含义及相关管理方法。

第7章讨论网络营销。介绍网络营销的概念、内容和理论基础，明确网络营销的基本含义。对企业开展网络营销的策略和常用方法进行了详细介绍。介绍网络营销管理的重要内容，就企业网络营销风险进行了分析，并探讨了规避企业网络营销风险的主要策略。

第8章介绍电子商务客户关系管理。阐述客户关系管理的重要性及对企业发展的战略意义，介绍客户关系管理的核心理念和 CRM 系统的基本功能、实施的基本步骤与关键。

第9章介绍移动电子商务。阐述移动电子商务的概念、类型、特点和相关技术，以及在我国的发展状况，详细分析其具体应用，介绍制约移动电子商务发展的三大问题：安全性、技术性和用户观念。

第10章简单介绍电子商务相关法律问题。主要介绍电子商务法涉及的相关领域和国内外电子商务立法现状，详细分析电子商务相关的主要法律问题：数据电文、电子合同、网上消费者权益保护、电子商务知识产权、电子商务安全和网络犯罪。

本书适用读者对象：

本书可作为高校电子商务基础课程的教材或参考书，也可作为企业的培训教材，还适合企业领导、管理人员和技术人员阅读和使用。

本书由清华大学出版社组织编写，中山大学新华学院李晶和韦沛文提出全书基本结构初稿后经组织者和编写者讨论确定。具体编写分工为：韦沛文编写第 1 章、第 4 章；李晶编写第 2 章、第 3 章、第 7 章；广东外语外贸大学南国商学院陈婷婷编写第 5 章、第 9 章、第 10 章；广州大学松田学院张武梅编写第 6 章；中山大学新华学院郭美文编写第 8 章；中山大学南方学院钟肖英修改第 1 章、第 4 章、第 6 章、第 8 章；中山大学新华学院罗泰晔、屈娟娟修改第 3 章、第 7 章。李晶和韦沛文负责最后统稿审查，编写者相互之间也进行了审阅讨论并最终定稿。

本书教学课件和习题参考答案可在清华大学出版社官网 http://www.tup.com.cn 下载。

李　晶　　韦沛文

2015 年 12 月 20 日于中山大学新华学院

目 录

电子商务概述

 **课 程 思 政**

　　通过学习我国电子商务发展成就和数字经济实力,感受中国在全球经济发展中的重要地位。学习掌握电商从业者的职业道德规范,树立远大的理想和信念,增强时代赋予我们的光荣使命和责任感,为实现强国之梦打下坚实的基础。

教 学 目 标

1. 理解电子商务的定义。
2. 了解电子商务的特点和发展状况。
3. 对电子商务概论所要学习的内容有一个总体认识。

开 章 引 例

电子商务改变了人们的生活方式和企业的经营模式

　　随着电子商务魅力的日渐显露,虚拟企业、虚拟银行、网络营销、网上购物、网上支付、网络广告等一大批前所未闻的新词汇正在为人们所熟悉和认同,这些词汇同时也从另一个侧面反映了电子商务正在对社会和经济产生的影响。

　　(1) 电子商务改变商务活动的方式。传统的商务活动最典型的情景就是"推销员满天飞""采购员遍地跑""说破了嘴、跑断了腿",消费者在商场中筋疲力尽地寻找自己所需要的商品。现在,通过互联网只要动动手就可以了。人们可以进入网上商场浏览、采购各类产品,而且能得到在线服务;商家可以在网上与客户联系,利用网络进行货款结算服务;政府还可以方便地进行电子招标、政府采购等。

　　(2) 电子商务改变人们的消费方式。网上购物的最大特征是消费者的主导性,购物意愿掌握在消费者手中,能够以一种轻松自由的自我服务方式来完成交易,消费者主权在网络购物中充分体现出来。

　　(3) 电子商务改变企业的生产方式。电子商务是一种快捷、方便的购物手段,消费者的个性化、特殊化需要可以完全通过网络展示在生产厂商面前。为了取悦消费者,突出产品的设计风格,制造业中的许多企业纷纷发展和推广电子商务。

（4）电子商务对传统行业带来一场革命。电子商务是在商务活动的全过程中，通过人与电子通信方式的结合，极大地提高商务活动的效率，减少不必要的中间环节，传统的制造业借此进入小批量、多品种的时代，使"零库存"成为可能；传统的零售业和批发业开创了"无店铺""网上营销"的新模式；各种线上服务为传统服务业提供了全新的服务方式。

（5）电子商务带来一个全新的金融业。在线电子支付是电子商务的关键环节，也是电子商务得以顺利发展的基础条件。随着电子商务在电子交易环节上的突破，将传统的金融业带入一个全新的领域。

作为一种商务活动过程，电子商务带来了一场史无前例的革命，其对社会经济的影响已远远超过商务本身。它还对就业、法律制度以及文化教育等带来巨大影响。

那么，究竟什么是电子商务呢？电子商务能够为企业和社会带来哪些经济效益？

（资料来源：http://www.reportway.org/）

1.1 电子商务的定义和特点

网络售物、购物及相关商务业务总称电子商务。时至今日，电子商务已是家喻户晓，其重要性也已为大多数企业所认同。但在学界，什么是电子商务依然未有定论，其定义五花八门，十分混乱。

1.1.1 电子商务的定义

什么是电子商务

刘宏副教授主编的《电子商务概论》指出：狭义的电子商务是指人们利用电子手段进行的以商品交换为中心的各种商务活动，是指公司、厂商、商业企业、工业企业与消费者个人双方或多方通过计算机网络，主要是互联网进行的商务活动；广义的电子商务是指各行各业中各种业务的电子化，又可以称为电子业务，包括电子政务、电子军务、电子教务、电子公务等。

刘业政教授主编的《电子商务概论》认为：现在所说的电子商务一般就是指基于因特网的电子商务。

美国政府的定义：电子商务是通过互联网进行的各项商务活动，包括广告、交易、支付、服务等活动。

加拿大电子商务协会的定义：电子商务是通过数字通信进行商品和服务的买卖以及资金的转账，还包括公司间和公司内利用 E-mail、EDI、文件传输、传真、电视会议、远程计算机联网所能实现的全部功能。

联合国经济合作与发展组织的定义：电子商务是发生在开放网络上的包含企业之间、企业和消费者之间的商业交易。

《2022—2028年中国电子商务行业深度调研与发展趋势报告》认为：电子商务是指以信息网络技术为手段，以商品交换为中心的商务活动；也可理解为在互联网、企业内部网和增值网上以电子交易方式进行交易活动和相关服务的活动,是传统商业活动各环节的电子化、网络化、信息化;以互联网为媒介的商业行为均属于电子商务的范畴。

对电子商务的不同定义还有很多,但仅从上面所列的几个定义中已可看出,各种不同的定义都可归类为狭义的或广义的定义。狭义的定义把电子商务和互联网严格地联系起来,限定了与互联网相关的商务活动,才能叫作电子商务,如美国政府的定义、刘业政书中的定义、中国电子商务市场投资分析及前景预测报告的定义等。广义的定义是把一切使用了电子设备而开展的与商务有关甚至是无关(如电子教学、电子政务、电视会议等)的活动都称为电子商务,如加拿大电子商务协会的定义和刘宏的书中的定义等。狭义和广义两种不同的定义可概括如下。

狭义的定义:互联网上与商品或劳务交易有关的一切业务。英文称为 electronic commerce(简称 EC)。

广义的定义:通过电子设备与电子相关的方法进行的商业活动,包括通过电话、电视、电传、传真、EDI、内部网、远程网、互联网等所进行的所有与商务相关的一切活动。英文称为 electronic business(简称 EB)。

本书主编主张以狭义的定义为电子商务的定义,理由如下。

(1)电子商务这一名称,只是在互联网上出现商务活动以后才产生的,此前并无这种提法,至少现在知道这一名词的绝大部分人以前都没听说过。

(2)通过电话、电视、电传、传真等非互联网且连计算机网络也不是的电子设备和手段而进行的商务活动,充其量只能说是电子商务的萌芽或原始、初级阶段形态,与使用互联网进行的现代电子商务有明显的质的区别,因而还不能称为电子商务,恰当的称呼应是利用电子设备进行的商务。正如"管理信息系统"这一概念,虽然从本质和广义上说,计算机出现以前的手工(或说人工)管理的信息系统也是管理信息系统,但管理信息系统的概念是 20 世纪 70 年代当计算机较多地用于信息管理时才出现的,现在教科书上所定义的管理信息系统,都强调了是"以计算机为基础的"用于信息管理和提供管理信息的人机系统。又如现代工业出现以前,也有了生产一些非农业产品的小手工业、手工作坊,它们也只能被称为小手工业、手工业,而没有被称为工业,只有在蒸汽机、电动机械出现以后,才有真正的工业和工业化的提法。因此,电话推销就是电话推销,电视广告就是电视广告,它们仅仅是利用电子设备进行的商务,还不能说是电子商务,更不是现代意义下的电子商务。

(3)通过计算机专用网进行的 EDI、在企业内部的计算机局部网或计算机远程网这些计算机网络做的与商务有关的业务活动,其性质和特点与互联网上的商务活动也有许多实质上的区别(稍后再谈及)。在互联网日益普及的今天,这些商务活动已经日渐势微,难以形成气候,也不是现在电子商务教科书要研究的内容。一提到电子商务,人们都会自然地与互联网上的买卖活动挂钩,因此,有必要把电子商务定义局限于与互联网相关的商务活动,"因为只有在计算机网络,特别是互联网普及的今天,才使得电子商务得到如此广泛的应用,也使得商业模式发生了根本性的转变"。因而,不必让电子商务包罗万象、混淆视听,使人不得要领。通过非互联网的计算机网络进行的商务活动,仅是利用电子设备进行的商务到互联网电子商务即现代真正意义下的电子商务的一种中间和过渡形式,还不

是现在人们感性概念中所指的电子商务,称其为计算机网络商务较为恰当。

（4）概念定义的必要性、意义和效用就是为了在纷繁复杂的事物中给人们厘清头绪,区分事物。如果把一切与电子设备相关的商务活动甚至非商务活动（如电子政务、电子军务、电子教务等）都叫电子商务,那么概念是广泛了,但与信息化管理、管理信息系统、企业信息化、自动化商务等概念往往产生混淆,使人难以区分,不得要领,不知道哪些是企业信息化管理,哪些是电子商务。

例如,现在许多企业都实现了会计电算化,在企业的局域网上实现了原始凭证即时输入,然后计算机自动记账、算账、过账、编制会计报表,其中也有采购、库存、销售相关的业务。这样的计算机信息系统可以称为电子商务吗？显然这样称呼是不恰当的,它与人们心目中的电子商务相去甚远,也从来没人说这是电子商务,而是称为会计电算化或会计信息系统。

（5）概念的扩大化可能会对行业发展产生负面影响。例如,把 EDI、计算机远程网上的商务作为电子商务来发展,必然是事倍功半,浪费大量的人力、物力、财力；把电子政务、电子军务、电子教务等也归入电子商务,容易混淆视听,冲击信息化的概念,甚至会影响服务质量和保守秘密的观念。为使电子商务的发展能把准方向,避免资源的浪费和走不必要的弯路,必须改变电子商务定义混乱的局面。

1.1.2 电子商务的特点

电子商务的特点与其定义密切相关。若按上面的广义定义,其主要特点：一是用电子设备与电子相关的方法；二是商业活动或与商业相关的活动。若按上面的狭义定义,其特点：一是使用互联网；二是商业活动或与商业相关的活动。具体如下。

（1）以互联网为基础。这是电子商务产生、进行和发展的基础。

（2）以商品、劳务的交易为核心。凡在互联网上以商品、劳务的买卖为目的的相关营销、促销、展示、查找、比较、询问、谈判、订购、销售、支付与后续的发运、验收、售后服务、索赔、退货等活动,都归入电子商务。不涉及商品或劳务的交易的互联网上的活动,如上网浏览消遣,网上发布政府或机构的通知、命令,网上教学,网上免费听歌和玩游戏（不涉及收费的）等,都不能称为电子商务,因而应具体地定义电子商务,否则就是把电子商务扩大化,不知什么是商务了。

（3）广播性和互动性。卖方的商品、劳务信息可以大规模地、不指定对象地、一对多地发布和传递,买卖双方可以日常语言方便地交谈,互动地交换数据信息和意见,数据无须严格地格式化。电视广告可以做到一对多地发布和传递,但做不到方便地交谈、互动地交换数据信息和意见；计算机局域网或计算机远程网可以实现互动性,但对广播性实现有限；EDI 则两者都不能很好地实现,且传送的数据需要按严格的格式进行。只有互联网上的商务可以同时轻易实现广播性和互动性。

（4）电子商务需要各种复合型专业人才。电子商务的各个环节都必须有相应的专门化软件的支持来实现相应的功能,因此对电子商务软件开发、使用和维护的专门化技术人才要求高,一般应是计算机、网络、商务、外文、管理、市场营销、物流、财务会计等各种专门化和复合型人才,各种人才相互协同工作才能做好电子商务相关工作。

为了发展和不断提高我国电子商务水平,国家推出了电子商务师职业技能等级认定,该职业共设五个等级,分别为五级/初级工、四级/中级工、三级/高级工、二级/技师和一级/高级技师,包含网商、跨境电子商务师、服务电子商务师三个工种。

认定方式分为理论知识考试、技能考核以及综合评审。理论知识考试主要采用笔试、机考等方式进行,主要考核从业人员从事本职业应掌握的基本要求和相关知识要求;技能考核主要采用现场操作、模拟操作、机考等方式进行,主要考核从业人员从事本职业应具备的技能水平;综合评审主要针对技师和高级技师,通常采取审阅申报材料、答辩等方式进行全面评议和审查。理论知识考试、技能考核和综合评审均实行百分制,成绩皆达 60分(含)以上者为合格。

另外,电子商务数据分析师证书(ECDA)是由电子商务联合会(ECF)和国际信息科技专业人员协会(IPMA)合作颁发的证书,旨在授予具备电子商务领域数据分析所需技能的专业人员。该证书认证持有者能够真正理解大数据的应用,掌握数据分析工具如 R、Python 等,并能够进行复杂的商业数据分析,提供优质的业务数据分析支持。该证书持有者能够评估数据、处理数据,并根据数据分析结果提出具有实际应用价值的商业建议。这些技能可以帮助企业在竞争激烈的市场中脱颖而出,能够更好地理解消费者行为和需求,从而对产品创新和市场营销进行更好的决策。

(5) 电子商务对网络安全、数据安全,特别是对电子支付相关信息的安全保密的要求很高。如果安全保密功能不好,是没人愿意在网上做买卖的。

(6) 双轨运转。数据、信息和信息商品等所谓信息流一般通过网上传送,实物商品即实物流则需实际运输传送,而交易所需支付的货币,即资金流既可通过网上传送,也可通过实际人工携带传送。

后面章节中的许多内容都是围绕这些特点展开阐述和分析研究的。

1.2 电子商务的产生与发展

1.2.1 电子商务的产生

电子商务的产生,刘业政教授认为若以广义电子商务而论,"可追溯到 1839 年电报刚开始出现的时候";若以狭义而论,则是 20 世纪 90 年代早期的事,"这时电子商务术语才正式出现"。按照上文对电子商务定义的观点,本书编者认同电子商务是 20 世纪 90 年代才产生的,而不是 1839 年。

姜旭平教授指出:"Internet 和 EDI 为 EC 奠定了物质基础。80 年代(指 20 世纪 80 年代,本书编者注)末期以 Internet 和 EDI 为代表的全球网络技术迅猛发展……这些技术的发展都为信息系统技术在商贸领域的应用——电子商贸系统奠定了物质技术基础。"可见,在我国较早写出电子商务专著的姜旭平教授也认为是 Internet 和 EDI 为 EC 奠定了物质

基础,电子商贸系统是在 Internet 和 EDI 的基础上产生和发展起来的,因此电子商务即 EC 的产生,应是在 20 世纪 90 年代早期,而不是更早。

1.2.2 电子商务的现状与发展

我国电商发展历程

近年来,在全球经济增长和互联网迅速普及的背景下,世界主要国家和地区的电子商务市场保持了高速增长的态势。2022 年,全球电商市场以亚洲为中心,电商销售额全球领先的经济体中,亚洲经济体占据半数。其中,中国、日本、韩国、印度和印度尼西亚分列第一、三、六、七、九位,美国在全球排名第二。数据显示在全球电商市场中,亚洲、澳大利亚和美洲的电商市场增长最为显著,世界上零售电商增长最快的四个国家都在亚洲。因此,以中国为首的亚洲区域正成为国际电子商务市场的主要力量。

1. 中国电子商务发展现状

1）快速发展：规模化

我国电子商务发展于 20 世纪 90 年代,经历了六个阶段,如表 1-1 所示。

表 1-1　我国电子商务发展历程

1999—2002 年 萌芽阶段	网民的网络生活方式还仅仅停留于电子邮件和新闻浏览阶段,市场未成熟,以 8848 为代表的 B2C 电子商务站点是当时最闪耀的亮点
2003—2006 年 高速发展阶段	阿里巴巴、当当、卓越、慧聪、淘宝成为互联网"江湖"中的热点,这些生在网络成长在网络的企业,在短短数年内崛起,并且占领市场
2007—2010 年 成熟阶段	电子商务已不仅仅是互联网企业的天下,数不清的传统企业和资金流入电子商务领域,使电子商务世界变得异彩纷呈
2011—2016 年 无线娱乐阶段	电子商务从 PC 端向智能手机端转变,消费场景变得更安全、更智能化、更娱乐化。手机消费习惯爆发式增长,商家享受流量红利
2017—2021 年 深度挖掘阶段	电商行业迎来了流量增长放缓,流量红利渐渐逝去的阶段,商家打折、促销以打造私域流量闭环,用品牌圈住消费者
2021 年—未来 体验创新阶段	加强用户体验,要有所创新(品牌、理念、服务以及粉丝互动娱乐性),商家单靠产品本身很难有所突破。大商家也越来越倾向平民化的价格

从网民规模看,2005 年,中国网民突破 1 亿;2008 年 6 月,中国网民规模首次超过美国,成为网民数最大的国家。之后网民规模逐年增长,网民数量已由 2009 年 6 月的 3.38 亿增长至 2022 年 12 月的 10.67 亿,互联网普及率为 75.6%。农村网民增长的速度也非常快,截至 2022 年 12 月,我国农村网民规模已达 3.08 亿,农村地区互联网普及率为 61.9%。

从电子商务绝对规模看,电子商务最初几年交易额均保持了每年 40% 的增长。2006 年电子商务交易总额超过 1.5 万亿元、占社会零售总额的 0.4%。2007 年超过 2 万亿元。

2008 年首次超过 3 万亿元。同时,2008 年中国的网络零售(B2B、B2C)实现三个"1"的突破：网络零售消费者人数突破 1 亿、网络零售额突破 1000 亿元、占社会消费品零售总额比例突破 1%。

2011 年,我国电子商务交易总额达到 5.88 万亿元。2012 年,中国电子商务市场交易额突破 8 万亿元,超过日本,网络零售占社会零售总额的比例上升到 6.3%。仅 11 月 11 日一天,淘宝与天猫的交易量突破 191 亿元,包裹数量突破 7000 万件,创造了中国网络销售的新纪录,并打破了美国"网购星期一"15 亿美元的纪录。

2012 年,跨境电子商务成为新的发展热点。

2013 年,中国电子商务市场交易规模达到 10.2 万亿元,我国超过美国成为第一大网上交易市场。

2014 年,中国网络购物市场交易规模达到 13.4 万亿元,网络购物交易额大致相当于社会消费品零售总额的 10.7%。年度线上渗透率首次突破 10%。无论从绝对规模还是相对规模,电子商务交易都完成了规模化的积累。11 月 11 日阿里巴巴"双十一"交易额更是创造了 571 亿元的破天荒的纪录。

近年来,政府相关部门围绕促进发展网络购物、网上交易和支付服务出台了一系列政策、规章与标准规范,为构建适合我国国情和发展规律的电子商务政策法制环境做出了积极探索。2014 年,"鼓励电子商务创新发展"更是被写入政府工作报告。

2015 年,我国电子商务交易规模为 16.4 万亿元,中国电子商务交易规模持续扩大,稳居全球网络零售市场首位。根据国家统计局统计,我国电商交易规模由 2016 年的 20.2 万亿元增长至 2022 年的 37.21 万亿元,复合年均增长率为 8.9%。中商产业研究院预测,2025 年我国电子商务交易规模将达 46 万亿元。

2) B2B—B2C—B2R—C2B:平台化,直销化

我国电子商务平台化趋势越来越明显。B2B 的发展从第一代的阿里巴巴重视信息服务,到第二代以中国制造网和中华网为主的行业垂直模式,都逐步向平台化运作发展。B2C 的发展从京东开始,到现在苏宁打造的网店与实体店结合的 O2O 模式,吸引中国老字号企业到平台上开店,平台化的趋势在 B2C 领域也表现得十分明显。例如,阿里巴巴采取了一些手段来应对微信的崛起,这些实际上都是在争夺平台的入口。

近年来,一种新的平台模式 B2R(商家对零售商)在出现,它是帮助厂家跳过多级批发商与零售商之间的一种交易渠道。浙江的小商品城推出义乌购电商平台就是采用 B2R 销售渠道的,上线三年以来,每年这种销售模式在线上带来的销量都翻几番,公司计划在三年内打造千亿级的大平台。

小米是专心做好一款产品,然后利用网络直销变成最高性价比的产品,短时间变成巨头的。传统的企业产品要经过省代理、市代理、区代理、县代理,一级级地分配下去,一级级地增加成本,而现在小米运用互联网思维采用直销模式就击垮了传统行业。互联网时代没有渠道的限制,未来最有破坏力的商业模式是直销,要做到真正的直销就要做到全产业链、全渠道。这样可以把成本降到最低,把产品做到极致。淘宝网对实体店的冲击越来越大就是直销造成的。

物流的高度发达让直销之路越来越宽,仅京东商城的自建物流在 360 座城市建立了近 1000 个配送中心,还推出了 211 限时达;顺丰快递拥有飞机团队和几乎覆盖全国的营运网点,淋漓尽致地体现出快递的速度。菜鸟集团推出全新自营品质快递服务菜鸟速递,进一步拓展其物流业务。菜鸟速递经过六年的打造,由原本服务于天猫超市的配送业务升级为覆盖全国的快递网络,旨在提供半日达、次日达、送货上门以及夜间揽收等高质量服务。

C2B 是一种先由消费者提出需求后，由生产或商贸企业按需求组织生产或货源的电子商务模式。

（1）消费者群体主导的 C2B，即通过聚合客户的需求，组织商家批量生产或组织货源，让利于消费者。团购属于一种由消费者群体主导的 C2B 模式。团购就是将零散的消费者及其购买需求聚合起来，形成较大批量的购买订单，从而可以得到商家的优惠价格，商家也可以从大批量的订单中享受到"薄利多销"的好处，这对消费者与商家而言是双赢的。团购也叫 C2T(consumer to team) 模式。

（2）消费者个体参与定制的 C2B(也叫深度定制)。在这种方式下，消费者能参与定制产品的设计、生产和定价，因此，企业可以完全满足消费者的个性化需求。如果企业为工厂，也可以称 C2F(consumer to factory)。目前，应用这种方式最成熟的当数服装类、鞋类、家具类等行业。

可以把 C2B 看作 B2C 的反向过程，也可以看作 B2C 的补充。未来的生意将会由 C2B 主导，而不是 B2C，是用户改变企业，而不是企业向用户出售；制造商必须满足消费者的个性化需求，否则将很难得到发展。

C2B2C 是消费者提供需求给企业，企业根据信息满足顾客的需求，是多方信息对称之间的一种交流，从而创造多方价值。

3）新的焦点：移动化

2012 年全球移动设备总数已经超过世界人口的数量，全球使用移动手机的数量为 48 亿。目前，移动设备的销量是 PC 的两倍，手机已经从非智能过渡到智能手机，计算机也向平板电脑过渡。今后将是移动互联网的时代。移动互联网用户规模增长已趋向稳定。截至 2022 年 12 月，我国手机网民规模达 10.65 亿，较 2021 年 12 月增长 3636 万。互联网红利进一步向老年人释放。截至 2022 年 12 月，我国 60 岁及以上老年网民规模达 1.53 亿，互联网普及率达 54.6%。预计到 2025 年，中国 2/3 的人口将订阅移动互联网。2025 年中国大陆移动互联网用户将达到 12 亿人，移动互联网用户渗透率为 66%；中国香港移动互联网用户将达到 640 万人，移动互联网用户渗透率为 72%；中国澳门移动互联网用户将达到 60 万人，移动互联网用户渗透率为 71%；中国台湾移动互联网用户将达到 2040 万人，移动互联网用户渗透率为 73%。目前我国已经进入"四屏"时代，电视、计算机、手机、平板电脑，未来将有可能实现更全面的网络服务。

4）顾客需求：个性化

消费者在其自我概念中需要用"个性化"选择来加强自我地位的优越感，因此需要目标产品与品牌进行个性化的"公然声称"，当这种外在主张与消费者自我概念发生共振就可以产生标签魅力。

我国网上零售额持续增长表明电商行业发展良好的态势。作为电商行业创新的商业模式——直播电商，也将会受益于体量庞大的电商市场。明星、主持人等也不断加入直播电商，令直播电商走向正规军模式，吸引着线下行业渠道和传统行业入局。不仅家电、乐器、运动户外、家装建材等商家已经把直播作为重要运营工具，而如珠宝、汽车、房产、旅游、保险等大宗消费品和虚拟产品也开始试水直播业务。未来行业相应的模糊空间将会收窄，规范性将会增强，直播电商行业将在健康的氛围下向着有序、理性的方向发展。

个性化消费行业将使"标准化"和"多样化"相得益彰,成为一种主流经济形态。每一种产品,都由标准件和选装件插装而成,而这种零件,甚至细分至每一个螺钉、一个接口。不断创新的设计和不同的插装方式,将使每种产品在色彩、功能、造型上都各具特色,从而满足不同个性化消费行业消费者的偏好和要求。

平台独特的个性化电商,将产品细分化,原创设计师根据用户的喜好设计出不一样的产品,让消费者拥有个性化的产品,追求更多的个性化。

5) 跨界融合:网络经济化

随着社会经济的不断发展,电子商务服务更新,要想在竞争激烈的市场环境中获得进一步的发展机会,必然要经过创新改革。创新可以为电子商务经济发展提供内动力,拓展电子商务服务,加速电子商务产品更新换代,尤其是一些智能产品,如小爱同学、天猫精灵。这些智能产品在市场中的竞争力比较强,推动了电子商务服务的进一步发展,基于这些智能产品,衍生出的新生态系统更能突显出网络经济的特点。

电子商务产业通过单一网络工具所取得的成效越来越少,这就要求电子商务产业转变创新方向,整合新的网络营销工具,采用多种方式结合,实现线上营销与线下销售有机结合,从而使电子商务经济快速增长。

依托于电商产业,网络直播、网络社交、跨境电商、社区团购等网络经济新业态健康有序发展。例如,广州通过实施"上云计划""赋能计划",促进纺织服装、美妆日化、箱包皮具等传统商贸业数字化转型;推动传统粤菜馆、"老字号"餐饮店线上经营,探索网络直播与餐饮融合发展新模式,打造线上美食之都,进而实现跨产业融合。

2. 美国电子商务发展现状

美国是全球电子商务发展最早也最快的国家,一直走在世界的前列,其应用领域和规模都远远领先于其他国家。作为这一场电子商务运动的倡导者和推动者,美国的电子商务经历了近20年的发展,演绎了一段世界电子商务的发展史。

1991年,美国政府向社会公众开放因特网,允许在网上开发商业应用系统。1993年,美国总统克林顿提出建设信息高速公路计划。1994年,美国副总统戈尔进一步提出了建设全球信息高速公路的倡议,引起世界各国的强烈反响,全球出现了网络建设的热潮。这一时期是全球电子商务的萌芽期。此间,随着因特网的兴起,众多美国网络公司纷纷成立,它们以提供信息聚集网络浏览者,吸引广告商投放广告而获得收入。1995年,因特网上的商业业务信息量首超科教业务信息量,电子商务从此大规模起步发展。美国的零售贸易电子商务起步最早,引领了世界发展潮流,如亚马逊和eBay模式等。

1996年,美国两大信用卡国际组织共同发起制定保障在因特网上进行安全电子交易、适用于B2C的模式的SET协议,并在全球推广。1997年,美国政府制定了全球电子商务市场框架文件,推动全球电子商务的自由竞争发展。此外,美国和欧盟共同发表了有关电子商务的联合宣言。当年,美国在网上开设的商店已达2万家。1998年年初,美国政府宣布了三项免税政策草案,将网上购物这种商业形式与传统的贸易方式区别出来,用法律形式保护新型的电子商务市场。当年,北美网上购物的人数达100万人次。从1998年开始,美国政府通过法案决定联邦政府机构的全部经费开支实行电子化付款,加快了美国

全国金融的电子化、网络化。企业与消费者之间的电子商务（即 B2C）在这一期间兴起，美国在线（AOL）、雅虎、eBay 等著名的电子商务公司在 1995 年前后开始赚钱，到 2000 年创造了 7.8 亿美元的收益，IBM、亚马逊书城、戴尔计算机、沃尔玛超市等电子商务公司在各自的领域都取得了巨额利润。

2000—2004 年，企业间电子商务（即 B2B）兴起，企业之间通过电子商务的方式进行交易，以节约成本和提高效率。美国国内制造协会 2000 年的一项调查表明：32% 的制造商开始使用电子商贸技术进行商业交易，80% 的公司有自己的网址，并通过互联网来进行招标、购买等商业活动。2005 年起，美国的许多大型传统企业相继转向电子商务，并试图通过互联网简化商业流程，以节约成本、提高效率。2008 年，美国 Groupon 的成立，开创了网络团购模式，即消费者对商家的电子商务（C2B）。该模式的核心是通过聚合为数庞大的具有相同购买意向的零散消费者，形成一个强大的采购集团向商家大批量购买，以此来改变 B2C 模式中用户一对一出价的弱势地位，这标志着全球电子商务的发展走向另一阶段。

2010 年后，随着智能手机和平板电脑等移动设备的普及，移动商务和团购网站发展迅速。随着电子商务的不断成熟，美国电子商务零售交易额保持稳定健康地增长。根据 eMarketer 和 Forrester 数据显示，2011 年美国电子商务零售额为 1943 亿美元，2018—2021 年美国电子商务零售额分别为 5240 亿美元、6020 亿美元、8130 亿美元、9750 亿美元。2022 年美国电子商务零售额首次超过 1 万亿美元，达到 1.09 万亿美元。在未来几年内，电子商务将保持 20% 的年复合增长率，预计 2025 年网络零售额达到 1.65 万亿美元。

美国互联网渗透率已达 90% 以上，网购渗透率约 80%。如此高的互联网用户渗透率和网购渗透率意味着美国电子商务的增长将更多地来自老用户线上销售额的提高，而不是吸引新用户的参与，这点与中国的情况不太一样。美国移动互联网发展迅速，来自移动端的交易额也是逐年上涨，并且这一趋势在未来相当长的一段时间内都将持续。未来，移动互联网将不仅带来电子商务交易额的增加，也将使电子商务的交易方式发生一些改变。

3. 中国电子商务值得关注的问题

（1）技术变革。技术变革要求一定要站在全新的角度看电子商务。电子商务是新的生产力，不是简单的交易方式。站在国家竞争力方面来看，电子商务的基础设施一定是国家战略。政府不介入，肯定不能做强、做好。《"十四五"电子商务发展规划》提出，到 2025 年，电子商务新业态新模式蓬勃发展，企业核心竞争力大幅增强，网络零售持续引领消费增长，高品质的数字化生活方式基本形成；电子商务与三大产业加速融合，全面促进产业链供应链数字化改造，助力传统企业转型和农村改革。

引导电子商务企业加强创新基础能力建设，提升企业专利化、标准化、品牌化、体系化、专业化水平。通过自主创新、原始创新，提升企业核心竞争力，推动 5G、大数据、物联网、人工智能、区块链、虚拟现实/增强现实等新一代信息技术在电子商务领域的集成创新和融合应用，加快电子商务技术产业化，优化创新成果快速转化机制，鼓励电商平台企业拓展产学研用融合通道，为数字技术提供丰富的电子商务产品和应用。鼓励发展商业科技，探索构建商业科技全链路应用体系，支持电子商务企业加大商业科技研发投入，提高运营管理效率,创新用户场景,提升商贸领域网络化、数字化、智能化水平。

（2）大数据挑战。第二个值得思考的问题是大数据时代的挑战。大数据怎么使用;数据太多,怎么挖掘,这都成为目前的挑战。自人类有史以来,所产生的信息量为50亿GB,然而2011—2013年所产生的数据量比以往4万年的数据量还多,2010年全球的数据量已经达到1.2ZB,2017年全球大数据储量为21.6ZB,2018年全球大数据储量达到33ZB,增速达52.8%。2022年全球大数据储量为61ZB,预计2025年全球大数据储量将达到175ZB。然而残酷的现状是,60%的数据会因为无法存储而丢失,这就对存储效率提出了新的挑战。什么是大数据? 2022年"双十一"全网交易额为11154亿元,同比增长13.7%。全年网联清算平台处理业务7713.49亿笔,同比增长12.98%,日均处理业务21.13亿笔。目前,全世界的信息量都面临成倍增长。然而并非所有的数据都有价值,结构化的数据才有价值,因此数据分析能力很重要,数据收集、处理、交易速度同样面临更高的要求。怎么去挖掘数据? 怎么去处理数据? 这是各位学者需要考虑的。在农业社会、工业社会、信息社会下,人们的生产方式都在发生变化,作为一个知识的生产者,人们的生产方式也在发生变化。这就是学术年会为什么会有越来越多的人参加的原因,因为大家要分享信息,一定是无限的、开放的完全共享。

（3）模式创新。未来最有前瞻性的是C2B,在这个领域,国际上已经有很多企业做了大量的阐述和贡献。无论是传统企业,还是互联网公司中曾创造辉煌的戴尔公司,还有苹果公司,都在模式创新方面做出了巨大贡献。但是,比尔·盖茨说得很清楚,传统商业银行将是21世纪最后的银行。传统的商业银行会不断地改变自己的经营。今天出现的普遍现象在于传统的业态在不断地流失。例如,随着新一代信息技术加速发展,电子商务新业态新模式不断涌现,社交电商、直播电商、生鲜电商产业链日趋完善。电子商务加速线上线下融合、产业链上下游融合、国内外市场融合发展。传统零售企业数字化转型加快,全国连锁百强企业线上销售规模占比达到23.3%。

服务业数字化进程加快,在线展会、远程办公、电子签约日益普及,在线餐饮、智慧家居、共享出行、共享员工等数字化运营模式。农村电商畅通了工业品下乡、农产品进城渠道,农业数字化加速推进,2022年全国农村网络零售额达2.17万亿元,是2015年的6.1倍。跨境电商蓬勃发展,2022年跨境电商零售进出口总额达2.11万亿元。电子商务以数据为纽带加快与制造业融合创新,推动了智能制造发展。稳妥推进数字货币研发,探索数字人民币在电子商务领域的支持作用。大力发展数据服务、信息咨询、专业营销、代运营等电子商务服务业。鼓励各类技术服务、知识产权交易、国际合作等专业化支撑平台建设。

（4）体验价值。目前5G网络日渐成熟,截至2022年年底,我国累计开通5G基站总数达231.2万个,占全球5G基站总数的63.5%,实现全国所有地市、县城城区和97.7%的乡镇镇区5G网络覆盖,京津冀、长三角、珠三角等发达地区的发达行政村实现5G网络覆盖。5G网络向各行业定制的网络演进,工业、港口和医院等重点区域已建成超2300个5G行业虚拟专网,逐渐形成适应行业需求的5G网络体系。5G终端用户超过5.61亿,占全球55%以上。5G用户渗透率超过30%,用户群体已形成规模。重要的是5G网络注重的是以"体验为中心"而不是之前的以技术为中心。这反映了在企业未来的商业模式中体验价值变得越来越重要了,企业不能仅靠产品本身的功能或者低价吸引顾客了,要把体

验作为一种必备的服务。例如,万达在 2014 年联合百度、腾讯两大巨头建立了一个全球最大的 O2O 电商平台,投入200 亿元以实现优势整合,为的就是打造线上线下一体化的用户体验,给顾客提供最大的体验价值。苹果手机卖的不单单是手机这个功能,它不惜代价地研制手机的每一个部件以做到极致,还为手机配备了 App 商店,就是为了给用户带来最好的体验,这些懂得给客户带来最大体验价值的企业都是成功企业。

（5）产业融合。1978 年就有学者提到融合的问题,当时所提的是计算、印刷和广播的融合。而当前,所指的大融合,是农业、工业、服务业三大产业的融合。这个融合会给中国经济带来更大的动力。

电子商务新业态新模式蓬勃发展,企业核心竞争力大幅增强,网络零售持续引领消费增长,高品质的数字化生活方式基本形成。电子商务与一二三产业加速融合,全面促进产业链数字化改造,成为助力传统产业转型升级和乡村振兴的重要力量。电子商务深度链接国内国际市场,企业国际化水平显著提升,统筹全球资源能力进一步增强,"丝路电商"带动电子商务国际合作持续走深走实。电子商务法治化、精细化、智能化治理能力显著增强。电子商务成为经济社会全面数字化转型的重要引擎,成为就业创业的重要渠道,成为居民收入增长的重要来源,在更好满足人民美好生活需要方面发挥着重要作用。

本 章 小 结

本章探讨了电子商务的定义,狭义的电子商务是指互联网上与商品或服务交易有关的一切业务,英文称为 electronic commerce(简称 EC)。广义的电子商务是指通过电子设备与电子相关的方法进行的商业活动。它包括通过电话、电视、电报、传真、EDI、内部网、远程网、互联网等进行的所有与商务相关的一切活动,英文称为 electronic business(简称 EB)。本书主编主张以狭义的定义为电子商务的定义。

电子商务的特点主要是:以因特网为基础;与商品、劳务的交易相关;广播性和互动性;电子商务需要各种复合型专业人才;对网络安全、数据安全,特别是对电子支付相关信息的安全保密的要求很高;双轨运转。

电子商务于 20 世纪 90 年代产生,发展迅猛,将朝着规模化、平台化、移动化、个性化的方向发展。

复 习 思 考 题

□ **复习与讨论**

1. 按本书的定义,以下属于电子商务（狭义）的是（　　）。

A. ××大学建立了学校的 Intranet

B. 李教授在学校网站上建立了自己的个人主页,发布自己的课件等教学相关信息

C. 张同学建立了一个自己的主页,向同学推销一些学习用品

D. 某企业在电视上播送商品广告

E. 张三在街上卖歌曲光盘,并用一套音响设备播放光盘来吸引买者

F. 企业通过 EDI 向供应商订货

G. 企业用 E-mail 询问供应商某产品的性能、价格等情况

H. 企业职工在企业内部的局域网(早期传统的 LAN,不是 Intranet)上处理会计报表

I. 企业职工在企业内联网(Intranet)上处理会计报表

J. 企业职工在企业内部的局域网(早期传统的 LAN,不是 Intranet)上处理采购和销售报表,但采购和销售都是通过互联网进行的

K. 企业职工在企业内联网(Intranet)上处理采购和销售报表,但采购和销售都不是通过互联网进行的

L. 企业职工在企业内联网(Intranet)上处理采购和销售报表,采购和销售都是通过互联网上进行的

M. 企业职工在企业内部的局域网(早期传统的 LAN,不是 Intranet)上处理采购和销售报表,但采购和销售都不是通过互联网进行的

2. 通过互联网等途径,了解中国电子商务发展情况及前景预测。

□ 案例分析

阿里速卖通:十年磨砺,助力中国品牌数字化出海

速卖通 2010 年孵化于阿里巴巴传统 B2B 业务。它诞生的一个重要背景是 2008 年的全球金融危机,当时很多海外企业买家的订单量急剧变小,催生了个人买家的业务。创建之初的两三年是速卖通发展的第一阶段,主要是从小额批发 To B 的业务向 To C 的业务转型阶段。

2013—2016 年是第二个阶段。从 2013 年开始,速卖通全面转向 To C 平台。平台投入大量的资源招募中国品牌,并在俄罗斯等重点国家做本地化的投入,帮助他们增强物流、支付等电商基建能力。在速卖通的推动下,俄罗斯邮政配送时间从几十天缩短到最快 5~7 天。

第三阶段是从 2017 年到现在,整个业务向多元化的方向发展。2017 年后,速卖通开始探索利用阿里巴巴的技术能力满足不同国家用户的差异化消费需求,业务更加多元化。

十几年间,速卖通凭借直接连接商家和消费者的跨境零售电商模式,已成为中国中小企业出海的重要平台,大大降低了中小企业进入国际市场的门槛。"中国制造"借助速卖通直接触达海外消费者,升级为"中国品牌",提高了议价能力;同时,速卖通也乘着"中国制造"和"一键卖全球"的东风,成为阿里巴巴集团全球化战略中的排头兵。

时至今日,速卖通已经开通 18 个语种的站点,覆盖全球 200 多个国家和地区,海外买家数累计突破 1.5 亿。速卖通在全球 100 多个国家的购物类 App 下载量中排名第一,是中国唯一覆盖"一带一路"全部国家和地区的跨境出口 B2C 零售平台。

在这个全球化的过程中,速卖通遇到的最大障碍不是语言和文化障碍,也不是本土企

业的竞争，而是海外市场尚不成熟的基础设施。相比中国，海外电商渗透率还很低，即使有些发达国家也不到10%，发展中国家基本不足5%。

想要开店，先得通路。阿里巴巴全球速卖通总经理王明强在接受《财经》记者专访时表示，速卖通与阿里巴巴旗下菜鸟、蚂蚁国际等多方业务协同合作，打通海外物流、仓储、通关、支付等各个环节，自身高速发展的同时，带动当地本土电商发展，推动这些国家相关的产业和生态的提升。

速卖通正在继续加大在海外市场本地化投入，目标是未来5年服务3亿海外消费者，并持续地打造中国企业出海的主阵地。

第一个是面向全球的基础物流，这是关键的一个能力。构建一个面向全球的物流网络，能够把货送到全球200多个国家和地区。在重点市场的物流网络中，在每一个环节都深度运营，从国内商家货品的揽收、仓储、干线包机，到海外市场的清关、干线运输、分拨、末端配送、自提，整个链路都有非常强的投入和管控力。

第二个是支付能力。跟蚂蚁国际一起，支持50多个国家的本地货币支付，这使海外用户端支付成功率非常高，在不同的地区，消费者可以自由选择信用卡、PayPal、线下支付等多种方式。

第三个是产品和技术能力。作为一家电商平台，对卖家进行平台化的运营非常重要，在其他平台，卖家只能卖货，从平台获得的就是一笔交易和订单，无法获得用户。但是在速卖通，卖家可以获得用户和粉丝，并且可以长期去经营他们的用户。

海外很多电商网站的模式是"线上化的零售"，它并没有商家的概念，只是采购货品，要么贴上自己的牌子，要么直接加个价卖出去，供货的商家和消费者是割裂的。商家虽然把货卖出去了，但是没能在用户心里留下对品牌的认知，没有办法触达、了解、运营用户。而速卖通提供了很多工具，例如类似国内淘宝"旺旺"的聊天工具，把这个聊天工具和国外的社交平台打通，商家在速卖通发一个消息，用户在Facebook可以接收到，双方就建立了连接，那么商家就可以长期去运营这个消费者。

速卖通当前的主要目标是把中国先进的基于电商的人工智能能力应用在全球化业务，应用在不同国家的商品需求和供给匹配方面。未来速卖通会加大在一些重点国家的本地化投入，主要是一些欧洲国家，还有中东、南美，重点是本地化的语言翻译、本地化社交、市场、营销、推广等。

下一个十年，速卖通的目标就是持续地打造中国企业出海的主阵地，帮助更多的中国品牌和中小企业数字化和全球化，让全球的消费者，能获得更加丰富和性价比的商品，让生活变得更美好。

（资料来源：http://news.inewsweek.cn/observe/2020-06-11/9610.shtml）

问题：

（1）速卖通如何与海外电商平台竞争？怎么看待和亚马逊的竞争？

（2）"中国卖全球"的下一步是"全球卖全球"，最大的难题是什么？

（3）未来十年跨境零售电商的发展趋势是什么？

第 2 章

电子商务模式

课 程 思 政

　　理解互联网时代的电子商务精神,掌握互联网时代下电子商务运营的新常态、新机遇、基本要求和实际操作,深刻理解"互联网+"青年红色筑梦之旅。

教 学 目 标

1. 理解电子商务模式的相关概念。
2. 掌握电子商务模式的分类。
3. 熟悉企业的电子商务运作及盈利模式。
4. 掌握 B2B、B2C 和 C2C 电子商务模式的基本流程。

开 章 引 例

8848 的兴衰

　　8848,地球的最高点珠穆朗玛峰的高度,也曾经是中国的电子商务之巅。现在珠穆朗玛峰的高度仍是 8848,但中国电子商务的领军者却早已换成阿里巴巴、亚马逊中国、当当网,以及一大批后起之秀,如京东商城等。8848 虽已归于尘埃,但从 1999 年开始的那段历史在中国互联网中已经挥之不去。

　　在中国,网龄长一点的人应该都知道 8848,它是中国最早开展电子商务的企业之一,一度称雄中国的电子商务市场。8848 网站是北京珠穆朗玛电子商务网络服务有限公司(即 8848 公司)下属的电子商务网站,正式成立于 1999 年 5 月 18 日,短短两个月里它就吸引了超过 70 万的首页浏览人次,首月销售额达 40 万元。该网站1999 年销售额突破 5000 万元,成为国内最大的面向消费者的产品销售(B2C)网站。8848 网站的主要利润来自赚取商业利差及网上广告费,其网站销售商品涉及计算机、电器、通信、软件、音像、图书、化妆品、保健品乃至食品、日用品等几十条产品线。

　　8848 曾经是国内最繁荣的网上商城,曾经是国内 B2C 电子商务的旗帜。当时 8848 的轰然倒下,使得很多人认为我国的 B2C 电子商务走到了尽头,也引起了对整个 B2C 电子商务的深刻反思。当时,我国的电子商务经营者,大都模仿国外的模式,特别是在网络购物领域。大多数的商家采用的是自营的方式，自己建立仓库，自己直接卖东西。而这种模式成功的前提，是要有一个完善的物流和支付体系来支持，同时自身的产品线不能过于广泛，否则网站的销售成本也会很高。但是在国内，包括后来的 my8848 在内的电子商务网站根本没有一个成熟的覆盖全国范围的物流体系，无法保证物流的及时与通畅。同时过于广泛的产品线，也使销售成本成倍增加。在支付方面，电子化的支付在国内才刚刚展开，不论是从人们的支付习惯还是网上支付的安全、效率等各方面还都不太健全。

似乎电子商务"三座大山"的说法成了 8848 失败的理由：一是当时中国网民只有 400 万人，决定了电子商务商业机会有限；二是配送的难题；三是网上支付难题以及远距离购买的信任危机，这是最大的困难。

但是，这并不是 8848 失败的真正原因。因为这些困难后来很多企业都克服了，像阿里巴巴、当当网、亚马逊中国成功了，而 8848 却失败了。"今天来看 8848 失败的原因其实很简单，也很明确。"10 年后的 2009 年，原 8848 董事长王峻涛说，原因只有一个，那就是投资人对 8848 的核心业务没有坚持下去，他们去做别的了。

2000 年左右，8848 获得大额融资后一直在准备上市，并且曾经离上市只有一步之遥，但互联网泡沫不期而至。当时的投资者既不想流血上市，也不能继续等待纳斯达克的回暖。不甘心的投资者请来了华尔街分析师，要将 8848 包装成一个"明星"，从而能以一个较高的价格上市。分析师们不负众望，终于为资本找到想象中的一根救命稻草——B2B（面向企业的电子商务）。因为在当时的纳斯达克，亚马逊的股价步步下挫，分析师们认为它所代表的 B2C 模式已经被大多数投资者所抛弃。相反，当时逆市出尽风头的是 Commerce One、Ariba 这样代表 B2B 模式的电子商务解决方案提供商，尽管这两个公司早已不知所终。分析师们认为，要想获得一个较高的 IPO 价格，就必须迎合华尔街投资者的口味，将 8848 包装成 B2B 的模式。8848 的确有 B2B 业务，但很少。8848 于 2000 年 3 月才开始针对 B2B 市场进行调研，5 月进行系统开发，直到 10 月才开发出自己的 Market Place 交易系统，这套系统的正式发布时间是 2000 年年底。此时，8848 在 B2C 领域里已经成为绝对的王者。中国互联网络信息中心在 2000 年年底的调查显示，有接近 70% 的人表示他们上网买东西的首选网站是 8848。8848 的投资者都很清楚 8848 的主营业务是 B2C，但此时急于将 8848 上市套现的他们已经顾不了这么多了，要不惜一切代价为 8848 打造 B2B 的概念。

最终在 2001 年 8848 将 B2C 业务拆分出来，只留下刚发布的 Market Place 和 ASP（应用服务提供商）业务，单独以 B2B 的概念上市。拆分出来的 B2C 业务由王峻涛另找投资人买下，自己经营，这就是后来的 my8848。而就在当年的 9 月，my8848 公司因拖欠消费者与供应商的欠款而被迫关门，8848 公司也因此受到影响。再加上当时的电子商务整体市场状况不景气，8848 公司开始进入低迷状态。

王峻涛认为，8848 没有按照企业创业时拥有的核心优势发展下去，而是跟着外面的流行跑，反而将 8848 原有的资源消耗光了，到最后失去了核心优势。正因如此，2000 年后的 8848 成了"说起来谁都听说过，问起来谁都不知道在干什么"的企业。

（资料来源：http://www.100ec.cn/detail-4782324.html）

8848 的故事，给了人们很多启示。当时的 8848 与亚马逊遇到的情况一样，由于 B2C 的模式盈利比较困难，毛利率较低，采购、库存和物流的成本较大，要想形成规模效益必须借助风险资本。但风投过早地进入，导致了原创始人股权的过度稀释。这样，创始人在企业中影响力的削弱使得其经营理念难以推行。为了上市，8848 过于迎合纳斯达克，当时的纳斯达克不欢迎 B2C，8848 就改成 B2B。纳斯达克后来喜欢电子商务解决方案，8848 就去做解决方案。这样做使企业失去了灵魂，这即是导致 8848 失败的核心原因。而 2000 年，搜狐和网易等互联网企业上市却很成功，因为这些企业有很坚定的路子，很知道自己要做什么。这次惨痛的失败令 8848 的创始人也都认识到企业不能失去灵魂，不能失去股权，也不能任意改变自己的方式，而应该坚持自己的理念，要走"企业商业模式很清晰"的路线。

2.1 电子商务模式的含义

随着市场经济和经济全球化的发展，以信息技术和互联网技术为代表的当代高新技术正在以前所未有的速度和力量，推动着世界经济的发展和现代企业的重组变革与创新。电子商务是当今世界 IT 应用最为广泛的领域，也是现代企业的一个重要发展方向。在激烈多变的市场竞争中现代企业如何参与竞争、如何利用互联网进行商务活动、如何找到适合自己的商业模式及规划把握自身的发展，推进现代企业的电子商务战略是必然的选择。

电子商务企业的成功与互联网应用带来的低成本、高效率有着直接的关系，但电子商务企业能实现利润的高速增长还依赖于其经营者的创新意识和独特的经营模式。互联网技术为支撑的电子商务企业明确其电子商务模式十分重要。2000 年，互联网泡沫破裂，一大批网络明星企业被迫关门。人们在反思互联网泡沫时，原时代华纳首席技术官迈克尔·邓恩在接受美国《商业周刊》采访时说："一家新兴企业，它必须首先建立一个稳固的商业模式，高技术反倒是次要的。在经营企业的过程中，商业模式比高技术更重要，因为前者是企业能够立足的先决条件。"

2.1.1 商务模式的定义和要素

商务模式就其最基本的意义而言，是指做生意的方法，是一个公司赖以生存的模式——一种能够为企业带来收益的模式，它规定了公司在价值链中的位置，体现了公司如何获利，以及在未来长时间内的计划。商务模式是一个整体的、系统的概念，包括的要素很多，如向客户提供的价值（在价格上、质量上的竞争）、组织架构（企业自身体系的业务单元、整合的网络能力）、产品设计与营销等，都是商务模式的重要组成部分。

欧洲学者 Paul Timmers 认为，商务模式是一种关于企业产品流（服务流）、资金流、信息流及其价值创造过程的运作机构，包括商务参与者的状态及作用、企业在商务运作中

获得的利益和收入来源、企业在商务模式中创造和体现的价值三个要素，即商业模式的核心三要素：顾客、价值和利润。一个好的商业模式，必须回答三个最基本的问题：一是企业的顾客在哪里；二是企业能为顾客提供怎样的价值和服务；三是企业如何以合理的价格为顾客提供这些价值，并从中获得企业的合理利润。

构成商务模式的要素中，价值是一个核心要素，主要包括面向客户的价值（价值体现）、面向股东投资者的价值（盈利模式）、面向伙伴的价值三个方面。价值确定了一个企业的产品和服务如何满足客户的需求。而实现股东价值最大化的途径就是顾客价值的最大化，所以把价值传递给顾客至关重要。收益模式关系到企业的收入来源及生存问题，也必须明确。因此，企业选择商务模式时，要以客户为中心，以企业价值链要素（包括采购、研发、生产、物流、营销、人力资源等）为基础来进行商务模式的设计，重点处理好企业目标价值、价值传递系统和收益模式等重要内容。

2.1.2 运营模式和盈利模式

什么才是好的
电商模式

电子商务模式从概念来讲应归类为商务模式，不同于一般商务的是它使用的是网络信息技术，这也是电子商务模式与其他商务模式的根本区别。因此，电子商务模式指的就是企业在网络环境中基于一定技术基础开展电子商务的商务运作方式和盈利模式，简单来讲，就是企业运用网络信息技术做生意的方法。在构建电子商务模式时既要关注企业价值链中哪些要素对企业利润取得和价值创造的影响最为重要，并针对这些环节进行，同时也要考虑到技术的最新发展。

企业在实施电子商务时，电子商务模式的选择是关键问题。如果一项新技术投入使用却没有与之相适应的固定的商业模式，那么结果将是灾难性的。如果没有一个明确的目标和一个有效的收入模式，那么获得利润就无从谈起。电子商务模式至少应该包括两方面内容：一是将商务模式实施到企业的组织结构（如机构设置、工作流程和人力资源等）及系统（如IT架构和生产线等）纳入一定的模式中，即商务运营模式；二是以互联网为基础的企业的首要目标——如何赚钱，即盈利模式。

1. 运营模式

商务模式的本质是关于企业做什么、怎么做，商务模式中的运营模式就是在解决这个问题。电子商务运营模式指的是在互联网环境中对企业电子商务经营方式的概况，对企业经营过程的计划、组织、实施和控制，对与产品生产、服务创造和顾客价值传递密切相关的各项管理工作的总称。企业运营设计、管理包括从技术、生产运营、财务会计、市场营销到人力资源管理等方方面面，因此，商业模式中的运营模式实际上就是企业为了达到自身的经营目的，必须对企业业务运行的各方面的统筹管理。

电子商务时代，技术的发展为企业运营模式的创新提供了可能。美国巴恩斯与诺贝尔书店（Barnes & Noble）拥有13万多种"热点"类图书商品，采用的是传统的运营模式，赚了钱。但是亚马逊网上书店（Amazon）在互联网的支撑下建立了一种全新的运营模式，它所卖出的书更多的是市场比较窄的非热点书，并且在非热点的个性化狭窄市场上成功了。

2. 盈利模式

盈利模式关心的是如何赚钱的问题。盈利模式指的是一系列对企业收益有贡献的收入来源的组合,企业必须保持充分均衡的收入来源并始终给予密切关注。此外,基本上每个企业都有实体业务和虚拟业务两种组成部分,企业要获得繁荣发展,必须充分理解两者之间的相互关系。在传统的商业中,企业往往从直接销售的产品和相关的服务中获取利润。电子商务企业由于主要依靠网络技术,打破了时空限制,其利润获取方式也更加多元化,大多数企业采用其中一种或几种模式的组合。例如,亚马逊书店(Amazon)和当当网就是通过向消费者销售图书、音像、百货等产品来获得收入;新浪、搜狐和网易等门户网站的主要收入来源包括广告、增值服务和游戏;一个在线股票经纪人也有多种收入,如为客户操作交易收取佣金、向借用其他客户存在经纪人现金账户上的资金收取利息、买卖价格之差等。

在一些情况下,商务运营模式和盈利模式是一致的。例如,最基本也是最古老的"店铺模式(Shopkeeper Model)",该模式是在具有潜力消费者群的地方开设实体店铺并展示其产品和服务,企业从直接销售的产品或服务中获取利润,这个商务模式的运营模式和盈利模式完全协调一致。在一些情况下,运营模式和盈利模式并不完全一致。例如,很多互联网企业为消费者提供众多免费的信息或服务,表面上看这些企业的运营模式并不盈利,但它的真正利润点不在免费的东西上,而在于网站的广告收入。

2.2　电子商务模式的类型

电子商务不同模式的差异主要体现在参与交易主体的不同上。经济活动的参与者即交易的对象可以分为企业(business)、消费者(customer)、政府(government)三种角色,因此按照交易的对象分类,电子商务应用可分为企业对企业(B2B)、企业对消费者(B2C)、企业对政府(B2G)、消费者对消费者(C2C)、消费者对政府(C2G)、政府对政府(G2G)六种基本类型。随着电子商务的不断发展,许多创新型的电子商务运作模式将会产生,从而进一步扩大电子商务的应用领域。下面主要介绍 B2B、B2C、C2C 三种模式。

2.2.1　企业对企业(B2B)

1. B2B 的含义

B2B(business to business,B to B)即企业对企业的电子商务,指的是企业与企业之间依托互联网等现代信息技术手段进行的产品、服务及信息交换等商务活动。B2B 电子商务的内涵是企业通过内部信息系统平台和外部网站将面向上游的供应商的采购业务和下游经销商的销售业务都有机地联系在一起,包括网上信息搜索及发布、网上交流沟通、

网上订单及单据传输、网上支付与结算等众多电子商务运作,从而降低彼此之间的交易成本,提高效率和满意度。

中国因特网环境的大幅改善、中小企业数量的持续增长和政府政策法规的制定在很大程度上促进了中国 B2B 电子商务市场的发展。据中国电子商务研究中心(100EC.CN)监测数据显示,2006 年中国 B2B 电子商务市场规模达到了 1.28 万亿元,2008 年达到 2.8 万亿元,2010 年达到 3.8 万亿元,2012 年达到 6.25 万亿元,2014 年达到 10 万亿元。据国家统计局数据显示,2022 年,中国电子商务市场交易额达 43.83 万亿元,同比增长 3.5%。其中,B2B 电子商务交易额达到 28.93 万亿元,占总体交易额的 66%。电子商务整体保持稳定的发展态势,B2B 电子商务以其较大的交易数额、较规范和成熟的交易条件代表着电子商务发展的主流方向。企业与企业之间的交易额大、交易复杂,需要通过引入电子商务产生大量效益,利用电子商务来建立竞争优势。因此,从动态的角度来看,企业对企业的电子商务会有更大规模的发展,如图 2-1 所示。

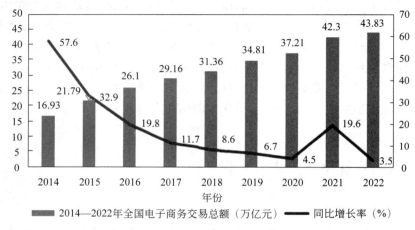

图 2-1　2014—2022 年全国电子商务交易总额

数据来源：国家统计局。

2. B2B 的运营模式

按 B2B 电子商务的贸易主导主体形式不同,其运营模式可分为两种类型,即特定企业间的电子商务(如大型企业 B2B 电子商务交易等)和非特定企业间的电子商务(如中小型企业 B2B 电子商务交易等)。特定企业间的电子商务指的是在过去一直有交易关系的或者在进行一定交易后要继续进行交易的企业,为了相同的经济利益,而利用信息技术网络进行产品设计、市场开发、库存管理、销售管理和支付管理等。非特定企业间的电子商务指的是在开放的网络中寻找每一笔交易的最佳卖方和买方伙伴,并与伙伴进行全部的交易行为。

B2B 电子商务运作所借助的网络平台可以是自建平台,也可以是第三方 B2B 平台,后者是当前 B2B 电子商务的主要模式。除少数大型企业有自建的 B2B 电子商务平台(如大型制造商的在线采购和在线供货等)外,一般的中小型企业都是通过第三方 B2B 电子商务平台来开展 B2B 电子商务业务。对于通过 B2B 平台进行交易的企业来说,线上寻找信息,线下进行交易,成为惯常的模式。但从 2013 年开始,B2B 电子商务平台向交易平台转型,B2B 电子商务平台所提供的服务也加速从仅限于交易前拓展到交易中和交易后,从提供信息服务拓展至在线交易、融资等多方面的服务,逐渐成为企业在线资源整合的平台。对于中小企业来说,平台作为沟通和担保工具,在线交易既可以节约交易前的沟通成本,又可以规避交易中的风险。一方面电子商务带动数字供应链快速发展,B2B 电子商务平台与品牌企业积极延伸数字供应链建设,推进以交易为核心,涵盖支付结算、仓储物流及供应链金融等全链条数字化。另一方面电子商务拉动网络协同制造,企业通过仿真设计平台输出物料清单和生产工艺单,通过数据中心对自建工厂和协作工厂进行智能排产,数字化连接打通产业链上下游,形成多种生产模式的智能定制和快速响应供应链。

国内第三方 B2B 网站发展主要有两种类型:一种是以阿里巴巴为领跑者的综合型 B2B 平台;另一种是垂直型 B2B 平台。根据其贸易类型不同又可分为国内 B2B 电子商务交易(B2B 内贸)和国际 B2B 电子商务交易(B2B 外贸)。

(1)综合型 B2B 电子商务。综合型 B2B 又称水平 B2B,它是将各个行业中相近的交易过程集中到一个场所的交易平台,几乎包含所有的行业,这一类网站自己既不是拥有产品的企业,也不是经营商品的商家,它只提供一个平台,在网上将销售商和采购商汇集在一起,为企业的采购方和供应方提供了一个交易的机会。此类 B2B 平台信息非常丰富,行业及产品分类齐备,供应商和采购商都很多。采购商不仅可以在其网上查到销售商的有关信息和销售商品的有关信息,还可以询盘、交流沟通,最终可以选择线下交易或者通过该 B2B 平台直接进行线上交易,并完成网上支付。此类网站有阿里巴巴、慧聪网、敦煌网、中国制造网、环球资源网等。

(2)垂直型 B2B 电子商务。垂直类 B2B 即专业型 B2B,是指某一细分行业或某一细分市场专业经营电子商务的交易平台。它是将某一行业中相近的交易过程集中到一个场所,为企业的采购方和供应方提供一个交易的机会,面对的多是某一行业内的从业者,因此客户相对比较集中而且有限。垂直 B2B 面对的行业较专业,客户较集中,因此对专业技能的要求相对较高,细分市场专业化深度服务是该模式的核心竞争力。此类网站有中国服装网、中国化工网、中国医药网、欧冶云商、我的钢铁网、美菜网等。

3. B2B 的盈利模式

B2B 电子商务的参与方主要有三个:买方企业、卖方企业和第三方 B2B 平台提供者。不难理解,买卖双方企业主要是通过直接销售的产品或服务获取利润。那么第三方 B2B 平台的利润在哪里呢?这也是 B2B 电子商务盈利模式讨论的热点。从 B2B 盈利模型来看,主要是会员费用、交易佣金、增值服务、线下服务及店铺出租、广告收入等,如图 2-2 所示。

目前,B2B 领域主要有以下两种比较成型的盈利模式。

1)以阿里巴巴为代表的店铺式 B2B 交易平台模式

阿里巴巴是全球 B2B 电子商务的著名品牌,其所倡导的商业理念与国际贸易线上服务优势获得了业界的肯定。阿里巴巴为会员企业提供二级域名和多功能特色商铺企业站点,帮助企业做站点推广,提高企业被检索的机会。通过"诚信通"解决企业的信用问题,通过"贸易通"软件加强企业商务沟通及客户管理,以更好地拓展产品销售,最终促进交易

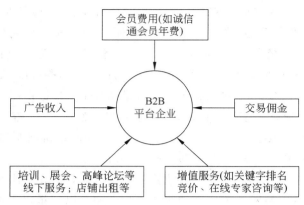

图 2-2　B2B 盈利模型

机会的增加。该平台 2013 年前其盈利来源主要有会员费用、广告、增值服务、线下服务等。

2013 年阿里巴巴推出在线交易业务，从提供信息服务拓展至在线交易、融资等多方面的服务，为企业发展带来新的机遇。同时阿里巴巴企业参与到企业间交易的全过程既可以转变盈利模式，增加佣金收入盈利来源，扩大营收规模，又可以获取并积累企业的深层次数据，为大数据挖掘应用提供基础。例如，2013 年 9 月阿里巴巴获权使用海关数据，并向供应商开放。同年 11 月与美国海关合作，获权使用海运进口提单原始数据。目前，作为"中台"概念的提出者和先行者，阿里巴巴用 12 年的实践探索了中台能力建设和数据应用。在不断升级和重构的过程中，阿里巴巴的中台建设经历了从分散的数据分析到数据中台化能力整合，再到全局数据智能化的时代。

2）以慧聪网为代表的商情式 B2B 交易平台模式

慧聪网最初是一家商务资讯服务机构，是国内分类广告服务行业的开创者，其产品包括线上和线下两部分，线上产品包括买卖通、采购通、标王、网上洽谈会、网络广告等，线下产品包括行业十大评选、慧聪纸媒部分的商情广告、行业资讯大全，以及中华行、买家团等线下商家供需见面会等。企业可以通过买卖通建立集合产品展示、企业推广、在线洽谈、身份认证等多种功能于一体的网络商铺，获得多重商机。企业使命致力于开发让企业"提升产业效率""为客户创造价值"的产业互联网工具和产品，为企业打造集"信息服务、撮合服务、工具服务为一体"的企业经营服务平台。在前端构建产业数据链及业务场景，在后端提供金融、数据营销、SaaS 等支撑性服务，构建产业互联网生态服务闭环，为中小企业赋能，推动企业转型升级。该平台主要的盈利来自买卖通会员服务、搜索排名服务、广告服务、内容服务等。

4. B2B 的电子商务流程

B2B 的电子商务交易通常依赖一个大卖场，即基于第三方平台。例如阿里巴巴，买卖双方在该平台上注册并得到认证中心认可后开展企业对企业的电子商务，其流程如图 2-3 所示。

在该流程中，进行电子交易的企业首先到网上银行申请账号，然后到交易平台注册账户并申请使用权限。进行交易的企业无论是买方还是卖方都必须在交易平台认证中心取

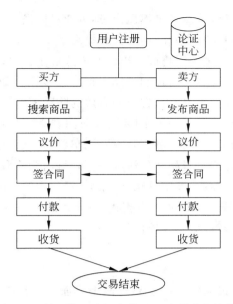

图 2-3　基于第三方平台的 B2B 电子商务流程

得信用论证值,该值随着贸易的信用度动态调整。买卖双方取得信用认证后,重新登录交易平台,选择交易身份,交易开始。具体步骤如下。

(1) 买方企业根据采购要求发布需求信息或搜索相关商品信息,卖方企业发布供应信息。

(2) 买方找到满意商品时,进行买方询价,通过交易平台与卖方沟通、议价,直到双方对价格满意,则下订单确认。不满意则可以重新搜索其他商品信息。

(3) 当买方向卖方进行价格确认后,卖方会向买方发送交易合同。买方就合同中的价格、数量、包装、运送方式、运送时间及物流价格条款等进行商议,商议成功后买方对合同确认。

(4) 合同签订后,卖方向买方发放付款通知,买方付款,等待卖方发货。

(5) 买方收货,交易完成。

2.2.2　企业对消费者(B2C)

1. B2C 的含义

B2C(business to customer,B to C)即企业对消费者的电子商务,指的是企业与消费者之间依托互联网等现代信息技术手段进行的产品、服务及信息的交换等商务活动。B2C 电子商务一般以网络零售业为主,主要指企业借助因特网开展的在线销售活动。企业和商家可以充分利用电子商城提供的网络基础设施、支付平台、安全平台、管理平台等共享资源,有效地、低成本地开展自己的商业活动,即通常所指的"网上商城""网上商店"和"网上购物"。

B2C 模式是我国最早出现的电子商务模式,企业通过互联网为消费者提供了一个新型的购物环境——网上商店,消费者足不出户,即可通过网络选购商品,并进行网上支付。这种模式节省了企业和客户的时间和空间,大大提高了交易效率,节省了各类不必要的开支。此外,对于商家来说,通过网络将商品以图文方式展示销售,可大大降低库存成本,便于商家及时把握销售动态。总之,这种购物模式彻底改变了传统的面对面交易和一手交钱一手交货的方式,是一种省事、省力、省时的有效的购物模式。

目前因特网上遍布着各种类型的网上商店,向消费者提供的从最初的图书、音像制品、鲜花、玩具到现在的服装、食品、数码类产品、汽车、旅游预订服务、充值、彩票等各种商品和服务,几乎包括了所有的消费品和生活服务。到目前为止我国B2C模式的电子商务企业主要有天猫商城、京东商城、苏宁易购、唯品会、携程网等。随着用户消费习惯的改变及优秀企业示范效应的促进,B2C网络零售占比持续增大,头部平台竞争激烈。B2C已经在电子商务网络零售领域占据主要地位。

2. B2C 的运营模式

网络销售与传统销售最大的不同主要有两个方面:一个是交易的场所发生了变化,B2C电子商务的场所是因特网,即企业网站平台;另一个是交易的内容不同,除了实物产品的销售,B2C电子商务增加了无形产品和服务的交易。下面从这两个角度对B2C电子商务的运营模式进行分类和探析。

根据交易的场所分析如下。

(1) 综合中介平台类 B2C 电子商务网站平台。综合中介平台类 B2C 电子商务网站平台,即电子商务商城,又称平台 B2C,其网站平台由第三方平台商提供。同传统商城一样,它有庞大的购物群体,有稳定的网站平台和完备的支付体系以及诚信安全体系(尽管目前仍然有很多不足),以吸引卖家进驻卖东西,买家进入买东西。例如,天猫(原淘宝商城)为进驻的卖家提供了完备的销售配套,更好地促进交易的成功。综合中介平台类 B2C 电子商务商城,在人气足够、物流便捷和配套完善的情况下,其成本优势、24 小时全天候服务和更丰富的产品优势全部体现了出来。这也是中小企业 B2C 电子商务的主要方式之一。

(2) 自营百货商店类 B2C 电子商务网站平台。自营百货商店类 B2C 电子商务网站平台的电子商务商城,又称自营 B2C 或自主销售 B2C,其网站平台由卖方企业自建,是卖方企业自建网站平台、自己采购商品、自主销售多品牌产品的一种在线零售运作方式。这种网上商店具有满足日常消费需求的丰富产品线,通常会自建仓库和配送队伍,并库存系列产品,以便更快地进行物流配送和提供更完善的客户服务,其运营如同线下的沃尔玛、家乐福、好又多等。自营百货商店类 B2C 模式的成功企业很多,如京东、苏宁易购等。2009 年,自营 B2C 陆续开始开放平台,自营与平台并举运营,一方面可以扩充品类以更大范围地满足消费者一站式购物需求;另一方面可以降低采销风险,节约成本。

(3) 垂直商店类 B2C 电子商务网站平台。垂直商店类 B2C 电子商务网站平台的电子商务商城,也称品牌 B2C 或垂直 B2C,其网站平台也是由卖方企业自建,自采自销商品。它是自营 B2C 的一种,与上述自营百货商店类 B2C 不同的是,这种商城的产品存在着更多的相似性,通常是服务于某一特定人群的,具有较强的专一性和专业性。如聚美优品和唯品会,主要以化妆品的网上销售为主;携程、去哪儿旅游电子商务网站,主要提供酒店预订、机票预订、旅游度假和商旅管理等服务;中粮我买网,致力打造中国最大最安全的食品购物网站等。纵观自营百货商店类 B2C 商城,很多也是从垂直 B2C 商城转型的,如京东商城早期以 3C 数码产品的网上销售为主。

(4)复合品牌类 B2C 电子商务网站平台。随着电子商务的发展,越来越多的传统品牌企业将销售业务延伸到了网络,自建电子商务网站进行在线销售,打造网络品牌。复合品牌类 B2C 电子商务网站平台类的电子商务商城,指的就是这类"鼠标加水泥"的网上商店,既有实体店销售,消费者又可以通过企业官网进行产品查询、下订单、网上支付等方式来购买产品。这种模式的 B2C 电子商务运作将传统商务与电子商务整合起来,以抢占新市场、拓展和扩充新渠道、优化产品与渠道资源为目标。越来越多的传统企业加入了电子商务的行列,并取得了成功,如李宁、屈臣氏、苏宁、沃尔玛等。

(5)导购服务类 B2C 电子商务网站平台。B2C 在线销售面对的是大众消费者,很多消费者在有需求时,面对众多的同类产品会感到不知所措,不知如何选择。而大部分 B2C 网站都仅仅是产品展示和产品销售,内容单调,网站导购人员不能满足消费者的需求,由此便催生了导购网站。简单地说,为消费者提供海量信息,在某种意义上来说,等于没有提供任何信息。而如果有非常合理的导购信息,让消费者对他们所要购买的产品进行一个客观的了解和比较,又能获得一些优惠的话,消费者就可以购买到满意的产品。客户满意,自然就愿意继续到该网站购买产品。客户买产品,买的不是产品本身,买的是产品带给用户的价值。人性化的导购信息可以帮助用户快速地获得各类产品的价值。

导购服务类 B2C 电子商务网站平台由第三方平台商企业提供,为消费者网购提供众多 B2C 网上商城入口及专业性指导。这种模式的 B2C 电子商务网站主要提供产品性能分析、价格摸底、打折信息、广告宣传、积分兑换、购物返现金、优惠券、比价、网购论坛等服务,同时给消费者提供一个交流和互动的平台,从而使其购买到物美价廉的东西,如返利网、一淘、花生日记、小红书等。

根据交易的内容分析如下。

(1)无形产品和服务的电子商务模式。网络本身具有信息传递和信息处理的功能。因此,无形产品和服务,如信息、计算机软件、数字化视听娱乐产品等,一般可以通过网络直接向消费者提供。无形产品和服务的电子商务模式主要有网上订阅模式、广告支持模式和网上赠予模式三种。

网上订阅模式(subscription-based model)是指消费者通过网络订阅企业提供的无形商品和服务,并在网上直接浏览或消费。这种模式主要是一些在线企业用来销售报纸杂志、付费影视、付费文章、游戏娱乐等。网上订阅模式主要有在线出版、在线服务、在线娱乐,如腾讯视频、爱奇艺的付费影视,喜马拉雅的付费音频等。

广告支持模式(advertising-supported model)是指在线服务商免费向消费者提供在线信息服务,其营业收入完全靠网站上的广告获得。这种模式虽然不直接向消费者收费,但却是目前最成功的电子商务模式之一。依赖这种盈利模式的网站,必须能够吸引大量的浏览者或者吸引高度专业化、与众不同的浏览者,并且能够获得用户的关注。百度等在线搜索服务网站,新浪、网易等门户网站,优酷等视频网站以及 58 同城等分类信息发布平

台的主要收入就是广告。对于上网者来说,信息搜索及查询是在互联网的信息海洋中寻找所需信息最基础的服务。因此,企业也最愿意在信息搜索及导航网站上设置广告,通过点击广告可直接到达企业网站。

网上赠予模式(free model)即软件公司和出版商借助于国际互联网全球广泛性的优势向互联网上的用户赠送软件产品,借此扩大其知名度和市场份额。一些软件公司将测试版软件通过互联网向用户免费发送,用户对测试软件试用一段时间后,如果满意,则有可能购买正式版本的软件或升级版本的软件。由于所赠送软件是无形的计算机软件产品,用户通过互联网自行下载,因此采用这种模式,软件公司不仅可以降低成本,还可以扩大测试群体,改善测试效果,提高市场占有率。北京奇虎科技有限公司在 360 浏览器最初推广阶段采用的就是这种方法,效果显著。

（2）有形产品和服务的电子商务模式。有形产品是指传统实物商品,这种有形商品和服务的查询、订购、付款等活动都可以在网上进行,但最终的交付不能通过计算机网络实现,还要用传统物流来完成。目前有形产品和服务的在线销售模式主要有两种:一种是企业自建网站平台的在线销售,如当当网、京东商城、聚美优品、李宁官网、DELL 官网等。这种模式的 B2C 企业需要提供整个电子商务活动所需的网络基础设施、支付平台、安全平台、管理平台等。另一种是借助第三方网站平台,企业进驻第三方平台开设店铺的在线销售,如入驻天猫商城（原淘宝商城）、京东商城、当当网、苏宁易购等。这种模式的 B2C 运作中所涉及的网站、支付平台、安全平台、管理平台等大都由第三方 B2C 平台商负责,B2C 企业只需做好自身产品和服务的宣传、销售管理等工作。

有形产品和服务的在线销售使企业扩大了销售渠道,增加了市场机会,即使企业的规模很小,网上销售也可将业务伸展到世界的各个角落。此外,网上商店不需要像一般的实物商店那样保持很多的库存,如果是纯 B2C 虚拟商店,则可以直接向厂商或批发商订货,省去了商品存储的阶段,从而大大节省了库存成本。

3. B2C 电子商务的盈利模式

B2C 电子商务的运营模式决定了 B2C 电子商务企业的盈利模式,不同类型的 B2C 电子商务企业,其盈利模式也是不同的。

一般来说 B2C 电子商务企业主要通过以下几个方面获得盈利。

（1）产品和服务的销售。通过自建网络平台或第三方网络平台直接提供服务或销售自己生产或代理的产品,从而获取利润。这是 B2C 电子商务企业最主要的盈利模式,这种模式的 B2C 电子商务企业很多,如当当网、京东商城、DELL、网游企业等。

（2）中介平台服务的费用和佣金。这种第三方 B2C 网络平台为买卖双方提供了重要的交易平台,其利润主要是向卖方企业收取的入驻第三方交易平台的店铺费或对达成的交易收取的佣金。例如,天猫商城（原淘宝商城）对入驻商家收取店铺费（也叫技术服务费或平台使用费）和佣金;当当网开放了第三方平台,收取平台使用费;京东商城开放了第三方平台,收取平台使用费和佣金;苏宁易购和亚马逊中国开放了第三方平台,收取交易成功后的佣金等。

（3）广告。通过销售广告空间给有兴趣的客户,从广告客户那里获得收入。这种模式的 B2C 电子商务企业也有很多,广告是其主要盈利来源,如门户网站的广告收入、网购导航网站的广告宣传收入、京东网站首页的商品广告等。这种模式成功与否关键在于其网站能不能获得较大的流量,能否吸引消费者的注意。

4. B2C 的电子商务流程

不管哪种 B2C 模式的电子商务,都是供应商和需求方直接利用网络所开展的买卖活动。这种网上销售最大的特点就是供需通过网络进行,环节少、速度快、费用低、交易简单。其流程如图 2-4 所示,具体步骤如下。

(1)消费者进入企业网站,注册成为会员,搜索、浏览所需商品。

(2)消费者通过"购物车"确认商品品种、数量等,下订单。

(3)消费者选择支付方式,利用第三方支付工具或网上银行支付。

(4)商家接受订单,向消费者的发卡银行请求支付认可。

(5)商家确认消费者付款后,发货。

(6)买方收货,交易完成。

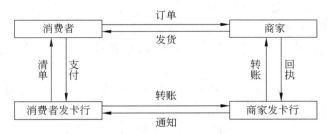

图 2-4 B2C 电子商务流程

2.2.3 消费者对消费者(C2C)

1. C2C 的含义

C2C(customer to customer,C to C)即消费者对消费者的电子商务,是一种个人对个人的网上交易行为。C2C 电子商务的运作是通过第三方企业搭建网络个人拍卖平台,个人消费者可以在网上注册成为会员,注册成功后就可以做卖主或买主了。C2C 的盈利来源多样化,主要是通过为买卖双方搭建拍卖平台,按比例收取交易费用,或者提供商务平台给个人在此平台开店,以会员制的方式收费,或者是对店铺装修或宣传时收取增值服务费用等。

C2C 最成功、影响最大也是最早出现的是美国的 eBay,它是在 1995 年由美国加州的一位 28 岁的年轻人奥米迪尔创办的,是当时因特网上最热门的网站之一,也是目前全球最著名的网上拍卖站点之一,任何人都可以在这里出售商品和参加拍卖。中国的 C2C 以1999 年易趣网的成立为标志,国内的淘宝网、拍拍网也是这种模式。C2C 电子商务的优势在于较低的交易成本、经营规模不受限制、信息收集便捷并扩大了销售范围。

2. 中国 C2C 简史

1999 年,邵亦波创立易趣网,开中国 C2C 先河。

1999 年 8 月,易趣网正式上线。

2002 年 3 月,eBay 注资易趣网 3000 万美元。

2003 年 5 月,阿里巴巴投资 4.5 亿元成立 C2C 网站淘宝网。

2003 年 7 月,eBay 斥资 1.5 亿美元全资收购易趣网。

2004 年 4 月,一拍网上线,新浪占据其中 33％的股权,原雅虎中国占 67％的股份。

2004 年 6 月,易趣网进入与美国 eBay 平台对接整合。

2005 年 9 月,腾讯推出拍拍网,2006 年 3 月 13 日运营。

2006 年 2 月 15 日,一拍网关闭,阿里巴巴收购一拍网全部股份,原属一拍网用户转入淘宝。

2006 年 12 月,TOM 在线与 eBay 合资,更名为 TOM 易趣。

2007 年 10 月,搜索引擎公司百度宣布进军电子商务,筹建 C2C 平台。

2008 年 5 月 5 日,易趣宣布任何用户只要在易趣开店,无论是普通店铺、高级店铺还是超级店铺,都将终身免费。

2008 年 6 月 18 日,百度网络交易平台正式在北京启动其在全国范围的巡回招商活动。

2008 年 10 月 8 日,淘宝总裁陆兆禧对外宣布,阿里集团未来五年将对淘宝投资 50 亿元,并将继续沿用免费政策。

2008 年 10 月 28 日,百度电子商务网站“有啊”正式上线。

2010 年 10 月,D 客商城正式上线,推动个性定制业发展。

2011 年 4 月,百度电子商务网站“有啊”宣布关闭 C2C 平台,转型提供生活服务。

2014 年 6 月,阿里巴巴旗下闲置交易 App 客户端闲鱼上线。闲鱼不仅是一个闲置交易平台,更是一个基于新生活方式的社区。在这个社区,人们分享的可以是物品,也可以是自己的私人时间与技能,兴趣爱好与经验,甚至还可以是空间。

3. C2C 电子商务运作及流程

目前,各个电子商务网站广泛采用的交易流程主要有货到付款交易流程、款到发货交易流程和以第三方支付平台为信用中介的交易流程三种。C2C 电子商务采用的是以第三方支付平台为信用中介的交易流程。下面以目前占有最大 C2C 市场份额的淘宝网为例,如图 2-5 所示,来介绍 C2C 电子商务运作及流程。

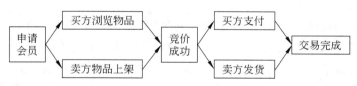

图 2-5　淘宝网的电子商务运作及流程图

淘宝网的网上交易采用的是"会员注册"和"拍前联系"的方式,即买卖双方注册成为C2C平台会员,买方浏览选择商品,卖方物品上架。之后买卖双方通过淘宝旺旺或 QQ等即时通信工具就商品的特性、价格等进行沟通,再支付货款。C2C 电子商务采用第三方支付平台为中介的支付方式,相比传统的货到付款和款到发货交易方式,平衡了买卖双方的利益。第三方支付平台为交易中介,为买卖双方暂时保管货款,买方先将货款支付给第三方支付平台,待买方收货后在第三方支付平台确认,第三方支付平台才将货款划给卖方。若遇买方收到货物后不确认收货,一段时间后,支付宝将自动将货款汇至卖方账户。交易成功后,买卖双方进行信用互评。图 2-6 显示了以第三方支付平台支付宝为例的交易流程。

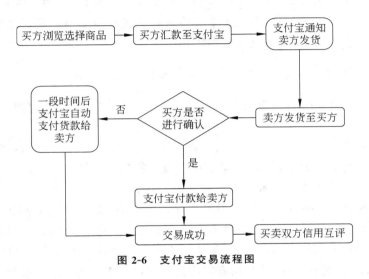

图 2-6　支付宝交易流程图

以淘宝网为代表的 C2C 企业经营的成功在于找到了一个很好的市场切入点,充分利用互联网的广泛性、不受地域和时空限制的特点,在非常广阔的地域和开放的平台上不仅为个人消费者经营的商品开拓了全新销售渠道,还为旧物品寻找潜在用户从而使物品增值。同时又考虑到买主和卖主的需要,为他们提供了诸多方便和一定的交易安全保障,因而得到了人们的青睐。

2.3　电子商务模式的创新

2.3.1　C2B 模式

1. C2B 电子商务模式的内涵

C2B(consumer to business)是消费者对企业的电子商务,虽然还是企业与消费者之间的交易,但该模式的核心是通过聚合为数庞大的具有相同购买意向的零散消费者,形成

一个强大的采购集团向商家大批量购买,以此来改变 B2C 模式中用户一对一出价的弱势地位,使之享受到以大批发商的价格买单件商品的优惠。

简单来说,C2B 的模式可算是消费者导向的营销方式,即由消费者让企业生产符合消费者需求的产品,再由消费者购买的一种"拉"式电子商务模式,消费者掌握更多的自主权。在该模式下,消费者取代企业成为未来的价值链第一推动力,这是一个根本的商业模式的变化,作为消费者与商家的联系纽带,C2B 电子商务模式有着不可或缺的存在价值。对于企业来说,C2B 电子商务模式直接把消费者送到企业面前,使其直接了解消费者的需求,为企业节省巨额的营销费用,于是这些企业也就有了巨大的降价空间,把利润返还给消费者。对于消费者来说,由原来的被动消费变为主动消费,获得了消费的主动权,满足了个性化需求。与此同时,C2B 电子商务模式还促进了企业与消费者之间的沟通和交流,使企业与消费者之间的关系变得更加密切。

2. C2B 电子商务模式的形式

C2B 电子商务模式目前主要有两种形式:一是团购;二是个性化定制。

1)团购

团购是指将相互认识或不认识的消费者联合起来,从而加大与商家的谈判能力,以求得最优价格的一种购物方式,是 C2B 电子商务模式的初始阶段。

目前存在的网络团购主要有以下三种方式。

(1)消费者通过网络自发组织的团购。此种团购中,所有参与网络团购的都是消费者,组织者作为消费者之一通过网络将零散的消费者组织起来,以团体的优势去与商家谈判,从而获得比单个消费者优越的购买条件。这种模式的运营较简单,由客户选择自己要些什么东西,要求的价格如何,然后由商家决定是否接受客户的要求。假如商家接受客户的要求,那么交易成功;否则,交易失败。

(2)商家通过网络组织消费者的团购。这种模式的团购是商家通过网络发布团购信息,邀请消费者参与团体采购,而商家自愿将价格降低到比单个采购更低的水平。因为消费者采购数量大,从而也保证了销售者能获得更大利润。

(3)专业团购组织通过网络组织的团购。这种网络团购是一种新兴的 C2B 电子商务模式,是 C2B 电子商务模式的创新。该模式的核心是专业团购组织既不是商家也不是消费者,而是由其建立第三方网络平台即团购网站,向消费者提供商家的优惠商品和服务,并从中抽取佣金,消费者得到优惠的价格,而商家也从大量销售商品中获取利润。团购网站的运营主要有两方面:一是提供有吸引力的商品或服务,以超级优惠折扣吸引用户购买,并通过奖励用户推广等方式推广用户(用户通过社交化的网络传播,带来规模效应);二是寻找有合作意向的商家,约定达成团购的有效人数,没有达到人数则相当于媒体广告,达到不同人数规模可分享或提成部分收益。

这种崭新电子商务模式的始创者是美国的 Groupon,其营运模式是每日推出一件商品(deal of the day),如果通过网上认购这件商品的用户达到指定数量,全部预购者就可以用特定的折扣价格购买这件商品,否则交易就告吹。若交易成功,Groupon 就向出售商品的商户收取佣金。

网络团购产品逐渐从最初的单一化向多样化、从小物件逐渐向大件过渡,小到图书、软件、玩具、酒店、家电、数码、手机、计算机等小商品,大到家居、建材、房产等价格不很透明的商品,都有消费者因网络聚集成团购买。不仅如此,团购也扩展到个人消费、健康体检、保险、旅游、教育培训以及各类美容、健身、休闲等多个领域。

尽管中国的团购网站从 2010 年产生到现在只有十来年的时间,但团购已经成为在网民中流行的一种新消费方式。团购网站发展迅速,行业的竞争也是异常激烈。2010 年,团购模式首次进入中国,便掀起狂潮。2011 年 8 月,团购网站发展高峰期,数量达到 5000 多家。两年后,震惊一时的"千团大战"导致行业洗牌,5000 多家团购网站不是关门大吉,就是被巨头收编。2014 年上半年,团购网站数量已锐减至 100 多家,死亡率高达 96.5%,团购网站也在面临创新和转型。2015 年后,随着移动电子商务的快速发展,这种模式的覆盖面逐渐扩大,网络团购成为越来越多人参与的一场消费革命,团购市场竞争也欲发激烈。国内近些年也出现了不少专业的团购网站或平台,如美团网、大众点评网、聚划算、拼多多等。

2) 个性化定制

个性化定制是 C2B 电子商务模式发展的第二阶段。相对于传统模式,个性化定制是以"消费者需求"为开端,用互联网用户数据驱动生产制造,去除中间流通环节,不再设置库存,将消费者直接连接设计师、制造商,为用户提供顶级品质,利用柔性生产线,下单才生产,最大限度降低产品成本,让消费者以低廉的价格就能买到超高性价比的产品。

随着经济的发展,人们消费水平的提高,人们更注重个性化,更看重产品的质量、样式、品位等,由此催生电子商务的另一潜在市场:通过自发或第三方平台帮助众多该类消费者促使企业按照他们的需求进行设计和生产,甚至可能改变企业所提供的产品内容,如材质、外观设计、组合方式等。个性化定制这种 C2B 电子商务模式恰恰迎合了年轻消费者追求个性化、差异化产品的需求。

近年国内各大电商平台不断推出 C2B 个性化定制服务。如淘宝平台,作为全球首个以 C2M 定制商品为核心供给的新平台,通过淘宝特价版、"超级工厂计划"和"百亿产区计划"三大举措全面推进个性化定制;拼多多采用个性化定制模式与制造商共同打造爆款产品,将"新品牌计划"升级为"新品牌联盟",改变人们心中"质次价低"的印象,以实现其信誉的重塑;2019 年,京东在其旗下的"京东京造"推出个性化定制服务,原有的京东拼购升级为"京喜",京喜平台内部内置了具有 C2B 个性化定制的工厂直供专属频道。

2.3.2 O2O 模式

1. O2O 模式的内涵

O2O 即 online to offline(线上到线下),它是一种能够将线上虚拟经济与线下实体经济全面融合的商业模式。O2O 模式将线下的商务机会与互联网结合,让互联网成为线下交易的前台,即用户在线上购买或预订服务,然后到线下商户实地享受服务;或用户在线上购买或预定商品,然后到线下的实体店取货或体验。O2O 把线上和线下完美结合,通过网站导购,把互联网与地面店完美对接,实现互联网落地,让消费者在享受线上优惠价

格的同时，又可享受线下贴身的服务。O2O 也指 offline to online（线下到线上），即用户通过线下实体店体验并选好商品，然后通过线上下单来预定商品。O2O 市场主要包括实物商品 O2O 与本地生活服务 O2O。

2. O2O 模式的优势

（1）增加销售机会。O2O 模式充分利用互联网跨地域、无边界、海量信息、海量用户的优势，同时充分挖掘线下资源，进而促成线上用户与线下商品与服务的交易。对于线下实体商店来说，O2O 其实是一个比较好的营销手段和引流方式。通过 O2O 平台，线下商店也有了线上的"曝光"机会，甚至可以通过线上平台进行交易，以此促使线上线下互动并形成闭环。如苏宁易购构建的 O2O 平台即采用了这种模式。

（2）方便营销效果的监测。O2O 模式可以对商家的营销效果进行直观的统计和追踪评估，规避了传统营销模式的推广效果不可预测性，O2O 将线上订单和线下消费结合，所有的消费行为均可以准确统计。例如，盒马鲜生凭借先进的 O2O 模式，使其从创立之初就成为生鲜领域的一匹黑马。消费者可以在盒马 App 线上下单，然后送货上门或线下门店自提。盒马 App 根据消费者以往支付宝的消费数据，建立个人用户画像，实现商品信息的精准推送，从而更好地满足消费者的需求。

（3）提高用户体验。O2O 模式打通了线上线下的信息和体验环节，让线下消费者避免了因信息不对称而遭受的"价格蒙蔽"。先线上寻找消费品，然后到线下门店中体验和消费，这种体验类 O2O 的核心使消费者能享受良好的服务和感受生活的便利。如家居类商品，实物给顾客的直观感受很重要。有些网店商家开设了家居体验馆，顾客在家居体验馆现场体验后，可在实体店购买也可在线上购买，如宜家家居网上商城和宜家家居线下体验馆就是这种模式。

3. O2O 模式的流程

在 O2O 模式中，消费者的消费流程可以分解为以下五个阶段。

第一阶段：引流。线上平台作为线下消费决策的入口，可以汇聚大量有消费需求的消费者，或者引发消费者的线下消费需求。常见的 O2O 平台引流入口包括：消费点评类网站，如大众点评；电子地图，如百度地图、高德地图；社交类网站或应用，如微信。

第二阶段：转化。线上平台向消费者提供商铺的详细信息、优惠（如团购、优惠券）和便利服务，方便消费者搜索、对比商铺，并最终帮助消费者选择线下商户、完成消费决策。

第三阶段：消费。消费者利用线上获得的信息到线下商户接受服务、完成消费。

第四阶段：反馈。消费者将自己的消费体验反馈到线上平台，有助于其他消费者做出消费决策。线上平台通过梳理和分析消费者的反馈，形成更加完整的本地商铺信息库，可以吸引更多的消费者使用在线平台。

第五阶段：存留。线上平台为消费者和本地商户建立沟通渠道，可以帮助本地商户维护消费者关系，使消费者重复消费，成为商家的回头客。

2.3.3 社交电子商务模式

自21世纪以来,互联网开始加速发展,逐渐迈入 Web 2.0 时代。各种创新型应用和新概念不断出现,很多社会化的新事物涌现出来,如 BLOG 博客、Podcast 播客、WIKI(百科全书,如百度百科、中华百科)、RSS 聚合内容服务、SNS(社交网络,如微博、抖音)等。

社会化网站更注重用户的交互作用——用户既是网站内容的浏览者,也是网站内容的制造者。所谓网站内容的制造者,即互联网上的每一个用户不再仅仅是互联网的读者,同时也成为互联网的作者,不再仅仅是在互联网上冲浪,同时也成为波浪制造者;在模式上由单纯的"读"向"写"以及"共同建设"发展,由被动地接收互联网信息向主动创造互联网信息发展,从而更加人性化。

随着电子商务的发展和业务壮大,越来越多的社交元素渗透到了电子商务中,电子商务模式也有了更多的创新应用,尤其是在以社交为特点的移动互联网时代,消费呈场景化、社交化趋势。在社交网络时代,消费者的购买行为越来越多地受到微信、小红书等社交媒体平台网友推荐的影响,社交推荐对消费者消费行为的影响无处不在。于是电子商务在社交媒体环境下就衍生出了一种新的电子商务模式,即社交电子商务模式。

1. 社交电子商务模式的内涵

社交电子商务是指借助微博、微信、社交网站等社交媒体,通过社交互动、用户自己生成内容等手段来辅助商品的销售,并将关注、分享、沟通、讨论等社交元素应用于电子商务交易过程的一种模式。简单来说,通过时下流行的社交媒体和粉丝进行社交互动来拉动商品的销售,就是社交电商。

2010年以来,随着移动互联网的高速发展,移动社交凭借更加便捷有效的互动沟通优势,吸引了大批大型社交网站的目光,我国社交网络的重心慢慢从基于 PC 端的网络社交向移动社交转移。传统电商巨头纷纷布局移动电商,众多新型移动电商购物平台不断涌现,更有利于社交电商的迅速发展。

自2014年开始,随着智能手机等移动智能终端的普及,中国移动电子商务用户消费习惯逐渐形成,人们的上网习惯发生了巨大的改变,不在花费很多时间坐在计算机前面,而是拿起手机随时随地上网,上网的时间也越来越碎片化。随之而来的是人们的社交需求也越来越强烈,我国网络社交发展迅速。微博、微信、QQ、陌陌、小红书等社交媒体让趣味相投的人聚在一起,通过文字、图片、视频等信息进行交流互动,随后这些信息又以不同的方式被分享、传播,于是巨大的社交流量由此产生。一方面传统电商获客成本不断攀升,另一方面移动社交蓬勃发展,流量价值凸显,于是将社交与电商融合的商业模式为电商企业降低引流成本提供了良好的解决方案。

根据 CNNIC 数据显示,2022年我国手机网民规模已经达到10.67亿,占网民比例高达99.8%,从2022年各类个人互联网应用用户规模和使用率来看,即时通信、网络视频(含短视频)、短视频名列前三,网民规模分别为10.38亿、10.31亿和10.11亿,网络使用率分别为97.2%、96.5%和94.8%。手机网民规模的增长以及占比的提升推动了我国移动社交行业的快速发展，未来随着网络技术的提升和用户需求的增长，我国移动社交平台市场有望得到进一步发展。

社交电商的出现，使购物趋向于场景化，在与人社交、娱乐的互动中产生需求、解决需求、极大地提高了用户购物的体验感，更好地适应了消费者消费观念的变化。社交电子商务创造了新的巨大流量入口，充分激发了人与人之间互动与分享的热情，以社交为入口的购物习惯也逐渐形成。社交电商的高效获客和裂变能力吸引了众多企业加入，各个传统的电商平台和互联网企业也都在发力布局社交电子商务，不愿错过社交电商这块营销阵地。2017年拼多多的崛起印证了社交电商的潜力。2018年社交电商成为资本的宠儿，拼多多、云集、蘑菇街等社交电商纷纷上市。2021年京东社交电商京东拼购升级为京喜平台……社交电商借助社交网络实现低成本引流，行业爆发式增长。

2. 社交电商的分类

社交电商本质上是电商行业营销模式与销售渠道的一种创新，凭借社交网络进行引流的商业模式在中短期内为社交电商的高速发展提供了保证。与传统电商相比，社交电商拥有发现式购买、去中心化、场景丰富等独特优势，用户既是购买者，也是推荐者。

近几年，众多社交电商模式兴起，目前社交电商包括内容类社交电商、拼购类社交电商和零售类社交电商。拼购类社交电商和零售类社交电商以强社交关系下的熟人网络为基础，通过价格优惠、分销奖励等方式引导用户进行自主传播；内容类社交电商则起源于弱社交关系下的社交社区，通过优质内容与商品形成协同，吸引用户购买。未来随着行业的不断发展，有可能还会涌现出更多社交与电商相结合的创新模式。

1）内容类社交电商

内容类社交电商是适用范围最广的社交电商模式，它主要是以高质量内容为中心，通过流量较大的社交工具（直播、微博、社群等）基于产品创作有一定价值的内容，吸引消费者购买产品，从而实现销售的转化变现。

高质量的内容容易引起互动传播，能提高转发率和复购率，这就要求内容输出必须以消费者为中心来进行思考，尽量满足消费者的需求。

目前比较典型的内容类社交电商平台有小红书、抖音等。

（1）小红书创立于2013年，最开始是以图文内容分享为主，从分享美妆、个护，到后来又涉及运动、家居、旅行、酒店、餐馆等内容的分享，并引导用户进行交易。目前有超过3亿用户，用户可以通过短视频、图文等形式记录生活点滴，分享生活方式，并基于兴趣形成互动。其社群包括"母婴圈""萌娃圈""时尚圈""护肤圈""彩妆圈"等，并借助明星、网红、关键意见领袖（key opinion leader，KOL）的影响让品牌或商品在短时间内集中爆发。通过明星及KOL推荐、网红联动霸屏、红人种草测评为品牌营造良好口碑，为品牌实现大量曝光，提升品牌知名度的同时树立起品牌独特形象，为品牌带来更高的转化率。

（2）抖音2016年上线，是字节跳动公司的一款短视频社交软件。抖音以视频分享为主，用户通过申请就可以开通抖音小店，短视频的链接、个人主页、直播下方的购物车均可进行商品展示，为品牌或商品做宣

抖音兴趣电商

传,消费者可直接下单。抖音创作者也可以通过短视频、直播等丰富的内容形式,给消费者提供更个性化、更生动、更高效的消费体验。在淘宝等购物网站上也会实时上线很多"抖音同款"。

2) 拼购类社交电商

拼购类社交电商也叫分享型社交电商,它抓准了许多消费者喜欢实用实惠的心理特质,利用低门槛促销活动鼓励消费者分享,进行商品推广,以吸引更多的消费者购买,从而达到销售裂变的目的。拼购类社交电商的最大优势在于可以利用较低的价格买到高质量的商品,该模式通过拼团砍价的形式吸引更多追求高性价比的消费群体。

目前比较典型的拼购类社交电商平台有拼多多、京东拼购等。

(1) 拼多多 2015 年 4 月上线,它通过"社交＋拼团＋低价"的组合,用户通过发起和朋友、家人、邻居等的拼团,可以以更低的价格,拼团购买优质商品。拼多多旨在凝聚更多人的力量,用更低的价格买到更好的东西,体会更多的实惠和乐趣。通过沟通分享形成的社交理念,形成了拼多多独特的新社交电商思维。

(2) 京东拼购的运作与拼多多类似,是商家的一种营销策略,通过拼购低价,刺激用户,实现商家低成本引流,主打"低价不低质"概念。京东拼购主打性价比高、价差大的货品,同时,消费者在京东拼购上购买的商品,由京东固有的仓储物流、售后服务等保障货品品质及用户体验。总的来说,京东拼购就是以一种拼团的方式,让消费者购买的商品更加实惠。

3) 零售类社交电商

零售类社交电商是指以个人自然人为基本单位,通过社交媒体,利用个人社交人脉圈进行商品交易及提供服务的新型零售模式。零售类社交电商一般通过整合商品和供应链等,开设自营店,并开发线上分销商,招募众多个人商家,进行产品的一件代发,最终形成分销裂变。与传统线下实体零售相比,零售类社交电商的基本营利点也是商品的渠道分销利润,不同的是线下实体零售主要以实体店作为渠道载体,零售类社交电商是以个体自然人作为渠道载体,并且利用互联网及社交网络提高渠道运营效率。

目前比较典型的零售类社交电商平台有云集微店(现改名为云集)等。

云集是一款在手机端开店的 App,为店主提供美妆、母婴、健康食品等上万种货源。并有商品文案,手把手培训,一件代发,专属客服等特色服务,是个人零售服务平台。

2.3.4 新零售模式

"纯电商时代很快会结束,未来 10 年、20 年,将没有电子商务这一说,只有新零售这一说法",2016 年 10 月在云栖大会上阿里巴巴提出了"新零售"这个概念。"新零售"概念提出后,京东提出了"无界零售",苏宁、腾讯提出了"智慧零售",网易提出了"新消费"等,这也反映出零售业态正迎来新一轮的革命。

1. 新零售的概念

新零售是时下电子商务行业中被人们热议的新概念。大家普遍认为新零售是传统零

售和"互联网＋"相结合的产物,是互联网在实现社会信息化、数字化过程中,利用信息通信技术及互联网平台,让互联网与传统行业进行深度整合,零售行业发展的新生态。各界对新零售的概念和理解各不相同。

有学者认为新零售是指企业以互联网为依托,通过运用大数据、人工智能等先进技术手段,对商品的生产、流通与销售过程进行升级改造,进而重塑业态结构与生态圈,并对线上服务、线下体验以及现代物流进行深度融合的零售新模式。

也有学者认为未来电子商务平台会有新的发展,线上线下和物流结合在一起,才会产生新零售,即"线上＋线下＋物流"或"线上＋线下＋数据＋物流"。线上是指云平台,线下是指销售门店或生产商,新物流消灭库存,减少囤货量。其核心是以消费者为中心的会员、支付、库存、服务等方面数据的全面打通。

2017年3月,阿里研究院发布《阿里研究院新零售研究报告》,对新零售的概念给出了明确定义。简单而言,新零售是"以消费者体验为中心的数据驱动的泛零售形态",其核心价值是将最大限度地提升全社会流通零售业运转效率。报告指出,新零售有三大特征,分别是"以心为本、零售物种大爆发和零售二重性"。"以心为本"指的是掌握数据就是掌握消费者需求,未来DT技术带来的巨大创造力,将无限逼近消费者内心需求,围绕消费者需求,重构人货场,最终实现"以消费者体验为中心"。"零售物种大爆发"指的是多元零售新形态、新物种会大量孵化出来。借助DT技术,物流业、大文化娱乐业、餐饮业等多元业态均延伸出零售形态,更多零售物种即将孵化产生,包括自然人零售,未来有望实现"人人零售"。"零售二重性"指的是二维思考下的理想零售。任何零售主体、任何消费者、任何商品既是物理的,也是DT化的,需要从二维角度去思考新零售,同时,基于数理逻辑,企业内部与企业间流通损耗最终可达到无限逼近于"零"的理想状态,最终实现价值链重塑。

2. 新零售的特点

新零售的本质是对人货场关系的重构。人对应消费者画像、数据;货对应供应链组织关系及与品牌的关系;场是场景,对应商场表现形式,是零售的前端表象。在新零售模式下,实体零售与电子商务的商业形态不再对立,线上线下融合发展将是电子商务发展的新常态。具体来说,新零售呈现出以下几个方面的特点。

（1）渠道一体化。渠道一体化即线上线下融合。企业或商家能够有效链接线上网店和线下实体门店,打通各类零售渠道终端,实现线上和线下数据的深度融合。线上可以进行宣传和销售,线下可以进行企业形象展示并为消费者提供服务体验。

（2）经营数字化。经营数字化就是将零售数字化。通过数字化把各种行为和场景搬到线上,从而沉淀商品、会员、营销、交易和服务等数据,为企业或商家的运营决策提供丰富、有效的数据依据。

（3）卖场智能化。卖场智能化是指对卖场进行智能化改造,构建丰富多样的全新零售场景。引入智能触屏、智能货架、智能收银系统等物联设备,不仅增强了卖场体验感,提升了购物效率,同时还可以增加多维度的零售数据,从而更便捷、有序地管理库存、销售等。

随着新零售模式的逐步落地,线上和线下从原来的相对独立、相互冲突逐渐转化为互动促进、彼此整合,电子商务的表现形式和商业路径必定会发生根本性的转变。新零售的诞生为电子商务行业带来了场景革命,未来新零售将指向一个目标和追求:降低成本、提高效率,提升消费者体验、提供极致服务。

本章小结

首先,分析了电子商务模式的相关概念。从商务模式的要素入手,指出商务模式的核心是价值,包括客户价值(目标价值体现)、投资者价值(盈利模式)和伙伴价值三个方面。电子商务模式的特点主要体现在其目标价值、价值传递系统和盈利模式,即企业的运营模式和盈利模式两个方面,这也是企业能否成功实施电子商务的关键因素。因此,在互联网环境下设计并建立起稳固的、能适应企业电子商务运作的电子商务模式非常重要。

其次,根据经济活动的参与者对电子商务模式作了分类,主要分为企业对企业(B2B)、企业对消费者(B2C)、企业对政府(B2G)、消费者对消费者(C2C)、消费者对政府(C2G)、政府对政府(G2G)六种。并对主要的 B2B、B2C 和 C2C 电子商务模式做了详细的介绍。详细讨论和分析了 B2B、B2C 和 C2C 三种主要电子商务模式的发展现状、运营模式、盈利模式和交易流程。

最后,对 C2B、O2O、社交电子商务、新零售等新的电子商务模式进行了探讨。

复 习 思 考 题

□ 复习与讨论

1. 电子商务模式的核心是什么?
2. 电子商务企业的收入来源有哪些?
3. 分别列举出五个 B2B、B2C、C2C 模式的成功企业。
4. 选择你所熟悉的某电子商务企业,运用本章所学知识,对其电子商务模式进行剖析。

□ 案例分析

京东:从中关村小店到 B2C 巨头

京东于 2004 年正式涉足电商领域。2014 年 5 月,京东集团在美国纳斯达克证券交易所正式挂牌上市,是中国第一个成功赴美上市的综合型电商平台。2017 年年初,京东全面向技术转型,迄今京东体系已经投入近 800 亿元用于技术研发。京东集团定位于"以供应链为基础的技术与服务企业",目前业务涉及零售、科技、物流、健康、保险、产发和海

外等领域。

一、京东的发展历程

1998年，刘强东创办了京东公司，主营业务是代理销售光磁产品，出售刻录机、压缩卡和光盘。2003年，"非典"疫情使刘强东的业务大受影响，线下业务不断萎缩。2005年，刘强东做出了一个决定，放弃连锁，专攻网上零售，在这一年他关掉了全国12家门店，主营网上销售。2008年8月，大家电产品全线登录京东商城，3C产品战略布局正式完成。同年10月，应消费者需求，日用百货频道正式上线。2010年11月1日，京东商城"图书频道"正式上线，实现从3C网络零售商向综合型网络零售商转型。2013年3月京东域名正式更换为JD.COM，并推出名为"Joy"的吉祥物形象，京东涉足网上超市和本地生活服务类。2014年4月2日，京东集团分拆为两个子集团、一个子公司和一个事业部，涉及金融、拍拍及海外业务。2017年4月25日，京东正式组建京东物流子集团。2019年5月，京东健康正式宣布独立运营，为用户提供基于医药健康电商、互联网医疗、健康服务、智慧医疗解决方案四大业务板块的产品和服务。2021年1月11日，京东集团宣布将云与AI业务与京东数科整合后，正式成立京东科技集团。至此，京东集团的四大业务板块全面完成。

二、京东集团

1. 京东零售集团

京东商城从早期的3C产品为主，已经发展为综合百货网上购物商城，即京东零售集团。京东零售集目前的主要销售渠道为B2C电子商务网站，京东零售拥有近1000万SKU的自营商品，布局了京东MALL、京东电器超级体验店、京东电器城市旗舰店、京东家电专卖店、京东电脑数码专卖店、京东之家、七鲜超市、京东京车会、京东母婴生活馆等数以万计的线下门店；京东的供应链还连接着百万级的社区超市、菜店、药店、汽修店、鲜花店等。

京东超市是中国消费者信赖的商超购物之选，目前已经成为众多知名国际快消品牌的全渠道零售商，其打造的全渠道能力解决方案，已经成功在全国近400个城市，为众多品牌商和零售商建立起了完善的全品类即时消费的零售生态。京东服饰通过全场景、全渠道和全模式服务能力，连接数万服饰商家，全面满足用户丰富、多元、便捷的品质服饰消费需求。2019年11月，京东进口业务战略升级为"京东国际"，整合了京东旗下跨境商品和一般贸易商品，并通过在消费场景、营销生态、品质和服务、招商四大维度的全面升级，为消费者同步世界好物。京东生活服务包含京东汽车、京东房产、京东旅行、京东拍卖、京东农林花卉、京东图书文教六大板块。

2. 京东物流集团

2017年4月25日正式成立京东物流集团。京东物流建立了包含仓储网络、综合运输网络、配送网络、大件网络、冷链物流网络及跨境物流网络在内的高度协同的六大网络。2021年，京东物流助力约90%的京东线上零售订单实现当日和次日达，客户体验持续领先行业。京东物流正在持续提升自身在自动化、数字化及智能决策方面的能力，不仅通过自动搬运机器人、分拣机器人、智能快递车、无人机等，在仓储、运输、分拣及配送等环节大大提升效率，还自主研发了仓储、运输及订单管理系统，截至2021年12月31日，京东物流在全国共运营 43 座"亚洲一号"大型智能仓库。跨境方面,京东物流已建立了覆盖超过 220 个国家及地区的国际线路,拥有近 80 个保税仓库及海外仓库,让跨境货运最快可实现门到门 48 小时送达。同时,京东物流是国内首家完成设立科学碳目标倡议(SBTi)的物流企业,引入使用更多清洁能源,推广和使用更多可再生能源和环保材料,践行绿色环保理念。

3. 京东科技集团

京东科技是京东集团旗下专注于以技术为政企客户服务的业务子集团,目前京东科技的技术和产品人才占比已超过 60%,并且拥有多位入选 IEEE Fellow 的科学家,40 多位全球顶级科学家;京东探索研究院在基础科学领域持续推进科研创新,深耕"量子机器学习""可信人工智能""超级深度学习"三大前沿领域,并在智能零售、物流仓储、智能城市、供应链管理等应用研究上持续投入。京东科技累计申请专利 4635 个,在 AAAI、IJCAI、CVPR、KDD、NeurIPS、ICML、ACL、ICASSP 等国际顶级技术会议上共发表相关论文近 500 篇,并已在多项国际性学术赛事中斩获 25 项世界第一,与美国斯坦福大学、中国科学技术大学等多所国内外高校合作建立人工智能实验室,充分开展产学研一体化实践。

京东云是京东集团面向政企客户输出技术与服务的核心品牌 。在城市服务领域,京东云在全国 70 个城市建立了服务基地;在金融机构服务领域,以联结产业供应链的数智化金融云为核心,京东云已为包括银行、保险、基金、信托、证券公司在内的超 810 家各类金融机构提供了数字化服务;在企业服务领域,京东云基于全栈式云服务产品,已为超 1540 家大型企业、超 152 万家中小微企业提供了数字化解决方案,帮助企业实现数智化转型。

4. 京东健康集团

2020 年 12 月,京东健康于中国香港联交所主板上市。京东健康的业务范围涉及医药健康供应链、医疗健康服务、数智医疗健康等领域,同时还与产业链上中下游各环节的企业、机构进行合作,以打造更加完整的大健康生态体系。

在医药健康供应链板块,京东健康拥有药品、医疗器械以及滋补保健品等泛健康类商品的零售及采购批发业务,覆盖线上线下全渠道;医疗健康服务板块主要围绕用户健康需求,开展医生在线咨询、专科化慢病管理等医疗服务,并结合医药供应链优势,打造"医＋药"全流程服务,为用户提供针对日常健康管理场景的家庭医生服务,以及包括体检、医美、齿科、基因检测、疫苗预约等在内的消费医疗服务;数智医疗健康板块主要服务于社区、医疗机构和地方政府部门等各方合作伙伴,以促进医疗健康信息实现互通共享为核心目的,向其提供基于互联网创新技术应用的数智化解决方案;此外,也面向企业客户,提供针对企业员工健康管理需求的定制化服务方案。京东健康已经成功打造京东大药房、药京采、京东健康互联网医院、京东家医、智慧医院等核心产品和子品牌。

(资料来源:根据京东官网和百度百科整理)

完整案例资料扫码查看。

问题:

(1)京东电子商务模式的不断创新发展对我们有什么启示?

(2)试分析京东的电子商务战略。

京东:从中关村小店到 B2C 巨头

京东集团完整案例资料

第 3 章

电子商务网络技术

课程思政

了解党中央对互联网发展内在规律的深刻把握,以及中国建设网络强国的战略目标,深刻领悟"加快建设网络强国、数字中国"的倡议,积极提升网络强国技术,增强国家主权的家国情怀和责任担当。

教学目标

1. 熟悉计算机网络的相关概念。
2. 了解因特网的通信协议、IP 地址和接入方法。
3. 掌握 WWW 技术的核心。
4. 熟悉企业内部网和企业外部网的应用及技术。

开章引例

网络购物

最近,气温骤降,小杨决定为自己添置一些御寒衣物。他刚一解锁手机,手机就自动连接到了家里的无线网络。接着,小杨使用手机登录了淘宝 App,进入后,他发现淘宝 App 首页上有数款保暖御寒的商品推荐。原来,淘宝 App 采用了大数据技术,通过小杨平常的搜索内容、消费风格、最近热卖商品等,智能地为小杨推荐了数款保暖御寒的商品。

经过比较,小杨选择了一件羽绒服,通过淘宝旺旺与网店客服沟通后,他下单并通过支付宝付了款。当天晚上,淘宝 App 就发出提示消息,显示小杨购买的羽绒服已经发货,并显示了快递公司和运单号等信息。小杨通过淘宝 App 或者菜鸟 App 可以实时查看快递的位置。第二天下午,小杨接到了快递员的电话,对方已经到达他的小区门口,让小杨到小区门口拿快递。此时小杨并不在小区,于是在电话里告诉快递员,将快递包裹放在小区的快递柜中。不一会儿,小杨收到了一条短信,提示有编号××××××的包裹放入快递柜××—××柜,请他记得按时拿取。晚上,小杨回到小区,扫描快递柜上的二维码,对应的柜门直接弹开,小杨顺利地拿到了快递包裹。

回到家后,小杨试穿了羽绒服,确认没有问题后,在淘宝 App 上确认收货,并评价了商品。

从上述引例可以看到,互联网时代的高效性和交互性彻底改变了传统的经营方式。对用户来讲,通过互联网络可以得到自己想要的东西;对企业来讲,无论是营销还是直接的销售行为或者是服务,完全可以根据用户的需要来定制专项的产品或服务。这种方式,在传统的工业时代是不可能实现的,因为成本太高。而在互联网时代只要通过单击鼠标,用户就可以定制自己需要的任何东西。所有这一切的实现,都源于电子商务网络技术。

电子商务泛指一切利用现代网络信息技术进行的商务活动,它通过网络并以电子信号传输和交换的方式进行。网络技术的应用是当代信息系统区别于传统信息系统技术的重要标志,没有网络信息技术支撑,电子商务就无法实现,就会回归传统商务。网络及其相关技术的飞速发展,使企业的业务管理信息系统通过网络互联,进而能够支持企业间贸易业务的处理,这是电子商务的魅力所在。

3.1　计算机网络技术

电子商务的运作离不开以互联网为代表的计算机网络,网络技术特别是广域网技术作为电子商务最关键的技术之一,对电子商务的正常、稳定运行及深层次的发展起着决定性的作用。因此,要深入了解、掌握和应用电子商务,必须对计算机网络有一个较为全面的了解和认识。

3.1.1　计算机网络的概念

所谓计算机网络,就是将分布在不同地理区域或同一地点的具有独立功能的计算机、终端及附属设备,通过专门的通信线路和通信设备连接起来,在网络操作系统、网络管理软件及网络通信协议的管理和协调下,实现资源共享和信息传递的计算机系统。一群计算机联成网络后,具有共享资源、数据通信、信息的有机集中与综合处理、提高可靠性、分担负荷和实现实时管理等功能。

计算机网络自 20 世纪 50 年代出现,随着技术的进步和应用需求的不断增加,获得了前所未有的发展,经历了从简单到复杂、从低级到高级的发展过程。

1. 以单机为中心的通信系统

以单机为中心的通信系统中只有一台具有自主处理能力的计算机,其余终端都不具备自主处理功能,因此也称为面向终端的计算机网络。其特点是网络上的用户只能共享一台主机中的硬件和软件资源,子网之间无法进行通信。20 世纪 60 年代初,美国航空公司与 IBM 公司联合研制的预订飞机票系统,由一个主机和 2000 多个终端组成,是一个典型的面向终端的计算机网络。

2. 多个计算机互联的通信系统

多个计算机互联的通信系统将分散在不同地点的计算机通过通信线路互联。网络中的通信双方都是具有自主处理能力的计算机，主机之间没有主从关系，网络中的多个用户之间共享计算机网络中的软、硬件资源。其特点是用户可以共享网络上所有的软、硬件资源，但不同计算机网络之间的通信具有一定局限性，需要具有统一的标准，如1969年ARPANET网以分组交换为中心的计算机网络。

3. 国际标准化的计算机网络

国际标准化的计算机网络具有统一的网络体系结构，遵循国际标准化协议。标准化的目的是使不同计算机及计算机网络能方便地互联起来。

20世纪70年代人们开始认识到第二代计算机网络存在的明显不足：如各个厂商各自开发自己的产品，产品之间不能通用；各个厂商制定自己的标准以及不同的标准之间转换非常困难，等等。因此，1980年国际标准化组织ISO公布了开放系统互联参考模型，成为世界上网络体系的公共标准。

4. 信息高速公路——Internet网络

从20世纪80年代末开始，计算机技术、通信技术以及建立在计算机和网络技术基础上的计算机网络技术得到了迅猛的发展，出现光纤及高速网络技术，以及多媒体技术和智能网络技术。特别是1993年美国宣布建立国家信息基础设施NII后，全世界许多国家纷纷制定和建立本国的NII，从而极大地推动了计算机网络技术的发展，使计算机网络进入了一个崭新的阶段。整个网络就像一个对用户透明的大的计算机系统，计算机网络发展为以Internet为代表的互联网，这也是电子商务赖以生存的最基本环境。

3.1.2 计算机网络的拓扑结构

计算机网络的拓扑结构即网络中各个结点连接的方式和形式，主要是指网络中通信子网的物理构成模式。网络的结点有两类：一类是转换和交换信息的转接结点，包括结点交换机、集线器和终端控制器等；另一类是访问结点，包括计算机主机和终端等。

拓扑结构是决定通信网络整体性能的关键因素之一，即对于不同环境下的网络，选择一种合适的拓扑结构至关重要。

网络拓扑按通信信道的不同，可分为点到点链路拓扑和共享链路拓扑两大类。点到点式拓扑网络中，每两台主机、两台结点交换机或主机与结点交换机之间都存在一条物理信道，没有直接连接的就通过中间的结点连接，从而进行存储转发的分组交换直至目的地，包括星型、环型、树型、混合型以及网状型等拓扑形式。共享链路拓扑网络中，所有联网的计算机共享一条通信信道，包括总线型、环型、混合型、无线型以及卫星通信型等多种拓扑形式（见图3-1）。

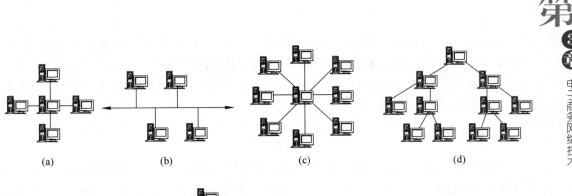

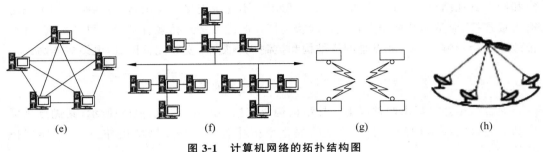

图 3-1　计算机网络的拓扑结构图

1. 星型拓扑

在星型拓扑结构中,结点通过点到点通信线路与中央结点连接,如图 3-1(a)所示,各结点必须通过中央结点才能实现通信。星型结构的优点是结构简单、建网容易,便于控制和管理。其缺点是线路的利用率也不高,且中央结点负担较重,故中央结点出故障时,整个网络会瘫痪。

2. 总线型拓扑

总线型拓扑结构是用一条电缆作为公共总线,入网的结点通过相应接口连接到线路上,如图 3-1(b)所示。网络中的任何结点都可以把自己要发送的信息送入总线,使信息在总线上传播,供目的结点接收,同时又可以接收其他结点发来的信息。各结点处于平等的通信地位,属于分布式传输控制关系。其优点是信道利用率高、结构简单、价格低、安装使用方便等。但这种网络维护起来较困难,不易检测和隔离故障,总线的一个结点出现差错,整个网络就可能瘫痪。

3. 环型拓扑

环型网是局域网常采用的拓扑结构之一。在环型拓扑结构中,结点通过点到点通信线路连接成闭合环路,如图 3-1(c)所示,环中数据将沿着一个方向逐站传送。其优点是传输控制机构简单,实时性强,可靠性高。但环中任何一个结点出现线路故障,都可能造成瘫痪,因此每个结点与连接结点之间的通信线路都会转为网络可靠性的瓶颈。

4. 树型拓扑

在树型拓扑结构中,结点按层次进行连接,信息交换主要在上下结点之间进行,如

图 3-1（d）所示。树型结构虽然有多个中央结点，但各个中央结点之间很少有信息流通。各个中央结点均能处理业务，但最上面的主结点有统管整个网络的能力。树型结构的优点是通信线路连接简单，维护方便。但资源共享能力差，如中央结点出现故障，则和该中央结点连接的结点均不能工作。

5. 网状型拓扑

网状型拓扑可分为全连接网状拓扑和不完全连接网状拓扑。全连接拓扑中，每一结点和网中其他结点均有连接，如图 3-1（e）所示。不完全连接拓扑中，任意两结点间不一定有直接连接，而是靠其他结点转接。网状型拓扑的优点是路径多、冲突少、可靠性高，且局部故障不会影响全局。缺点是网络结构和控制机制复杂，安装配置困难，电缆成本高。

6. 混合型拓扑

混合型拓扑是指由两种以上拓扑结构构成的拓扑形式，如图 3-1（f）所示，其优点是可以结合各自拓扑结构的优点。常见的混合型拓扑有总线型—星型拓扑、星型—环型拓扑等。

7. 无线电通信型拓扑

无线电通信型拓扑结构中，网中所有站点共享一条信道或射频，结点间采用微波介质以分组的形式进行广播通信，如图 3-1（g）所示。由于共用传输介质，通常一次通信只有一个结点可以广播传送一个数据分组。无线电通信简单实用，但保密性差。

8. 卫星通信型拓扑

卫星通信中，数据信号并非是从发送方直接传送给接收方，而是由发送方通过发射机将数据信号传送到通信卫星，经过通信卫星中继放大后，再传送给各个接收方，如图 3-1（h）所示。卫星通信通信覆盖范围大、广播功能强，但成本高、保密性差、传送延迟大，例如利用地球同步卫星进行通信，信号来回传送一次，其传输延迟时间长达 1/4 秒。

3.1.3 计算机网络的体系结构

IP 数据包传输

OSI（open system interconnect）模型即开放式系统互联参考模型。为了促进计算机网络的发展，国际标准化组织 ISO 于 1977 年成立了一个委员会，在现有网络的基础上，提出了一个试图使各种计算机在世界范围内互联为网络的标准框架模型，即 OSI 模型。OSI 参考模型定义了开放系统的层次结构、层次之间的相互关系及各层所包含的可能的服务。它是作为一个框架来协调和组织各层协议的制定，也是对网络内部结构最精练的概括与描述。OSI 将整个网络通信的功能划分了 7 个层次，从下往上分别是物理层、数据链路层、网络层、传输层、会话层、表示层和应用层，如图 3-2 所示。

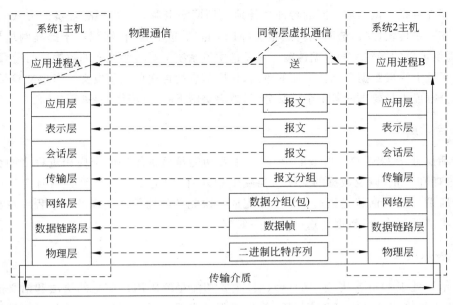

图 3-2　OSI 模型环境下数据传输过程

1. 物理层

物理层处于 OSI 参考模型的最底层,它的主要功能是利用物理传输介质为数据链路层提供物理连接,以便透明地传送比特流。物理层提供的是机械和电气接口,主要包括电缆、物理端口和附属设备,如双绞线、同轴电缆、接线设备(网卡等)、串口和并口等。

2. 数据链路层

数据链路层处于 OSI 参考模型的第二层,其主要任务是进行数据封装和数据链接的建立,负责在两个相邻结点间的线路上无差错地传输以"帧"为单位的数据。具体来说,此层的功能包括数据链路连接的建立与释放,构成数据链路数据单元,数据链路连接的分裂、定界与同步,顺序和流量控制,差错的检测和恢复等方面。

3. 网络层

网络层处于 OSI 参考模型的第三层,其解决的是网络与网络之间的通信问题。网络层是为上层传输层提供服务的,传送的协议数据单元称为数据包或分组。该层的主要作用是解决如何使数据包通过各结点传送的问题,即如何通过路径选择算法(路由)将数据包送到目的地。另外,为避免通信子网中出现过多的数据包而造成网络阻塞,需要对流入的数据包数量进行控制(拥塞控制)。当数据包要跨越多个通信子网才能到达目的地时,还要解决网际互联的问题。

4. 传输层

传输层处于 OSI 参考模型的第四层,它解决的是数据在网络之间的传输质量问题。该

层的主要任务是根据通信子网的特征最佳地利用网络资源，并以可靠、经济的方式，为通信双方建立一条传输连接，透明地传送报文（Message）。或者说，传输层用于提高网络层服务质量，提供可靠的端到端的数据传输。在发送主机系统上对将要发送的数据进行分段，在接收主机系统上完成数据段到数据流的重组，该层信息的传送单元是报文。当报文较长时，先要将其分割成满足要求的若干个报文分组，然后交给下一层（网络层）进行传输。

5．会话层

会话层处于 OSI 参考模型的第五层，主要功能是负责维护两个应用进程之间会话的建立、管理和终止，以及数据的交换。当发生意外时，确定在重新恢复会话时应从何处开始等。所谓一次会话就是指通信双方为完成一次完整的通信而实现的全过程。在会话层及以上更高的层次中，数据传送的单位一般都是报文。

6．表示层

表示层处于 OSI 参考模型的第六层，主要功能是解决用户信息的语法和语义的表示问题，即所传输信息的内容和表示形式，以确保一个系统的应用层发送的信息能够被另一个系统的应用层读取。如果通信双方用不同的数据表示方法，他们就不能互相理解，表示层就是用来屏蔽这种不同之处的。表示层的功能有数据语法转换、语法表示、数据加密和数据压缩。

7．应用层

应用层处于 OSI 参考模型的最高层，它是最接近用户的一层，为用户的应用程序提供网络服务。其主要任务是确定进程之间通信的性质以满足用户的需要，确定应用进程为了在网络上传输数据必须调用的程序。应用层包含应用程序执行通信任务所需要的协议和功能，如文件传输、信息处理、远程登录、域名服务、电子邮件传递等。

在 OSI 中，数据并非是从发送方的某一层直接传送到接收方的某一层，因为同等层之间不存在物理链路，而是发送方将生成的待传数据按从高层到低层的顺序，一层一层地转换，最后变成一连串的二进制比特流经传输介质和网络结点传送至目的地。数据发送时，从第七层（应用层）的数据形式（即日常使用的文字、图表等）向下逐层转换到第一层的形式，接收数据则相反。

3.1.4　计算机网络的分类

计算机网络种类繁多、性能各异，根据不同的分类原则，可以得到各种不同类型的计算机网络，具体如下。

（1）按传输介质分类，可分为有线网络和无线网络。

（2）按网络用途分类，可分为教育网、科研网、商业网、企业网和校园网等。

（3）按交换方式分类，可分为报文交换网和分组交换网。

（4）按传输的带宽分类，可分为基带网和宽带网。

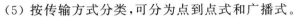

（5）按传输方式分类，可分为点到点式和广播式。

（6）按覆盖范围分类，可分为局域网、城域网和广域网。

（7）按使用范围分类，可分为公用网和专用网。

以下详细介绍常见的 3 种分类。

1. 按传输方式的不同，网络可分为点到点式网络和广播式网络

点到点式网络（Point to Point Network）是指网络中每两台主机、两台结点交换机或主机与结点交换机之间都存在一条物理信道，没有直拉连接的就通过中间的结点连接，从而进行存储转发的分组交换直至目的地。广播式网络（Broadcast Network）是所有联网计算机共享一条通信信道，某一主机发出的数据，其他主机都能收到，但多主机信道共享易引起冲突。

2. 按网络规模即传输范围的不同，网络可分为局域网、城域网和广域网

局域网（LAN）也称局部区域网，通常把覆盖范围在 0.01～10km 的网络，都称为 LAN，如在一个实验室、一幢大楼、一所学校内部建立的计算机网络都是 LAN；城域网（MAN）也叫市域网，是一个城市区域内，覆盖范围在 10～100km 的计算机网络；广域网（WAN）又叫远程网，其覆盖范围可以跨省市、跨国家，互联距离可达数百千米，甚至上万千米。互联网就是典型的广域网。

3. 按使用范围的不同，网络可分为公用网和专用网

公用网即公众网，通常是指一个国家邮电部门构建的网络，只要按规定缴纳相关费用人人都可使用，如我国的电信网、广电网、联通网等。专用网是指某个行业系统、行业领域或者某个单位为满足本部门的特殊工作需要而建造的网络，这种专业网通常会租用公用网的线路，但一般不向本单位以外的集体或个人提供网络服务。如军队、铁路、电子银行系统等自建的网络都属于典型的专用网。

3.1.5 计算机网络的组成

从结构上看，计算机网络主要由网络硬件和网络软件两部分构成。其中，网络硬件主要包括计算机（服务器、工作站）、网络通信设备、传输介质、外围设备等；网络软件则主要包括操作系统、应用软件、通信协议和数据文件等相关软件资源。

1. 服务器

服务器是一台在网络中处于中心地位的计算机，它的主要任务是运行网络操作系统和其他应用软件，并且在网络上提供资源。每个独立的计算机网络中至少应该有一台网络服务器，这种网络服务器是一台被工作站访问的计算机，通常由高性能的计算机担任。

2. 工作站

工作站实际上就是一台入网的计算机，它接受网络服务器的控制和管理，是用户使用

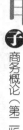
网络的窗口。

3.网络通信设备

网络通信设备是连接计算机与传输介质、网络与网络的设备。为了能够实现更大范围的资源共享和信息交流,需要将多个计算机网络互联在一起成为互联网络。常用的网络通信设备有以下7种。

(1)中继器。中继器是工作在物理层的连接设备。由于网络在工作中逐渐产生损耗,在线路上传输的信号功率会逐渐衰减,衰减到一定程度时将造成信号失真,导致接收错误。中继器就是为解决这一问题设计的,它的主要功能就是通过对数据信号放大后重新发送或者转发来扩大网络传输的距离。它是最简单的物理层网络互联设备,常用于局域网扩展。

(2)集线器。集线器(HUB)是一种特殊的中继器,可作为多个网段的连接设备,几个集线器可以级联起来。其主要功能也是对接收到的信号进行再生整形放大,以扩大网络的传输距离,同时把所有结点集中在以它为中心的结点上。智能集线器还可将网络管理、路径选择等网络功能集于一身。随着网络技术的发展,集线器正逐步被交换机所取代。

(3)交换机。交换机(Switch,"开关")是一种用于电信号转发的网络设备,在数据链路层工作。它可以为接入交换机的任意两个网络结点提供独享的电信号通路。交换机提供了许多网络互连功能,可以同时建立多个传输路径,应用在连接多台服务器的网段上以提高网络性能。交换机主要用于连接集线器、服务器或分散式主干网。目前最常见的交换机是以太网交换机。

(4)网卡。网卡又称网络适配器或网络接口卡,是将 PC 和 LAN 连接在一起的设备。它插在计算机主板插槽中,负责将用户要传递的数据转换为网络上其他设备能够识别的格式,通过网络介质传输。网络适配器的内核是链路层控制器,该控制器通常是实现了许多链路层服务的单个特定目的的芯片,这些服务包括成帧、链路接入、流量控制、差错检测等。

(5)网桥。网桥主要用于相同通信协议的局域网之间的互联,并对网络数据的流通进行管理,工作于数据链路层,不但能扩展网络的距离或范围,而且可提高网络的性能、可靠性和安全性。网桥可以是专门的硬件设备,也可由计算机加装的网桥软件来实现,这时计算机上会安装多个网络适配器(网卡)。

(6)路由器。路由器是一种连接多个网络或网段的网络设备,它能将不同网络或网段之间的数据信息进行"翻译",以使它们能够相互读懂对方的数据,实现不同网络或网段间的互联互通,从而构成一个更大的网络。目前,路由器已成为各种骨干网络内部之间、骨干网之间一级骨干网和因特网之间连接的枢纽。校园网一般就是通过路由器连接到因特网上的。

(7)网关。网关也叫网间协议转换器,可以支持不同协议之间的转换,实现不同协议网络之间的互联,主要用于不同体系结构的网络之间的互联,充当翻译器。网关在传输层以上工作实现网络互联,是最复杂的网络互联设备,仅用于两个高层协议之间的网络互联。网关既可以用于广域网互连,也可以用于局域网互联。

4. 传输介质

传输介质是通信双方之间的物理链路或通信线路，它是传输数据信息的载体。传输介质分为有线介质和无线介质两大类。

1）有线介质，如双绞线、同轴电缆、光纤等

双绞线是最为常见的一种网络传输介质。把两根互相绝缘的铜导线并排放在一起，然后用规则的方法绞合起来就构成了双绞线，可减少对相邻导线的电磁干扰。双绞线按其是否有屏蔽，分为屏蔽双绞线和无屏蔽双绞线。屏蔽双绞线是在双绞线的外面再加上一个用金属丝编织成的屏蔽层，提高了双绞线抗电磁干扰的能力。通常把许多双绞线套在坚韧的保护层中形成一条电缆，一条电缆可包含几百对双绞线。双绞线价格便宜且性能较好，安装容易，使用十分广泛。

同轴电缆是计算机局域网常用的传输介质。同轴电缆由内导体铜质芯线、绝缘层、网状编织的外导体屏蔽层及保护塑料外层组成。同轴电缆具有很好的抗干扰性，被广泛用于传输较高速率的数据，如闭路电视（CCTV）、共用天线系统（MATV）以及彩色或单色射频监视器的转送等。

光纤通信是利用光导纤维（简称光纤）传递脉冲来进行通信，其传输带宽远远大于目前其他各种传输介质的带宽。光纤传输信息时先把电信号转换成光信号，接收后再把光信号转换成电信号。光纤的制作材料是能传送光波的超细玻璃纤维外包一层比玻璃折射率低的材料。进入光纤的光波在两种材料的界面上形成全反射，从而不断地向前传播。光纤的芯线一般是直径为 $0.11\mu m$ 的石英玻璃丝，它具有宽带域信号传输的功能及重量轻的特点。

光纤通信具有信息量大、抗电磁干扰能力强、误码率低、可靠性好、安全保密性好、体积小、重量轻等优点。

2）无线介质，如微波、红外线、卫星、激光等

微波信道是计算机网络中最早的无线信道，也是目前应用最多的无线信道。微波通信是使用波长在 0.1mm～1m 的电磁波——微波进行的通信。微波通信不需要固体介质，当两点间直线距离内无障碍时就可以使用微波传送，且具有良好的抗灾性能，对水灾、风灾以及地震等自然灾害，微波通信一般都不受影响，但方向性较差。微波通信由于其频带宽、容量大，可以用于各种电信业务的传送，如电话、电报、数据、传真以及彩色电视等均可通过微波电路传输。

红外线信道由一对发送器/接收器组成，这对发送器/接收器调制不相干的红外光，只要收发机处在视线内，不受其他建筑物的遮挡，就可准确地进行通信。通信系统具有很强的方向性，几乎不受干扰信号串扰和阻塞的影响，而且容易安装。红外通信技术适合于低成本、跨平台、点对点高速数据连接，可用于沿海岛屿间的辅助通信、室内通信、近距离遥控、飞机内广播和航天飞机内宇航员间的通信等。

卫星通信是指在两个或多个卫星地面站之间利用人造地球卫星转发或反射信号的无线电通信方式。卫星接收到来自地面发送站发送来的电磁波后，再以广播方式发向地面，被地面所有工作站接收。其特点是通信容量大、通信范围大、干扰较小、可靠性高，但传播

时延大、保密性较差。卫星通信的应用领域在不断扩大，除金融、证券、邮电、气象、地震等部门外，远程教育、远程医疗、应急救灾、应急通信、应急电视广播、海陆空导航、连接互联网的网络电话和电视等将会广泛应用。

激光通信是利用激光进行通信的方式。激光是一种方向性极好的单色相干光，在空间传播的激光束可以被调制成光脉冲以传输数据。与地面微波和红外线一样，可以在视野范围内安装两个彼此相对的激光发射、接收器进行通信。激光通信与红外线通信一样是全数字的，具有较强的方向性，且通信容量大。但受环境影响，传播距离不远。激光硬件会发出少量射线而污染环境，故只有经过特许后方可安装。激光通信主要应用于地面间短距离通信、短距离内传送传真和电视、导弹靶场的数据传输和地面间的多路通信、通过卫星全反射的全球通信和星际通信以及水下潜艇间的通信等。

5. 网络操作系统

计算机网络操作系统是网络用户与计算机网络之间的接口，运行在称为服务器的计算机上，其主要功能是服务器管理及通信管理，包括一般多用户多任务操作系统所具有的功能。网络操作系统为网络用户提供所需的各种通信软件和有关协议规程。网络用户通过网络操作系统请求网络服务，它的任务就是支持局域网络的通信及资源共享，如远程登录服务、文件传输服务、电子邮件服务、网络新闻与 BBS 服务功能等。目前市场上主要的网络操作系统有 Windows、NetWare、Unix 和 Linux 等。

6. 网络协议

计算机网络是由多个互联的结点组成的，结点之间需要不断地交换数据和控制信息。为了使计算机之间或计算机与终端之间能正确地传送信息，必须在有关信息传输顺序、信息格式和信息内容等方面遵守一些事先约定好的约定或规则，这些为网络数据交换而制定的约定、规则与标准被称为网络协议。通俗来说，网络协议就是网络上所有设备之间的通信规则和技术标准，也是一种大家公认并必须遵照执行的"共同语言"。

常用的协议有 TCP/IP 协议（传输控制协议/网际协议）、IPX/SPX 协议（国际分组包交换/顺序包交换）等。

任何一种通信协议都包括语法、语义和时序 3 个组成部分。语法规定了通信双方"如何讲"，确定用户数据和控制信息的结构与格式；语义规定了通信双方准备"讲什么"，即需要发出何种控制信息，以及完成的动作和做出的响应；时序规定了双方"何时讲"，即对事件实现顺序的详细说明。

3.2 Internet 相关技术

电子商务网络
技术是新基建

电子商务是基于因特网的一种新的商务模式，电子商务的运作离不开以因特网为代表的互联网络，特别是利用 WWW 技术传输和处理商务信息。因此，了解和掌握因特网的相关技术是十分必要的。

3.2.1 Internet 的产生与发展

Internet 可翻译为因特网,也叫互联网,它是全球最大的、开放的、由众多计算机网络互联而成的国际性计算机网络。因特网采用分组交换技术实现了不同网络之间的连接,可向用户或应用程序提供一致的、通用的网络传输服务。

Internet 是全世界最大的计算机网络,最早是作为军事通信工具而开发的。它起源于美国国防部高级研究计划局(ARPA)于 1968 年主持研制的用于支持军事研究的计算机实验网 ARPANET。ARPANET 建网的初衷旨在帮助那些为美国军方工作的研究人员通过计算机交换信息,目标是保证通信系统在核战争中仍能发挥作用,因为中央通信系统在战争中是被破坏的主要目标,所以系统的基本设计要求是保证网络上每个结点具有独立的功能并具有等同的地位,实现资源共享和异种计算机通信。即该网络要能够经得住故障的考验而维持正常工作,当网络的一部分因受攻击而失去作用时,网络的其他部分仍能维持正常通信。

该网络使用"包交换/分组交换"这种新的信息传输技术,其原理是:一组信息首先被分割为若干个"包",每个包均包含它的目的地址,每个包通过不同线路到达目的地,再组装还原成原来的信息。这个系统最大的优点是如果核弹击毁了军事网络的一部分,数据仍然能通过未破坏的网络到达目的地,这一原理成了因特网的标准。

1969 年 9 月,ARPANET 连接美国 4 个大学站点,即加州大学洛杉矶分校(UCLA)、加州大学圣巴巴拉分校(UCSB)、犹他大学(Utah)和斯坦福研究所(SRI),这是最早的计算机网络,开始利用网络进行信息交换。

1971 年,ARPANET 发展到 15 个站点 23 台主机,新接入的站点包括哈佛大学、斯坦福大学、麻省理工学院、美国航空航天局等。当时网络采用的是 NCP(Network Control Protocol)网络控制协议,此协议包括远程登录、文件传输和电子邮件的协议,从而形成了 ARPANET 的基本服务。1972 年互联网工作组(INWG)成立,其目的在于建立互联网通信协议。1973 年 ARPANET 扩展成国际互联网,第一批接入的有英国和挪威。1974 年美国高级计划研究署的鲍勃·凯恩和斯坦福大学的温登·泽夫合作,提出了 TCP/IP 协议和网关结构,核心是该协议独立于网络和计算机硬件,并提出了网络上的全局连接性。1975 年 ARPANET 网络已从试验性网络发展为实用型网络,其运行管理由 ARPA 移交给了国防通信局 DCA。

20 世纪 80 年代,局限于军事领域的 ARPANET 开始被用于教育和科研。1981 年,TCP/IP 4.0 版本正式成为 ARPANET 的标准协议,之后大量的网络、主机和用户都连入了 ARPANET,使得 ARPANET 迅速发展。1983 年,ARPANET 分裂为民用科研网 ARPANET 和纯军事用的 MILNET 两个网络。DCA 把 ARPANET 各站点的通信协议全部转为 TCP/IP,这是全球因特网正式诞生的标志。

1984 年,美国国家科学基金会(NSF)决定组建 NSFNET。通过 56Kbps 的通信线路将美国 6 个超级计算机中心连接起来,实现资源共享。1986 年 NSFNET 建立,实现了广

域网与计算机中心以及计算机中心与计算机中心之间的互联。NSFNET 采取的是一种具有三级层次结构的广域网络，整个网络系统由主干网、地区网和校园网组成。各大学的主机可连接到本校的校园网，校园网可就近连接到地区网，每个地区网又连接到主干网，主干网再通过高速通信线路与 ARPANET 连接。这样一来，学校中的任一主机可以通过 NSFNET 来访问任何一个超级计算机中心，实现用户之间的信息交换。后来，NSFNET 所覆盖的范围逐渐扩大到全美大学和科研机构，NSFNET 和 ARPANET 就是美国乃至世界 Internet 的基础。NFSNET 于 1990 年 6 月彻底取代了 ARPANET 而成为 Internet 的主干网。1992 年因特网协会(ISOC)成立，1993 年因特网信息中心成立。

1992 年，美国政府提出"信息高速公路"计划，公布《国家信息基础设施建设：行动纲领》，简称"NII 计划"，政府进一步加强对因特网的资金支持，在全世界掀起信息高速公路热。从 1995 年起，因特网主干网转由企业支持，实现商业化运营。在我国，1994 年中国科学技术网 CSTNET 首次实现和 Internet 直接连接，同时建立了我国最高域名服务器，标志着我国正式接入 Internet。接着，相继又建立了中国教育科研网(Cernet)、计算机互联网(ChinaNet)和中国金桥网(Genet)，从此中国用户日益熟悉并使用 Internet。

3.2.2 Internet 的通信协议

TCP/IP(transmission control protocol/internet protocol)协议是因特网上广泛使用的一组协议，它是 20 世纪 70 年代中期美国国防部为其 ARPANET 开发的网络体系结构和协议标准。TCP/IP 代表了一组通信协议，其中最基本也是最主要的是传输控制协议 TCP 和网际协议 IP。

TCP/IP 是当今计算机网络最成熟、应用最广泛的互联技术，拥有一套完整而系统的协议标准。与 OSI 模型一样，TCP/IP 也是分层体系结构，每一层提供特定的功能并相互独立，分网络接口层、网络层、传输层和应用层 4 个层次，如图 3-3 所示。与 OSI 模型相比，TCP/IP 没有表示层和会话层，这两层的功能由最高层应用层提供。

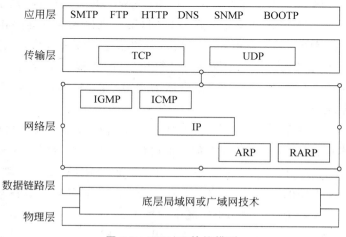

图 3-3 TCP/IP 协议模型

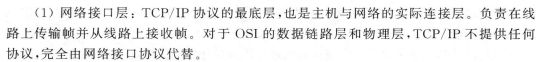
（1）网络接口层：TCP/IP 协议的最底层，也是主机与网络的实际连接层。负责在线路上传输帧并从线路上接收帧。对于 OSI 的数据链路层和物理层，TCP/IP 不提供任何协议，完全由网络接口协议代替。

（2）网络层：负责相邻计算机之间的通信。其功能包括 3 个方面：一是负责处理来自传输层的分组发送请求，收到请求后，将分组装入 IP 数据报，填充报头，选择去往信宿机的路径，然后将数据报发往适当的网络接口。二是负责处理输入数据报，首先检查其合法性，然后进行寻径。假如该数据报已到达信宿机，则去掉报头，将剩下的部分交给适当的传输协议。假如该数据报尚未到达信宿，则转发该数据报。三是负责处理路径、流控、拥塞等问题。该层的主要协议是 IP 协议和 ARP/RARP 地址的解析协议。ARP 可将因特网的 IP 地址转换成物理地址，而 RARP 则进行反向地址解析，将物理地址转换为因特网的 IP 地址。

（3）传输层：负责应用进程间端到端的通信会话连接，并将数据无差错地传给相邻的上一层或下一层。该层定义了两种主要的协议：传输控制协议 TCP 和用户数据报协议 UDP（user datagram protocol）。其中，TCP 提供的是一种可靠的面向连接的服务，该协议通信的可靠性高，但效率低。UDP 提供的是一种不太可靠的无连接服务，通信效率高，但不可靠。

（4）应用层：TCP/IP 协议的最高层，该层向用户提供各种 Internet 管理和因特网服务，如 WWW 服务、电子邮件、文件传输、远程登录、域名服务等。应用层提供了大量面向用户的协议，主要有如下一些。

Telnet：网络终端协议，负责用户远程登录服务。

FTP（file transmission protocol）：文件传输协议，负责网络中主机间的文件复制传送。

SMTP（simple mail transfer protocol）：简单邮件传输协议，负责电子邮件的传送。

POP3（post office protocol 3）：邮局协议第 3 版本，用于接收邮件。

DNS（domain name service）：域名解析服务协议，负责域名到 IP 地址之间的转换。

HTTP（hypertext transfer protocol）：超文本传输协议，用于客户机与 WWW 服务器间的数据传输。

SNMP（simple net management protocol）：简单网络管理协议，负责网络的管理。

3.2.3 Internet 的 IP 地址及域名

1. IP 地址

IP 地址就是为了区分在因特网上成千上万台不同的计算机，给每个连接在 Internet 上的主机分配的一个 32b 地址。因特网上的每台计算机都有一个唯一的地址，每个 IP 地址的长度为 32 位，分为 4 段，每段 8 位，用十进制数字表示，每段数字范围为 0～255，段与段之间用句点隔开。例如，202.108.22.5 就可表示某台计算机的 IP 地址。

现有的互联网是在 IPv4 协议的基础上运行的。IPv6 是新版本，也是下一代的互联网协议，它的提出最初是因为随着互联网的迅速发展，IPv4 定义的有限地址空间将被耗

尽，而地址空间的不足必将妨碍互联网的进一步发展。为了扩大地址空间，拟通过 IPv6 以重新定义地址空间。IPv4 采用 32 位地址长度，只有大约 43 亿个地址，而 IPv6 采用 128 位地址长度，几乎可以不受限制地提供地址。按保守方法估算，IPv6 实际可分配的地址，整个地球的每平方米面积上仍可分配 1000 多个。

当前，IPv4 地址已经面临资源枯竭，全球 IPv4 地址数已于 2011 年 2 月分配完毕，因此加强 IPv6 的下一代互联网建设势在必行。自 2011 年开始我国 IPv4 地址总数基本维持不变，截至 2022 年 12 月，我国 IPv4 地址数量为 39182 万个，IPv6 地址数量为 67369 块/32，IPv6 活跃用户数达 7.28 亿，预计 2025 年增长至 8 亿。我国从 2011 年开始，IPv6 已经应用到了多种通信业务上，如 2011 年 8 月的深圳大运会，中国电信率先为大运会构筑起下一代互联网（IPv6）的试商用体系，共覆盖大运会 58 个场馆，囊括了 7 大应用系统，涉及 RFID、无线宽带视频监控、高清赛事直播等多个领域。这也是 IPv6 新技术首次在国际大型赛事上实现规模应用，随着 IPv6 新技术在大运会上付诸实践，IPv6 国内商用的步伐越来越快。例如，2022 年北京冬奥会上，中国联通采用了先进的"IPv6＋"技术，构建了冬奥会统一的承载网络，提供了"共享互联网""媒体＋互联网专线"等多种通信业务，在整个赛事期间为所有冬奥会参与者和重要客户提供最优的通信服务体验。

IPv6 具备四大技术优势。

（1）地址资源更多。与 IPv4 相比较，IPv6 最直观的技术优势在于其可以提供的地址资源近乎无限。据了解，IPv6 能够为现在和将来的互联网应用提供更多的网络地址，它能够在现在 40 亿个 IPv4 的网络地址的基础上增加 340 万亿个 IPv6 网络地址。

（2）更加有利于物联网。IPv6 地址的无限充足意味着在人类世界，每件物品都能分到一个独立的 IP 地址。也正是因此，IPv6 技术的运用，将会让物联网成为现实。这意味着，所有的家具、电视、相机、手机、计算机、汽车等全部都可以纳入成为互联网的一部分。

（3）网络安全性更高。目前，病毒和互联网蠕虫是最让人头疼的网络攻击行为。但这种传播方式在 IPv6 的网络中就不再适用，因 IPv6 的地址空间太大了，如果这些病毒或者蠕虫还想通过扫描地址段的方式来找到有可乘之机的其他主机，就犹如大海捞针。

（4）网络实名管理更可行。IPv6 普及的另外一个重要的应用就是网络实名制下的互联网身份证。目前基于 IPv4 的网络之所以难以实现网络实名制，一个重要原因就是 IP 资源的共用。但 IPv6 的出现使得 IP 资源将不再紧张，用户均可分配一个固定 IP 地址，这样实际就实现了实名制。

2. 域名

域名是因特网上的计算机地址的另一种表现形式，它和 IP 地址一一对应，易于记忆，用得更普遍。域名由若干部分组成，之间用"."分开，每个部分由字母、数字、下划线组成。当用户要和因特网上某台计算机交换信息时，只需使用域名，由域名服务器将域名转换成 IP 地址即可。

域名是上网单位和个人在网络上的重要标识，起着识别作用，便于他人识别和检索某一企业、组织或个人的信息资源，从而更好地实现网络上的资源共享。除了识别功能外，在虚拟环境下，域名还可以起到引导、宣传、代表等作用。目前域名已经成为互联网的品牌、网上商标保护必备的产品之一。因此设计域名时,除了要根据公司名称或信息内容的性质来选择外,还要使域名简洁、易记、标志性强,并具有一定的内涵。一个好的域名显然会大大有助于网址的推广和扩大站点的知名度。可以用品牌和企业名称作为域名,如IBM.com、amazon.com、jd.com 等。

1) 域名的格式

域名系统(DNS)规定,域名由若干个英文字母、数字或下划线等标号组成,由"."分隔成几部分。域名中的每一部分标号不超过 63 个字符,也不区分大小写字母。由多个标号组成的完整域名总共不超过 255 个字符。级别最低的域名写在最左边,而级别最高的域名写在最右边,从右向左分别称作顶级域名、二级域名、三级域名,如 baidu.com.cn、sohu.com。

顶级域名主要分为以下两类。

(1) 国家顶级域名。国家顶级域名指由"国家域"两个字符组成的域名。以国际国别识别符标准 ISO 31660 为规范,各个国家都有自己固定的国家域名,如 cn 为中国、us 为美国、uk 为英国、sg 为新加坡等。以国家域名为后缀的域名通常也叫国内域名,例如baidu.com.cn 就是一个中国国内域名。

(2) 类别顶级域名。类别顶级域名是指 com、net、org、gov、edu、mil、int 等域名,这些不同的标号分别代表了不同的机构性质。例如,com 是商业机构,net 是网络服务机构,org 是社团组织机构,gov 表示的是政府机构,edu 是教育机构,mil 是军事部门机构,int是国际组织机构,等等。其中,com、net、org、int 可以直接作为最高顶级域名,不加国家域名后缀,直接写在整体域名的最右边,通常也叫国际顶级域名,例如 www.sohu.com、www.jd.com、www.cnnic.net 等。而 gov、edu、mil 等顶级域名在实际使用时,只有美国才能把它们作为最高顶级域名,其后省略了其国家域名 us,其他国家则不能省略国家域名后缀,以免混淆,如中华人民共和国中央人民政府 www.gov.cn、美国政府网站 www.usa.gov、广东省人民政府 www.gd.gov.cn 等。

后来,全球域名最高管理机构 ICANN 为满足和扩大域名市场的需求,又新增了一些类别域名,如 firm(公司企业机构)、store(商业机构)、web(网络机构)、arts(文化机构)、biz(商业公司)、info(提供信息服务的企业)、name(个人)、pro(医生、律师、会计师等)、coop(商业合作社)、aero(航空运输业)、museum(博物馆)等。

二级域名是指顶级域名之下的域名,写在顶级域名的左边。在国际顶级域名下,它是指域名注册人的网上名称,如 sohu、ibm、cnnic 等;在国家顶级域名下,它是指注册单位的类别符号,如 com、edu、gov、net 等。我国在国际互联网络信息中心(CNNIC)正式注册并运行的顶级域名是 CN,这也是我国的一级域名。在国家顶级域名之下,我国的二级域名又分为类别域名和行政区域名两类。类别域名共 6 个,包括用于科研机构的 ac、用于工商金融企业的 com、用于教育机构的 edu、用于政府部门的 gov、用于互联网络信息中心和运行中心的 net 和用于非营利组织的 org。而行政区域名有 34 个,分别对应于我国各省、自治区和直辖市,如吉林(jl)、广东(gd)等。

2) 域名的注册

域名注册是因特网中用于解决地址对应问题的一种方法。域名未经法定机构注册不

得使用，注册域名遵循先申请先注册原则，一旦取得注册便具有唯一性，其他任何人不得注册、使用相同的域名。域名一经获得即可永久使用，并且无须定期续展，域名的使用是全球范围的，没有传统的严格地域性的限制。

注册国内域名和国际域名是有区别的。国际域名是指在美国的域名注册管理机构 ICANN 注册的域名，国内域名是指在中国国际互联网信息中心 CNNIC 注册的。区别在于，国际域名没有国别标识，而国内域名最后加了".cn"这个中国的国别标识。注册国内域名可以自己到 CNNIC 办理，也可委托代理办理，注册国际域名一般都由代理办理。根据《中国互联网络域名管理办法》的规定，CNNIC 在 2002 年 12 月 16 日全面变革域名管理服务模式：CNNIC 作为 CN 域名注册管理机构，不再直接面对最终用户提供 CN 域名注册相关服务，域名注册服务将转由 CNNIC 认证的域名注册服务机构提供。

ICANN(The Internet Corporation for Assigned Names and Numbers)即互联网名称与数字地址分配机构，它是 1998 年 10 月成立的一个集合了全球网络界商业、技术及学术各领域专家的非营利性国际组织，负责互联网协议（IP）地址的空间分配、协议标识符的指派、通用顶级域名（gTLD）以及国家和地区顶级域名（ccTLD）系统的管理以及根服务器系统的管理。CNNIC(China Internet Network Information Center)即中国互联网络信息中心，是中国 CN 域名的管理机构。CNNIC 授权注册商，注册商直接从 ICANN 批发域名。最为通用的域名.com/.net 的管理机构是 ICANN，但 ICANN 并不负责域名注册，ICANN 只是管理其授权的域名注册商，在 ICANN 和注册商之间还有一个 Versign 公司，注册商相当于从 Verisign 公司批发域名，但管理注册商的机构是 ICANN。

3.2.4　Internet 的接入方法

要使用因特网，必须以某种方式将计算机与因特网相连接。因特网的接入是电子商务交易的首要条件，常用的连接方法有以下几种。

1. PSTN 拨号接入

PSTN(published switched telephone network，公用电话交换网)拨号上网是 20 世纪 90 年代中后期刚有互联网时，家庭用户上网使用最为普遍的一种方式。只要用户拥有一台个人电脑、一个外置或内置的调制解调器（Modem）和一根电话线，再向本地互联网服务提供商（ISP）申请自己的账号或购买上网卡，拥有自己的用户名和密码后，然后通过拨打 ISP 的接入号连接到 Internet 上。这种方式费用较低，但速度慢，可靠性差。

2. ISDN 综合业务数字网

ISDN(integrated service digital network，综合业务数字网)接入技术俗称"一线通"，是一个数字电话网络国际标准，一种典型的电路交换网络系统。它采用数字传输和数字交换技术，将电话、传真、数据、图像等多种业务综合在一个统一的数字网络中进行传输和处理。用户利用一条 ISDN 用户线路，可以在上网的同时拨打电话、收发传真，就像两条电话线一样。ISDN 网络接入主要适合于普通家庭用户使用，缺点是速率仍然较低，无法实现一些高速率要求的网络服务,且费用较高(接入费用由电话通信费和网络使用费组成)。

3. DDN 数字数据网络

DDN(digital data network)数字数据网络是利用光纤数字传输通道和数字交叉复用结点组成的,随着数据通信业务发展而迅速发展起来的一种新型传输网网络。DDN 的主干网传输媒介有光纤、数字微波、卫星信道等,用户端多使用普通电缆和双绞线。DDN 将数字通信技术、计算机技术、光纤通信技术以及数字交叉连接技术有机地结合在一起,提供了高速度、高质量的通信环境,可以向用户提供点对点、点对多点透明传输的数据专线出租电路,为用户传输数据、图像、声音等信息,速度快,但费较高,适合社区商业使用。

4. xDSL 数字用户线路

xDSL 是一种通过在现有的电信网络上采用较高的频率及高级调制技术,即利用在模拟线路中加入或获取更多的数字数据的信号处理技术来获得高传输速率,从而使用户和电信运营商之间形成高速网络连接的技术。xDSL 是各种类型 DSL(digital subscriber line)数字用户线路的总称,包括 ADSL(asymmetrical digital subscriber line)、HDSL(high-data-rate digital subscriber line)和 VDSL(very high-data-rate digital subscriber line)等。各种 DSL 技术最大的区别体现在信号传输速率和距离的不同,以及上行信道和下行信道的对称性不同两个方面。在 xDSL 技术体系中,目前在中国应用最为广泛的是 ADSL 技术。

ADSL 是一种能够通过普通电话线提供宽带数据业务的技术,也是目前极具发展前景的一种接入技术。ADSL 素有"网络快车"之美誉,因其下行速率高、频带宽、性能优、安装方便、不需缴纳电话费等特点而深受广大用户喜爱,成为继 Modem、ISDN 之后的又一种全新的高效接入方式。

5. 无线网络

无线网络接入是一种有线接入的延伸技术,使用无线射频技术或红外线技术收发数据,利用无线电取代电线连接,既可达到接入因特网的目的,又可让设备自由安排和搬动。它是通过无线介质将用户终端与网络结点连接起来,以实现用户与网络间的信息传递。无线信道传输的信号应遵循一定的协议,这些协议即构成无线接入技术的主要内容。无线接入的优势在于不需要布线,非常适合移动办公。

(1) Wi-Fi 无线接入。Wi-Fi 即无线保真技术,是一种可以将个人计算机、手持设备(如智能设备、手机)等终端以无线方式互相连接的短程无线传输技术,能够在数百米范围内支持互联网接入的无线电信号。Wi-Fi 是一个创建于 IEEE802.11 标准的无线局域网技术。IEEE802.11 是无线局域网通用的标准,它是由电气和电子工程师协会(IEEE)所定义的无线网络通信标准。虽然经常将 Wi-Fi 与 802.11 混为一谈,但两者并不等同。2019 年 Wi-Fi6 发布,Wi-Fi 联盟放弃了 802.11 命名的方案,使用了数字的序号,并将前两代技术 802.11n 和 802.11ac 分别命名为 Wi-Fi4 和 Wi-Fi5,802.11ax 则对应 Wi-Fi6。Wi-Fi 的应用及其广泛,通过在公共开放的场所、机场、车站、图书馆、企业内部等人员密集区设置"热点",装有无线网卡的计算机通过无线手段方便地接入互联网。Wi-Fi 最主

要的优势在于不需要布线，可以不受布线条件的限制，因此非常适合移动办公用户的需要，具有广阔市场前景。目前它已经从传统的医疗保健、库存控制和管理服务等特殊行业向更多行业拓展开去，甚至开始进入家庭以及教育机构等领域。

（2）3G/4G/5G 无线接入。3G（3rd-generation）是第三代移动通信技术的简称，是指支持高速数据传输的蜂窝移动通信技术。3G 能够同时传送声音（通话）及数据信息（电子邮件、即时通信等）。3G 的应用已由最初的无线宽带上网拓展到了视频通话、手机电视、无线搜索、手机音乐等领域。

4G（4th-generation）即第四代移动通信技术。4G 集 3G 与无线局域网（WLAN）于一体，能够传输高质量的视频图像，功能比 3G 更先进，频带利用率更高，传输速度更快。

5G（5th-generation）即第五代移动通信技术。5G 具有传输速度快、时延短、连接能力强、应用广泛等优势。5G 的网速是 4G 的 10 倍以上；5G 的时延是 4G 的 1/10；5G 的网络连接容量更大，即使 50 个用户在同一个地方同时上网，网速也能达到 100Mbit/s 以上；"5G+"的应用场景广泛，如 5G+无人驾驶、5G+物联网、5G+工业、5G+零售、5G+教育、5G+医疗、5G+农业等，市场发掘空间巨大。

目前，我国完成了国内首次太赫兹轨道角动量的实时无线传输通信实验，这是中国 6G 通信技术研发的重要突破。这项技术利用高精度螺旋相位板天线在 110GHz 频段实现了 4 种不同波束模态，通过 4 种模态合成在 10GHz 的传输带宽上完成了 100Gbps 无线实时传输，最大限度提升了带宽利用率。这项技术的成功实验为我国 6G 通信技术的发展提供了重要保障和支撑。

6G 通信技术是指第六代移动通信技术，它是 5G 通信技术的升级版。6G 通信技术将会比 5G 更快、更稳定、更安全，它将给人类生活带来巨大的变化。6G 通信技术将会使智能家居、智能医疗、智能交通等领域更加智能化，人们可以通过手机或其他设备控制家里的电器、监控家里的情况、远程医疗、自动驾驶等。6G 通信技术将会使人们更加方便地进行远程办公、远程教育、远程购物等，人们在家里就可以完成很多事情，不需要出门。6G 通信技术将会使人们更加安全地进行在线支付、在线银行、在线购物等，人们的个人信息和财产将会更加安全。

3.2.5 Internet 的 WWW 技术

WWW 技术诞生于 1990 年，并迅速占据了因特网技术的主流地位。目前，WWW 技术已经在因特网中广泛应用，日益显现出无穷的魅力和广阔的应用前景。WWW 技术是 Internet 技术的基础，是电子商务系统实现的主要技术，这也是构建电子商务网站的基本要求。

1. WWW 概述

WWW 即 World Wide Web，也称 Web 或万维网。Web 是基于客户机/服务器（client/server）的一种体系结构（图 3-4），是以 HTML 语言和 HTTP 协议为基础，能够提供面向各种因特网服务的一种分布式信息系统。其通信原理是：由浏览器（客户机）向服务器发出 HTTP 请求，服务器接到请求后，进行相应的处理，并将处理结果以 HTML 文件的形式返回浏览器,客户浏览器对其进行解释并显示给用户。

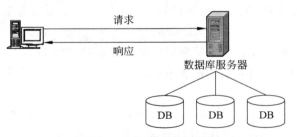

图 3-4　C/S 结构示意图

Web 是因特网提供的一种服务,通过它可以访问因特网的每一个角落。由于 WWW 的使用最普遍,使得许多人认为 Web 就等于因特网。而实际上 Web 只是建立在因特网上的一种体系结构,是存储在世界范围的因特网服务器中数量巨大的文档的集合。

2. WWW 技术

1) HTTP 协议

电子商务系统

HTTP(hyper text transfer protocol)即超文本传输协议,是 Web 服务器和客户浏览器之间传输 Web 文档时应遵守的协议规则。

所谓的"超文本",是指信息组织形式不是简单地按顺序排列,而是对不同来源的信息加以连接,可连接的信息有文本、图像、动画、声音和影像等,这种连接关系称为"超链接"。HTTP 是 WWW 技术的核心,它通过一种超链接的方式,将分布在不同服务器上的多媒体信息网页连接成一个有机的整体,建立起超链接指向不同的网页,当通过鼠标单击超级链接时,被指向的网页内容即被显示。

与其他的 Internet 协议一样,HTTP 采用 C/S 结构。人们将数据等大量信息存储在共享的服务器上,使价格低廉的个人计算机(客户机)与之相连,以便享用服务器提供的高性能服务。一个客户机可以向多个不同的服务器请求,一个服务器也可向多个不同的客户机提供服务。

HTTP 协议是一个无连接的协议,即限制每次连接只处理一个请求,当客户接到来自服务器的应答后即关闭连接。一次完整的 HTTP 操作必须要有一个客户和一个服务器才能完成。一个完整的 HTTP 事务由以下 4 个阶段组成:一是客户与服务器建立 TCP 连接;二是客户向服务器发送请求;三是如果请求被接受,则服务器响应请求,发送应答;四是客户与服务器关闭连接。

2) HTML 语言

HTML(hyper text markup language)即超文本标记语言,它不是一种程序设计语言,而是一种网页描述语言,是一些代码的组合,这些代码放置在文本中,使文本能被浏览器解释并以指定的方式显示出来,这个被解释和显示的语言就是 HTML。由 HTML 生成的文档叫超文本文档,是以.htm 或.html 为后缀的文件。

HTML 语言并不复杂,它有一定的语法格式和十几种语句。编辑 HTML 文本时需加一些标记(tag),说明段落、标题、图像、字体等。当用户通过网页浏览器阅读 HTML 文

件时，浏览器负责解释插入 HTML 文本中的各种标记，并以此为依据显示文本的内容。对于服务器来说，访问 HTML 编码信息的是哪种计算机或浏览器都没关系，只要浏览器支持该版本的 HTML 即可。HTML 是典型的标记语言，不受平台的限制，很适合在 Internet 各种平台之间传送信息。早期的网页主要通过使用 HTML 语言编制实现，它可以通过各种可视化工具如 FrontPage、Dreamweaver、Flash 等来设计。

3）XML 语言

XML（extensible markup language）即可扩展标记语言，是互联网联合组织 W3C（world wide web consortium）构想并创建的一组数据格式规范。在国内，很多人将 XML 理解为 HTML 的简单扩展，其实不然。

在 XML 出现之前，因特网上数据交换主要是通过 HTML，那时 HTML 已成为网上信息交流的标准格式。尽管 HTML 在人机界面、网页布局等方面做得非常好，但其标签大部分是用来对页面进行布局的，缺乏对数据信息含义的表达，对用户自己定义的标记是不认识的，也不能支持特定领域的标记语言。

XML 是一种简单通用的数据格式，它可以由用户自定义标签，极大地增强了对信息含义的表达能力。用户可以按照自己的要求组织数据的格式，只要双方遵循同一 XML 数据格式，就可以在不同的用户、不同的系统之间利用 XML 作为媒介进行数据交换，极大地方便了数据在因特网上的交流。XML 以一种开放的自我描述方式定义数据结构的特点，使得 XML 在电子商务的应用上具有广泛的前景。从长远来看，XML 将成为设备、网页浏览器、计算机、服务器和应用程序之间通信的混合语言，任何两个应用程序（不管是谁建立或何时建立的）之间都能相互交换信息。

4）Java 与 JavaScript 语言

为了提高 WWW 的交互性，Sun 公司开发了 Java。Java 语言是一种非常适合因特网环境编程的语言，具有简单、安全、跨平台、分布式、可移植、高性能、动态性等优点，成为网络计算及因特网应用的良好开发和应用平台。尤其是 Java 的跨平台和安全性特性很适合涉及多种平台的商务应用，也满足了电子商务安全性的需要。

JavaScript 是一种介于 Java 与 HTML 之间、基于对象的脚本语言，1996 年由 Netscape 公司首创。JavaScript 继承了 Java 的特征，具有安全性和跨平台性，是大多数浏览器都支持的脚本语言。JavaScript 可嵌入 HTML 文档中，使静态的 HTML 网页成为动态交互式网页，从而使网页变得生动。

VBScript 也是一种类似于 JavaScript 功能的脚本语言，由 Microsoft 微软公司推出，建立在微软公司 Visual Basic 编程语言的基础上，是 Visual Basic 的简化版，也是 ASP 默认脚本语言。不同的是 VBScript 是针对服务器端的脚本语言，缺乏浏览器的广泛支持，只局限于微软的 Internet Explorer 浏览器上使用。

5）ASP 技术

ASP（active server page）即动态服务器页面的缩写，是一种服务器端的脚本运行环境，通过它可以建立并运行动态、交互、高性能的 WWW 服务器应用，它是建立动态网站所需要的技术之一。ASP 页面是一种嵌入了用某种脚本语言（如 VBScript 和 JavaScript）书写的程序代码的 HTML 页面。与一般的带有脚本的 HTML 页面不同，ASP 页面中的脚本程序代码不发送至客户浏览器解释执行,而是由 IIS 服务器解释,在 WWW 服务器中运行,并将结果生成 HTML 语句,与 ASP 页面中非脚本代码的 HTML 部分合并成一个完整的网页,返回至浏览器。所以,无须考虑浏览器是否支持 ASP,一切工作都在服务器端进行,浏览器只需支持标准 HTML 文件即可。

与 ASP 技术类似的还有 PHP(hypertext preprocessor)超文本预处理器技术。PHP 是一种用于服务器端的脚本程序并运行在服务器端,它支持大多数的 WWW 服务器,如 UNIX、Microsoft Internet Information Server(IIS)和 Personal Web Server(PWS)等。

6) JSP 技术

JSP(java server page)是 1999 年 6 月由 Sun 公司推出的一种动态网页技术标准,它为创建显示动态生成内容的 WWW 页面提供了一个简捷而快速的方法,已经得到广泛应用。JSP 技术类似于 ASP 技术,是在传统的网页 HTML 文件中插入 Java 程序段或 JSP 标记,从而形成 JSP 文件。用 JSP 开发的 Web 应用是跨平台的,既能在 Linux 下运行,也能在其他操作系统上运行。

JSP 技术使用 Java 编程语言编写 XML 的标记和 Java 程序段来封装产生动态网页的处理逻辑。网页还能通过标记和程序段访问存在于服务端的资源的应用逻辑。JSP 将网页逻辑与网页设计和显示分离,支持可重用的基于组件的设计,使基于 Web 的应用程序的开发变得迅速和容易。Web 服务器在遇到访问 JSP 网页的请求时,首先执行其中的程序段,然后将执行结果连同 JSP 文件中的 HTML 代码一起返回给客户。插入的 Java 程序段可以操作数据库、重新定向网页等,以实现建立动态网站所需要的功能。

3.3 Intranet 和 Extranet 相关技术

3.3.1 Intranet 技术

Intranet 又称企业内部网,是指采用 Internet 技术(软件、服务和工具),以 TCP/IP 协议作为基础,以 Web 为核心应用,服务于企业内部事务,将企业内部作业计算机化,以实现企业内部资源共享的网络。简单来讲,Intranet 是一个既具有防止外界入侵的安全措施,又可以与因特网连接的内部网络。

目前,企业内部网已经成为企业在电子商务时代为了提高竞争力、强化企业内部管理、降低成本而建立的应用网络之一。Intranet 的最大优势就是加快了企业内部的信息交流,并能在最短的时间将相关信息传送到世界的每一个角落。通过它,一方面,企业可以方便地享受诸如 E-mail、文件传输(FTP)、电子公告和新闻、数据查询等服务,增强员工之间的互助与合作,简化工作流程,让企业内部的运作更加有效;另一方面,它可以与 Internet 连接,实现企业内部网上用户对 Internet 的浏览、查询,同时对外提供信息服务,可发布本企业信息,实现企业业务增值。

1. Intranet 的基本结构

Intranet 是一组沿用 ICP/IP 协议的、采用客户/服务器结构的内部网络，主要由客户机、服务器、防火墙、物理网络设备等部分构成，其结构图如图 3-5 所示。

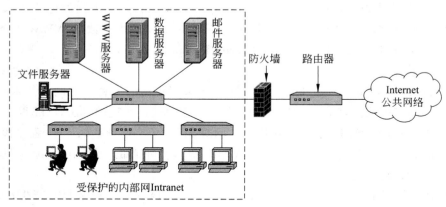

图 3-5　企业内部网 Intranet 的基本结构

服务器端是一组 Web 服务器，用于存放 Intranet 上共享的 HTML 标准格式信息以及应用，客户端则为配置了浏览器的工作站，用户通过浏览器以 HTTP 协议提出存取请求，Web 服务器则将结果回送到原始客户。Intranet 通常可包含多个 Web 服务器，如一个大型国际企业集团的 Intranet 常常会有多达数百个 Web 服务器及数千个客户工作站。这些服务器有的与机构组织的全局信息及应用有关，有的仅与某个具体部门有关，这些分布组织方式不仅有利于降低系统的复杂度，也便于开发和维护管理。由于 Intranet 采用标准的因特网协议，某些内部使用的信息必要时能随时方便地发布到公共的 Internet 上去。另外考虑到安全性，可以使用防火墙将 Intranet 与 Internet 隔离开来。这样，既可提供对公共 Internet 的访问，又可防止机构内部机密的泄露。

2. Intranet 的构建

企业组建 Intranet 的目的是满足企业自身发展的需要，因此应根据企业的实际情况和要求来确立所建立的 Intranet 所应具有哪些具体功能以及如何去实现这样一个 Intranet。所以不同的企业构建 Intranet 会有不同的方法。但不管哪种 Intranet 的构建，都会涉及网络基础设施及接入方式、软硬件的配置和选择、安全的需求和实施、Intranet 的日常维护等问题，其中 Intranet 构建的技术方面更不容忽视。

1）Intranet 的硬件配置

在选择组成 Intranet 的硬件时，应着重考虑服务器的选择。由于服务器在网络中运行网络操作系统、进行网络管理或是提供网络上可用共享资源，因此对服务器的选择显然不同于一般的普通客户机，同时应该按照服务器的不同类型，如 WWW 服务器、数据库服务器、打印服务器等而应该有所侧重。一般要求所选用的服务器具有大的存储容量，以及具有足够的内存和较高的运行速度，并且具有良好和可扩展性，以满足将来更新换代的需要，保证当前的投资不至于在短时间内便被消耗掉。

其余的硬件设备有路由器、交换机、集线器、网卡和传输介质等。所选择的这些设备应具有良好的性能，能使网络稳定地运行。此外，在此前提下，还应遵循经济性原则。

2）Intranet 的软件配置

软件是 Intranet 的灵魂，它决定了整个 Intranet 的运行方式、用户对信息的浏览方式、Web 服务器与数据库服务器之间的通信、网络安全及网络管理方式等，是网络建设中极为重要的一环。

Intranet 的软件可分为服务器端软件和客户端软件。客户端软件主要为浏览器，目前常用的浏览器软件有 Netscape Navigator、Microsoft Internet Explore 等。服务器端软件较为复杂，主要有网络操作系统、Web 服务器软件、数据库系统软件、安全防火墙软件和网络管理软件等。选择网络操作系统时，应考虑其是否是一个高性能的网络操作系统，是否支持多种网络协议，是否支持多种不同的计算机硬件平台，是否具有容错技术和网络管理功能等多方面因素。目前市场上主流的网络操作系统有 UNIX、Novell NetWare 和 Windows NT 等。如果企业网 Intranet 中大多数是以 PC 为主体，建议选用 Novell NetWare 和 Windows NT。

3）网络安全技术

Intranet 一般都与 Internet 互连，因此很容易受到非法用户的入侵。因此，网络安全技术对于企业内部网来说非常重要，目前常用的安全措施主要有分组过滤、防火墙、代理技术、加密认证技术、网络监测和病毒监测等。

（1）防火墙技术。为确保企业信息和机密的安全，需要在 Intranet 与 Internet 之间设置防火墙。防火墙可看作一个过滤器，用于监视和检查流动信息的合法性。目前防火墙技术有以下几种，即包过滤技术（packet filter）、电路级网关（circuit gateway）、应用级网关（application）、规则检查防火墙（stateful inspection）。在实际应用中，防火墙的设置并非单纯采用某一种技术，而是几种技术相结合。

（2）数据加密技术。数据加密技术是数据保护的最主要和最基本的手段。通过数据加密技术，把数据变成不可读的格式，防止企业的数据信息在传输过程中被篡改、删除和替换。目前，数据加密技术大致可分为对称密钥加密和非对称密钥加密两大类。

3.3.2　Extranet 技术

Extranet 即企业外部网，它是企业之间遵循同样的协议和标准，将多个企业内部网连接起来的信息网络。Extranet 是一种广义上的企业内部网，它把企业以及供应商或经销商等贸易伙伴有机地联系在一起。通过它企业间可以非常密切地进行信息交换和联系，以提高社会协同生产的能力和水平。

外部网的信息传递是安全的，既可以防止信息泄露给未经授权的用户，授权用户又可以公开地通过外部网络连入其他企业的网络。通过 Extranet，企业之间可以协调采购、交换业务单证等，实现彼此之间的交流和沟通。外部网与因特网不同，它是企业间业务联系的独立网络。通过存取权限的控制，Extranet 允许合法使用者存取远程企业的内部网络资源，达到企业与企业间资源共享的目的。

1. Extranet 的作用

Extranet 采用 Internet 技术，应用成本低，并且可以把网络连向全球的每个角落，这使得 Extranet 成为实现电子商务的重要媒介。Extranet 在电子商务中的应用很多，作用非常明显，如可以减少中间环节、减少库存积压、缩短运营周期、供应链管理等。

（1）减少库存积压。任何企业都需要降低库存，甚至希望达到零库存生产。要想达到这一目标必须具备两个条件：一是预知上游供货商的供货情况，能否及时供货；二是掌握下游用户的需求情况，能否及时出货。通过 Extranet 企业外部网，生产企业与上下游企业之间可以共享信息数据库，有计划地安排生产，减少库存积压。

（2）缩短运营周期。利用 Extranet，供货商可以在网上随时把握客户的生产进度和库存状况，从而适时调整生产计划；采购方可以在网上随时掌握订单的进展情况和所采购货物的物流情况；分销商则可以在网上随时查询供货商的情况和商品的相关信息。通过整个供应链上的供求信息的共享，提高整体供应链管理的效率，缩短运营周期。据资料统计，美国通用电气公司采用 Extranet 替代传统的电话、传真和寄送邮件等方式与供应商进行沟通后，其产品的采购周期由原来的 14 天缩短到了 7 天。

2. Extranet 的基本结构

Extranet 通常是 Intranet 和 Internet 基础设施上的逻辑覆盖，仅用访问控制和路由表进行控制，而不是建立新的物理网络。Extranet 通常连接两个或多个已经存在的 Intranet，每个 Intranet 由分布在各地的多个 Web 和其他设施构成。因此，构成 Extranet 外部网的主要有防火墙、企业内部网（Intranet）以及用于连接企业内部网的公共网、专用网和虚拟专用网等，如图 3-6 所示。

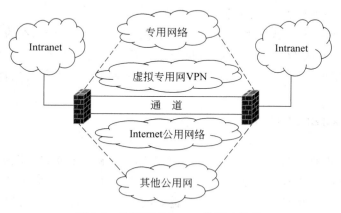

图 3-6 外部网 Extranet 的基本结构

（1）公共网络。如果一个企业允许公众通过任何公共网络访问该企业的内部网，或两个以上的企业同意用公共网络把它们的内部网连在一起，这就形成了公共外部网。在这种结构中，因为公共网络不提供任何安全保护措施，因此安全性是关键问题。为了企业外部网的安全，可以通过设置防火墙来完成，但防火墙也不能保证 100％ 的安全，因此公共网构建的 Extranet 风险太大。

（2）专用网络。专用网络是指两个企业间的专线连接，即企业内部网与企业内部网之间的物理连接。与一般的拨号连接不同，专线网络始终在线，且只有合法授权的企业能够在线，未经许可的其他任何个人或企业均不能进入专用网。因此，这种网络的安全性非常高，但专用网络需要每个企业都有一条独立的专线连入专用网，成本很高。

（3）虚拟专用网络。虚拟专用网络（virtual private network，VPN）是目前外部网的主要形式，它通过一个公用网络（通常是因特网）建立一个临时的、安全的连接，是一条穿过了混乱的公用网络的安全、稳定的隧道。使用这条隧道可以对数据进行几倍加密达到安全使用互联网的目的。虚拟专用网可以帮助远程用户、公司分支机构、商业伙伴及供应商同公司的内部网建立可信的安全连接。VPN 主要采用隧道技术、加解密技术、密钥管理技术和使用者与设备身份认证技术。

本 章 小 结

本章首先介绍了计算机网络的相关知识，如计算机网络的概念、计算机网络的拓扑结构和体系结构、计算机网络的通信设备及通信介质等，让大家对计算机网络有一个较为全面的了解和认识。

接下来就电子商务的基础网络因特网技术做了详细的介绍和探讨，包括因特网的起源、ARPANET 军事通信网及其发展、因特网的 TCP/IP 通信协议、因特网的 IP 地址及域名系统、因特网的 5 种主要接入方法和因特网的核心技术 WWW 技术。其中，还涉及网站建设、网页设计和 WWW 服务所用到的编程语言、网页编制语言及相关协议等，如 Java、ASP、HTML、XML、HTTP 等。

最后，简单介绍了企业开展电子商务的另外两个常用网络的应用及技术，包括企业内部网 Intranet 和企业外部网 Extranet。

复 习 思 考 题

□ 复习与讨论

1．简述计算机网络技术的核心及在电子商务中的作用。

2．比较 OSI 模型的层次与 TCP/IP 协议。

3．有几种方式可接入互联网？其各自的特点是什么？

4．分析 WWW 技术所涉及的内容。

5．讨论 Internet、Intranet、Extranet 三者之间的区别与联系。

□ 案例分析

区块链：新基建、新动能、新发展

2020 中国国际区块链技术与应用大会在南昌召开。大会上，区块链政策、"赣服通"区块链金融服务平台正式发布；蚂蚁区块链（江西）研究院、区块链服务网络（BSN）江西主节点揭牌；南昌临空经济区分别与中国联通集团公司、中国广电集团公司等就联通云数据中心、广电云数据中心等八个项目签约，总投资约 49 亿元；国内外区块链技术领域的主管领导、行业领袖、专家学者、技术精英，围绕区块链技术、区块链产业规划布局、区块链应用案例以及基于区块链所取得的阶段性成果等内容进行了深入交流和探讨。

1. 信任技术将主导价值互联时代

中国科学院专家认为，区块链是一种信任技术；看区块链的发展过程，要从信息发展的角度来看，信息发展经历了信息互联、人人互联、万物互联时代，正进入价值互联时代；价值互联少不了信任，提供一个低成本的信用通道，保证价值互联，这正是区块链要做的事情。

"区块链是互联网发展到一定阶段的产物，它是一个公用技术，同时又是可信的，对社会发展意义非凡。"杭州趣链科技有限公司 CEO 感慨道。区块链的可信任性、安全性和不可篡改性，为隐私保护下的大数据开放共享提供了有力保障。区块链的可追溯性使数据采集、交易、流通及分析的每一步都被记录和保存，这给予数据质量以前所未有的强信任背书。

2. 区块链将提升"智"造水平

近几年我国区块链技术发展迅速，根据中央网信办三期备案数据，国内 730 个区块链服务共涉及 571 个相应的主体。目前，金融领域依然是区块链应用的重点领域，电子政务、公共服务、供应链管理等领域的进一步探索，也对区块链的发展进行了很好的实践。

传统的生产模式下，设备的操作、生产和维护等记录并存储在单一、孤立的系统中，发生事故时，企业、设备厂商和安全生产监管部门难以确保记录的真实性、一致性，不利于后续事故的防范及设备的改进。而区块链融合物联网技术，让企业、设备厂商和安全生产监管部门能够长期、持续地监督生产制造的各个环节，从而提高生产制造的安全性和可靠性。区块链账本信息的可追溯性和不可篡改性，有助于快速、准确地发现问题、追踪问题、解决问题和优化系统，将极大地提高生产制造过程的智能化管理水平。

3. 发展区块链产业，南昌大有可为

"发展区块链技术是临空经济区变道超车、快速发展的好机会。临空经济区正在和华为合作建设新一代的智慧视觉产业园。当前，布局在临空经济区的中国南昌数字经济港内已经涌入了一大批区块链企业，未来一定能够打造出富有竞争力的区块链产业集群。"临空经济区负责人表示。选择在"打科技牌、走创新路"的南昌召开国际区块链技术与应用大会，将为南昌培育新动能提供新机遇。南昌需要做的是把区块链产业的上下游企业集聚起来，建设区块链产业园，再充分发挥底层技术作用，推动多样化的应用场景落地。目前区块链技术方面的人才缺口很大，南昌在人才培养这方面也作了一些贡献。江西区块链学院落地于南昌，在实用型人才招生、培养方面做出了参考和示范。

问题：

（1）为什么说区块链作为信任技术将主导价值互联时代？

（2）与传统的生产模式相比，发展区块链的优势何在？

（3）南昌是如何促进区块链发展的？

第 4 章

电子商务的安全问题

通过分析电子商务面临的安全问题,深刻理解习近平总书记"没有网络安全就没有国家安全"的观点。学习《网络安全法》的相关内容,提高科学技术文化安全意识和国家安全意识,掌握一定的信息安全与保密素养。

1. 了解电子商务的不安全因素。

2. 熟悉网络安全措施,包括防火墙、DDN 专线、病毒防治等。

3. 掌握网上信息传送的加密技术的原理,包括对称加密、非对称加密、混合加密。

4. 熟悉电子商务的认证技术,如数字摘要、数字签名、数字信封、数字时间戳、数字证书、认证机构、安全套接层协议 SSL、安全电子交易协议 SET 等。

开 章 引 例

虚假链接,低价网购陷阱

赵小姐在某品牌专卖店看中一件外套,于是决定回家上网找代购,搜索了很多网店,虽然有图片,但店主都称没货。赵小姐感到失望时,终于有一个店主说有货,尺码也齐全,而且还比别人便宜几十元,原价 498 元的衣服,代购只需 320 元,还包邮寄,确实很诱人。赵小姐立即决定要拍下这件商品,但是卖家发来一个链接,称只有点击这个链接才有货,而且才有包邮寄的优惠。"虽然觉得有点不

防诈骗小课堂

对劲,但还是打开了。"赵小姐说,"点开那个页面和正常的购物页面没什么区别,我毫无戒心地输入了信用卡号、身份证号码等。但回头打开自己的购物记录,却发现已购的宝贝中没有这件外套,而卖家的店铺已无法登录了。"赵小姐这才意识到自己被骗了。

(资料来源:http://cq.3158.cn/info/20150720/n179805111116459.html)

电子商务给企业带来了前所未有的商机,同时也带来了一些特殊的风险。由于

电子商务是通过 Internet 所进行的商务活动，企业的经营和资产的安全不再是企业内部所能完全控制的。不诚信的交易伙伴、黑客攻击、计算机病毒，都可以从地球上的任何一个角落通过网络威胁到电子商务的安全；通信线路和设备的故障问题也会造成业务的中断或数据出错，使企业受到巨大损失。本章对电子商务中的主要不安全因素及其控制技术等问题进行综述和剖析，主要集中在数据通信控制和交易伙伴的有效性认证、电子文件完整性、不可抵赖性等最重要的方面。

4.1 电子商务的安全要求和不安全因素

电子商务的前提和保证是安全，即能保证业务可靠、准确地进行，保证交易双方能顺利、正确地实现买卖的最终目标，商家能及时收到应收的款项，客户能及时收到所买的商品或服务，整个过程又不能让自己的机密信息外泄。

4.1.1 电子商务的安全要求

信息安全的重要性

1. 信息的真实性、有效性

电子商务以电子形式取代了纸张，如何保证这种电子形式的贸易信息的有效性和真实性是开展电子商务的前提。电子商务作为贸易的一种形式，其信息的有效性和真实性将直接关系到个人、企业或国家的经济利益和声誉。如果一个商家按客户的电子订单发出了所要求的商品，结果却没人收货，或者收货人否认订购过这些商品，或者说数量、规格不是他所订购的数量和规格，又或者收了货物但不支付货款，等等，这生意就白做了。同样，如是客户订了货，支付了货款，却收不到货，或者所收货物与所订货物不对应，且无处申诉，也亏大了。

2. 信息机密性

电子商务作为贸易的一种手段，许多信息直接代表着个人、企业或国家的商业机密。传统的纸面贸易都是通过邮寄封装的信件或通过可靠的通信渠道发送商业报文来达到保守机密的目的。电子商务是建立在一个开放的网络环境上的，商业防泄密是电子商务全面推广应用的重要保障。例如，客户网上支付时如果其银行账号、密码外泄，客户的银行存款就很危险；商家的销售额、客户、价格、折扣等信息为竞争对手所获取，可能对其产生不利后果等。

3. 信息完整性

电子商务简化了贸易过程，减少了人为的干预，同时也带来维护商业信息的完整、统一的问题。由于数据输入时的意外差错，可能导致贸易各方信息的差异。此外，数据传输过程中信息的丢失、信息重复或信息传送的次序差异也会导致贸易各方信息的不同。因此,电子商务系统应充分保证数据传输、存储及电子业务完整性检查的正确和可靠。

4. 信息可靠性和不可抵赖性

可靠性要求交易双方对自己所发送的交易信息完全负责,对对方的合法信息不会不正当地拒绝;不可抵赖性要求交易实体无法否认其确实发出过的信息和做过的行为。在传统的纸面贸易中,贸易双方通过在交易合同、契约或贸易单据等书面文件上手写签名或印章来鉴别贸易伙伴,确定合同、契约、单据的可靠性并预防抵赖行为的发生。在无纸化的电子商务方式下,通过手写签名和印章进行贸易方的鉴别已不可能。因此,要在交易信息的传输过程中为参与交易的个人、企业或政府提供可靠的标识,保证发送方在发送数据后不能抵赖;接收方在接收数据后也不能抵赖。

4.1.2 电子商务的不安全因素

在网上购物时,由于买卖双方一般不是在同一地区,所做生意不是面对面交易,从而使买卖具有较大的不确定性。因为消费者是在网络上获悉商品的一切信息的,而一些不诚信的商家就利用这一点,为了获得更大的利润,用次品代替正品来蒙骗消费者,由此导致了部分人对网上购物产生误解,他们认为网上的商品介绍均不直观、不可靠,对商品的质量保证和售后服务没有信心,这些给网上购物的发展带来了很大的阻力。综合起来,电子商务有许多不安全因素,主要有以下几种。

1. 信息有效性、完整性易受破坏

电子商务以电子文件取代了传统纸质凭证等文件,其信息的有效性难以保证。如网络故障、操作错误、应用程序错误、硬件故障、系统软件错误及计算机病毒所产生的潜在威胁、黑客攻击、人为诈骗等都可能使电子商务收到错误或无效的信息,必须从所有这些方面加以严密的控制和预防,以保证收到的贸易数据在确定的时刻、确定的地点是有效的。对信息的随意生成、修改和删除,多人、多次、多地对信息的输入、修改、存储,不规范的备份、复制等都可能造成数据信息的统一完整性遭到威胁。

2. 机密信息外泄

电子商务建立在一个开放的网络环境上,交易中又要来往传送商家、客户、银行、中介等许多重要或机密的信息,最典型的如银行账号、密码,网上又有许多窃密高手和自动侦听的窃密软件,要保证机密信息不外泄,殊为不易。更有一些企业,为了一己私利,将消费者的个人信息进行出售,或者没有得到消费者本人同意就利用消费者的个人信息进行商业活动。这种种情况都会使消费者对网上购物失去信心,阻碍了网上购物的发展。这是妨碍电子商务普及、发展以及提高的最大障碍。

3. 可靠性和不可抵赖性难以保证

在无纸化的电子商务方式下,购物网站是可靠的吗? 供应商是真实存在的吗? 商家

的信息、产品广告、产品质量、商家信用可靠吗？客户身份、订单、信用真实吗？是否发货后不付款或付款后收不到商品？下面举例说明这些不安全因素的存在。

（1）所收商品与所订商品不对应。李小姐在网上购买了一件 299 元的"百搭真皮皮衣"，但当她收到货时却大失所望，所谓的"真皮大衣"原来是仿皮制造的。李小姐网购的这家店是韩国某品牌的专卖店，信用评价有 3 颗钻，好评度达 99.83%，她正是相信了这些才放心购买的。后来调查发现，这家店铺之前并不是卖皮衣的，其所谓 3 钻的评价只是原来卖便宜的小饰品时得来的。

有许多网店宣称低价甩卖原装尾货，实际上这些商品却是极其粗糙的假货；据报道，国内某最大的网购平台之一曾以 3 年有机转换期的大米冒充有机大米销售；有的商品展示的图片十分光鲜，消费者情不自禁地就放入了购物车，但收货后却发现实物与图片大相径庭，原来这些网店上展示的图片是杂志上的图片，不是实物商品的照片；许多团购的美容、餐饮、旅游等服务产品质量和优惠与网上承诺的差别也很大。

（2）拖延发货时间。由于第三方支付平台都设有默认交易期限，比如 10 天——自客户确认购物付款 10 天后如未收到异议，款项即自动划入卖家账户，自动结束交易。不诚实的商家故意拖延发货时间，当客户收到货时交易已自动结束，使消费者追诉无门。

（3）请消费者用柜员机转账划走消费者账户的钱。据说，网上购机票时请消费者用柜员机转账的，十有八九是骗局。宛女士一次上网检索廉价机票时，发现一家名为中科航空的机票价格特别低，马上订了两张并通过网银付款，但完成交易时，对方网页却显示：网络速度慢，付款未完成，请再支付一次。宛女士如是操作了 3 次，多给了 2700 元。在联系对方客服时，对方要求其去柜员机操作要回多付的款项，结果却是又被转走了 2789 元。

（4）以相似的邮件地址冒充公司。偷渡入境的 4 名外籍人用江门市某公司电子邮箱相似的地址要求国外客户将公司货款汇到某指定账户，使该公司损失137 万多元。

（5）网站随意取消订单。何小姐上某收藏热线网订购了一本标价 6 元的连环画，第 2 天晚上查阅该订单已确认成交，就在准备付款时，却发现该订单被卖家取消了，其解释是该书应是 60 元，为了节省上传费才标价 6 元。

某网上曾经出现 680 元的正品阿迪运动鞋只卖 1 元，不少消费者下单付款成功，后来在未被告知的情况下被取消订单，或者随后收到的只是一双拖鞋和两双袜子。

由于电子商务没有手写签名和印章等传统贸易的鉴别确认标识，也没有实地考察商谈，可靠性没有保证。因此，应当在交易信息的传输过程中为参与交易的个人、企业或国家提供可靠的标识，提高电子商务的可靠性和不可抵赖性。

4.2 网络安全措施

互联网的广泛普及和应用，正逐步改变着人类的生活和工作方式。越来越多的政府、企业组织建立了依赖于网络的业务信息系统，比如电子政务、电子商务、网上银行、网络办公等，对社会的各行各业产生了巨大而深远的影响，但随之而来的是网络信息安全的重要性也在不断提升。近年来，企业所面临的网络安全问题越来越复杂，安全威胁的风险正在飞速增长，尤其混合威胁的风险，如黑客攻击、蠕虫病毒、木马后门、间谍软件、僵尸网络、DDoS攻击[①]、垃圾邮件、网络资源滥用（如P2P下载、IM即时通信、网游、视频）等，极大地困扰着用户，给企业的信息网络造成严重的破坏，对电子商务安全构成严重威胁。而信息窃取、业务否认和抵赖、信息欺诈等更是电子商务之大患。为避免或降低这些安全隐患，电子商务一般采取以下5种网络安全措施。

4.2.1 防火墙

电子商务安全技术

防火墙（firewall）是一台计算机（如PC或服务器）或一个局域网（如Intranet或早期的LAN）内由硬件或软件或由硬件和软件共同组成的一道屏障，它检查来自Internet或其他网络的信息，根据防火墙事先的设置，拒绝信息或允许信息到达个人的计算机或局域网。在局域网中，防火墙通常设置在控制网关或代理服务器中，可检查局域网外来的访问者的权限级别而自动堵塞或引导到本局域网内相应的服务器上，也可分隔Intranet局域网内不同部分之间的访问。防火墙在网络或不同部门间建立安全屏障，根据指定策略对数据过滤、分析和审计，对各种攻击提供防范，其安全策略有两条：一是"凡是未被准许的就是禁止的"，防火墙先封闭所有信息流，再审查要求通过的信息，符合条件的就让其通过；二是"凡是未被禁止的就是允许的"，防火墙先接收所有信息，然后逐项剔除有害内容，再转发到目标地址。

1. Windows 防火墙[②]

Windows防火墙在安装Windows时就安装好了。Windows防火墙限制从其他计算机发送到您计算机上的信息，这使用户可以更好地控制其计算机上的数据，并针对那些未经邀请而尝试连接到自己的计算机的用户或程序（包括病毒和蠕虫）提供了一条防御线。

在Microsoft Windows XP Service Pack 2（SP2）中，Windows防火墙在默认情况下处于打开状态（但是，一些计算机制造商和网络管理员可能会将其关闭）。不一定必须使用Windows防火墙，也可以安装和运行其他防火墙。但用户应先评估其他防火墙的功能，然后确定哪种防火墙能最好地满足自己的需要。如果选择安装和运行另一个防火墙，要先关闭Windows防火墙。

Windows防火墙是如何工作的？当Internet或网络上的某人尝试连接到用户的计算机时，我们将这种尝试称为"未经请求的请求"。当用户的计算机收到未经请求的请求时，Windows防火墙会阻止该连接。如果用户运行的程序（如即时消息程序或多人网络游戏）需要从Internet或网络接收信息，那么防火墙会询问用户阻止连接还是取消

---

① DDoS全名是Distributed Denial of Service，即分布式拒绝服务攻击。很多DOS攻击源一起攻击某台服务器就组成了DDoS攻击，最基本的DOS攻击就是利用合理的服务请求来占用过多的服务资源，从而使服务器无法处理合法用户的指令。DDoS最早可追溯到1996年年初，在中国2002年开始频繁出现。
② 引自Windows控制面板设置中的防火墙说明。

阻止（允许）连接。如果用户选择取消阻止连接，Windows 防火墙将创建一个"例外"，这样当该程序日后需要接收信息时，防火墙就不会再询问了。例如，如果某个人在与您进行即时消息通信时要向您发送文件（比如照片），那么 Windows 防火墙将询问您是否要取消阻止该连接，以便允许照片到达您的计算机。或者，如果您要在 Internet 上与朋友玩多人网络游戏，那么可以将游戏添加为例外，这样，防火墙就会允许游戏信息到达您的计算机。

虽然您可以为特定 Internet 连接和网络连接关闭 Windows 防火墙，但这样做会增加计算机安全性受到威胁的风险。

2. 局域网防火墙

局域网中防火墙通常设置在局域网的控制网关或代理服务器中，又可分为网络级防火墙和应用级防火墙。

网络级防火墙价格低但功能也低，它检查信息包的源地址和目标地址，依设定好的规则过滤信息，但其原则是引导信息到达相应的目标地址而非拒绝信息，所以黑客可通过IP 地址的循询方法把自己伪装成合法的用户而攻入内部网。

应用级防火墙提供高级的用户化的网络安全控制设置，但价格相当贵。它安装代理服务软件 Proxies，使得所有电子邮件可以进来，但对某些特定任务则可授权决定其访问权限，或使用一次性口令控制。它也对传送的信息进行登记、审查、生成报告以报告非授权的活动。

防火墙技术主要有以下 3 种：①包过滤技术，在网络层根据系统设定的安全策略决定是否让数据包通过，核心是安全策略即过滤算法设计。②代理服务技术，提供应用层服务控制，起到外部网络向内部网络申请服务时中间转接作用。代理服务还用于实施较强数据流监控、过滤、记录等功能。③状态监控技术，在网络层完成所有必要的包过滤与网络服务代理防火墙功能。

防火墙的控制授权功能越复杂、越高级，灵活性就越差，从而影响对外来信息访问的授权及方便性，严重时甚至会影响企业在 Internet 上做电子商务的能力，所以必须全面考虑安装何种级别的防火墙为宜。

实例 4-1　FortiGate-3600A 防火墙

（1）出品：北京××××科技有限公司。

（2）外观：如图 4-1 所示。

（3）主要参数。

设备类型：企业级防火墙

并发连接数：1000000

图 4-1　FortiGate-3600A 防火墙外观

网络端口：8 个 10/100/1000 接口、2 个 1Gb SFP 接口

用户数限制：无用户数限制

安全标准：FCC Class A、Part 15、UL/CUL、C Tick、CE、VCCI

VPN 支持：支持

（4）一般参数。

适用环境：工作温度，0～40℃；存储温度，−25～70℃；湿度，5%～95%

电源：双 100～240VAC，50～60Hz

防火墙尺寸：88.9mm×429.3mm×429.3mm

防火墙重量：11.8kg

传统防火墙的不足主要体现在以下几个方面。

（1）有些主动或被动的攻击行为是来自防火墙内部的，防火墙无法发现内部网络中的攻击行为，不能防范内部用户的误操作产生的威胁，不能防范因口令、账号等泄密被外部用户攻击，不能防止病毒的传播。

（2）防火墙作为访问控制设备，无法检测或拦截嵌入普通流量中的恶意攻击代码，比如针对 Web 服务的 Code Red 蠕虫等。

（3）作为网络访问控制设备，受限于功能设计，防火墙难以识别复杂的网络攻击并保存相关信息，以协助后续调查和取证工作的开展。

4.2.2　入侵检测系统

入侵检测系统（intrusion detection system，IDS）是继防火墙之后迅猛发展起来的一类安全产品，它通过检测、分析网络中的数据流量，从中发现网络系统中是否有违反安全策略的行为和被攻击的迹象，及时识别入侵行为和未授权网络流量并实时报警。

IDS 弥补了防火墙的某些设计和功能缺陷，侧重网络监控，注重安全审计，适合对网络安全状态的了解，但随着网络攻击技术的发展，IDS 也面临着新的挑战。例如，IDS 检测出黑客入侵攻击时，攻击已到达目标并造成损失；IDS 无法有效阻断攻击，比如蠕虫爆发造成企业网络瘫痪，IDS 则无能为力。

4.2.3　入侵防护系统

21 世纪的前 3 年中，Code Red、Nimda、SQL Slammer 等蠕虫先后爆发，暴露了网络防火墙的不足。后来，蠕虫、病毒、DDoS 攻击、垃圾邮件等混合威胁越来越多，传播速度加快，留给人们响应的时间越来越短，使用户来不及对入侵做出反应，往往造成企业网络瘫痪。2008 年开始，大规模 SQL 注入的出现，意味着 Web 开始成为黑客攻击的焦点。IDS 无法把攻击防御在企业网络之外，直接催生了入侵防护系统（intrusion prevention system，IPS）。IPS 在原有防火墙架构下加强对 Web 的防护。通常 IPS 部署位置在防火墙和 Web 服务器群之间，对 Web 服务器群的出入流量进行有效监控，提供主动的、实时的防护。其设计目标旨在准确监测网络异常流量，自动对各类攻击性的流量，尤其是应用层的威胁进行实时阻断，而不是简单地在监测到恶意流量的同时或之后发出告警。由于 IPS 是通过直接串联到网络链路中而实现这一功能的，当 IPS 接收到外部数据流量时，如果检测到攻击企图，就会自动地将攻击包丢掉或采取措施将攻击源阻断，而不把攻击流量放进内部网络，从而确保 Web 应用的安全。

实例 4-2　绿盟网络入侵防护系统

针对日趋复杂的应用安全威胁和混合型网络攻击,绿盟科技提供了完善的安全防护方案。绿盟网络入侵防护系统(以下简称"NSFOCUS NIPS")是绿盟科技拥有完全自主知识产权的新一代安全产品,作为一种在线部署的产品,其设计目标旨在准确监测网络异常流量,自动应对各类攻击流量,第一时间将安全威胁阻隔在企业网络外部。这类产品弥补了防火墙、入侵检测等产品的不足,提供动态的、深度的、主动的安全防御,为企业提供了一个全新的入侵防护解决方案。图 4-2 是绿盟网络入侵防护系统的外观。

图 4-2　绿盟网络入侵防护系统外观

(1) 主要功能:NSFOCUS NIPS 产品高度融合高性能、高安全性、高可靠性和易操作性等特性,产品内置先进的 Web 信誉机制,同时具备深度入侵防护、精细流量控制,以及全面用户上网行为监管等多项功能,能够为用户提供深度攻击防御和应用带宽保护。

(2) 入侵防护:实时、主动拦截黑客攻击、蠕虫、网络病毒、后门木马、DDoS 等恶意流量,保护企业信息系统和网络架构免受侵害,防止操作系统和应用程序损坏或宕机。

4.2.4　DDN 专线或虚拟专用网

如今,越来越多的公司向集团性或国际化方向发展,一个公司的子公司或机构可能分布于全国各地或在多个国家都有办事机构或销售中心,每一个子公司或机构都有自己的局域网(LAN),公司希望将这些 LAN 连接在一起组成一个公司的广域网。它们一般租用 DDN(digital data network)专用线路(实际是租用一条一定带宽的专用信道,而不是一条专用的物理线路)来连接这些局域网,考虑的就是网络的安全问题。现在具有加密/解密功能的路由器已随处可见,这就使人们通过互联网连接这些局域网成为可能,这就是我们通常所说的虚拟专用网(virtual private network,VPN)。当数据离开发送者所在的局域网前,首先被该局域网连接到互联网上的路由器进行硬件加密,数据在互联网上是以加密的形式传送的,当达到目的局域网的路由器时,该路由器就会对数据进行解密,这样目的局域网中的用户就可以看到真正的信息了。不同公司间的电子商务也可采用这些安全保密方法传送数据。

4.2.5　病毒防治

病毒防治主要是在计算机上安装病毒防治软件来实现的,如金山毒霸、腾讯电脑管家、火绒、360 安全卫士等。其功能主要有以下 3 个方面。

1. 预防病毒

通过自身常驻系统内存,优先获取系统控制权,监视系统中是否有病毒,阻止计算机病毒进入计算机系统和对系统进行破坏。

2. 检测病毒

通过对计算机病毒特征进行判断的侦测技术，如自身校验、关键字、文件长度变化等来发现病毒。

3. 消除病毒

杀除病毒程序并恢复中毒原文件。用户若认真执行病毒定期清理制度，可以清除处于潜伏期的病毒。

4.3 数据加密技术

数据加密(data encryption)是重要数据传输中必用的方法，以防止中途被人窃取。互联网上的电子商务活动往往涉及许多高度保密的信息，如身份证号码、信用卡号码、个人签名、交易文件等，通常都要加密传送。

常用的数据加密方法有对称加密(即标准数据加密，data encryption standard，DES)、非对称加密(即公共密钥加密，public key encryption，PKE)和混合加密法。

1. 对称加密

对称加密又称标准数据加密、通用密码体制或单密钥体制，是加密钥和解密钥(即密码字)相同的密码体制，通信的双方用相同的加密、解密字，但接收方的解密算法是发送方加密算法的逆运算。它是美国商业部 1977 年制定的，是目前普遍应用的加密方法。它把明文按 64 位分组，经复杂算法变为 64 位的密文，接收方用相反变换解密，如图 4-3 所示。

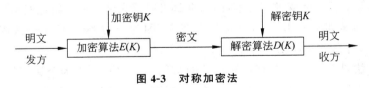

图 4-3　对称加密法

例如，若明文 $M=50$，密钥 $K=6$，加密算法为密文 $C=M \cdot K+30$，则 $C=330$。解密算法为 $M=(C-30)/K$，则解密后 $M=(330-30)/6=50$。

对称加密法的最大优点是比较简单。但因为一个发信者与不同的收信者通信应使用不同的密钥，所以他必须保存有许多不同的密钥，以便能跟许多用户通信(如供应商对客户)；同样，每一个收信者要接收许多不同信源发来的信息，他也必须保存有每一个发信者的密钥(如客户必须有每一个供应商的加密密钥)。也就是说，网络上的每个交易伙伴都要记住许多密钥，并且不能泄露出去，这是对称加密法的致命缺点。

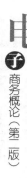

2. 非对称加密

非对称加密又称公共密钥加密，最典型的是 RSA（Revest，Shamir，Adleman 三人1978 年共同发明）非对称密码体制或称双钥体制。其加密钥 Ke 为 e，n 两个整数，解密钥 Kd 为 d，n 两个整数。n 足够大，e 和 d 这样确定：

找两个充分大的素数 p、q，使 $n = pq$；

找一个小于 n 的整数 e，使 $GCD[e,(p-1) \cdot (q-1)] = 1$，即 e 与 $(p-1) \cdot (q-1)$ 互质；

再找 d，使 $(e \cdot d) \ MOD \ [(p-1) \cdot (q-1)] = 1$。则有：

$$加密后密文\ C = M^e\ MOD\ n \tag{4-1}$$

$$解密后明文\ M = C^d\ MOD\ n \tag{4-2}$$

由式(4-1)和式(4-2)可见，明文 M 经加密得密文 C，但若把式(4-2)中的 C 看成明文，M 看成密文（即用 d，n 作为加密钥对明文 C 进行加密得密文 M），则用 e，n 对密文 M 解密，也会得到明文 C[式(4-1)]。公共密钥体制正是利用了这种互换性但两个密钥又不相同而实现通信甲方可以把一个密钥 d（和 n 一起）公开作为公共密钥，让乙方可以用 d（和 n 一起）解密甲方用私有密钥 e（和 n 一起）加密过的文件而得到明文 M，又使乙方必要时还可用甲方的公开密钥 d（和 n 一起）加密文件 C 后发给甲方，甲方用其私有密钥 e（和 n 一起）解密也可得到乙方所发信息的明文 C。

发信方若对不同的收信者用不同的 (e,n) 加密，则不同的收信者要用不同的 (d,n) 解密，就是说，每个用户如果想与许多别的用户通信，他必须有许多不同的加密钥 (e,n) 和解密钥 (d,n)，这样和单密钥体制一样，一个用户要保存许多密钥。为了改变这种不便，双钥体制把其中的一个密钥公开。例如，把解密钥 d（和 n 一起）公开，加密钥 e 不公开，则他可以对许多用户（如客户或供应商）用同一个不公开密钥 e 加密发送信息，全部收信者用其公开的解密密钥 d 解密，但这样也就变成不加密，因为谁都可以解密。同时，他可以接收并用 e 解密任意用户用他公开的密钥 d 加密的信息，谁都可用他公开的密钥 d 给他发加密信息，因此无法确认发信者是谁或确实是谁，因为谁都可以冒充某一用户给他发信。

如果公开的是加密密钥 e，则没有什么意义，因为对方不知道解密密钥 d，还是解不了密，对收到的密文无法译出。

可行的方法是收发双方都有一对自己的密钥，一个公开，称为公钥；另一个不公开，称为私钥。发信方用自己的不公开私钥和收信方的公开密钥对发送的信息同时加密，接收方对信息用自己的不公开私钥和发信方的公开密钥一起解密，如图 4-4 所示。

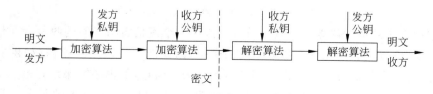

图 4-4　实用的非对称加密法

这样，由于私钥是唯一一个人或企业拥有和知道的，图 4-4 的过程保证了一个网上传送的信息只有唯一的一个用户可以对其解密,其他人即使截获了这个信息也无法对其解密;同时也保证了所收到的信息必然是拥有发方私钥的用户所发出的,实现了两个用户之间的保密通信,但又不必保管很多密码,仅需保管好自己的私有密钥,然后在自己的网页或其他媒体上公布出自己的公开密钥即可。

由数论可以证明,用非对称法加密的密文,如果不知道解密钥,用其他方法是很难解出明文的,而要想破解别人的私钥,只要 n 足够大,所选的素数 p、q 不泄露,也是不可能的,因为已经证明,其至少需要处理 $\text{EXP}\{\text{SQAR}[\text{LN}(n) \cdot \text{LN}(\text{LN}(n))]\}$ 步,按现在的计算机技术水平,要破解目前采用的 1024 位 RSA 密钥,需要上千年的计算时间。

3. 混合加密

上述的双钥加密的非对称密钥体制在加解密速度上比单钥的对称加解密方法要慢。可把两种方法结合起来,用对称的单钥加密法加密要传送的主信息,用非对称的双钥体制加密单钥制的加密钥本身。收方收到信息后先用非对称的方法解密,得到单钥加密信息的解密钥,再用它解出传送的主信息,如图 4-5 所示。

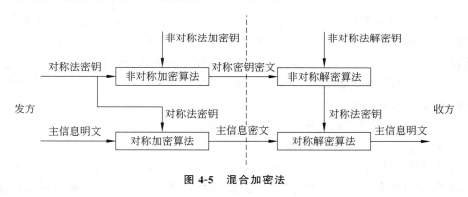

图 4-5　混合加密法

电子商务传送的信息都用混合加密法加密、解密,其实际加解密过程都由所用的加解密软件设计好而自动进行,无须用户费心。

4.4　认证技术

网上交易双方都必须确信对方是合法有效的交易伙伴,并且所收到和正在处理的交易业务是完整、有效且不可抵赖的。纸质文件可通过签名盖章的方式作为发方对文件有效性、文件内容完整正确性的一种承诺和证明。在电子商务中,由于传送的是电子文件(如电子采购单、付款单、发票等),为了使收方确信收到的文件是发方有效的、承担法律责任的不可抵赖的文件,并确信传输过程中文件内容没有受到破坏、篡改,广泛使用数字签名技术。这种技术是文件 HASH 函数技术加上图 4-4 中的非对称加密传送技术的综合运用,即数字摘要和数字签名。

4.4.1　数字摘要

发文方用一个称为 HASH 的函数对待发文件进行处理,产生一个位数不长(如 128 位)的与所要发送的文件内容相关的"浓缩"了的文件信息,称为数字摘要(digital digest)或文件摘要。

那么,什么是 HASH 函数? HASH 函数提供了这样一种计算过程:输入一个长度不固定的字符串,它会返回一串固定长度的字符串,称为 HASH 值(摘要值)。HASH 函数用于产生信息摘要。信息摘要简要地描述了一份较长的信息或文件,它可以被看作一份长文件的"数字指纹"。对于特定的文件而言,信息摘要是唯一的,不同的文件其摘要则不同。信息摘要可以被公开,它不会透露相应文件的任何具体内容。常用的摘要算法为 MD5、SHA1、SHA256 等。

4.4.2　数字签名

发送方把文件摘要用私钥加密后称为数字签名(digital signature)或电子签名,因为私钥是发送方唯一拥有的,所以可以代表发送方。数字签名的使用过程如下。

(1) 发方把数字签名与文件正文一起用对称加密法加密传给收方。

(2) 发方把对称加密的密钥用收方公钥加密传给收方。

(3) 收方用自己的私钥对对称加密密钥的密文解密后得到对称加密密钥,再用它对文件正文的密文解密后得到文件正文和数字签名。

(4) 收方对数字签名用发方公钥解密,得到文件摘要。

(5) 收方对文件正文用 HASH 函数作用后再产生一个文件摘要。

(6) 收方对两个文件摘要进行比较,如果一样,则说明文件内容在传送和解密过程中没有被改变过,是原发的有效文件,文件可信、有效,对方不可抵赖。

数字签名及其应用原理如图 4-6 所示。

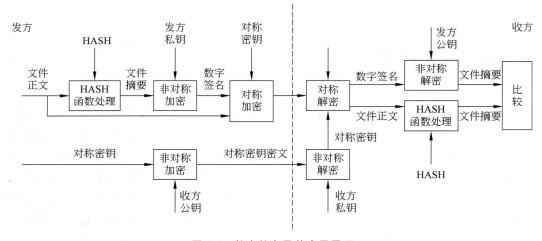

图 4-6　数字签名及其应用原理

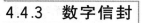

4.4.3　数字信封

在图 4-6 中,要发送的文件正文是使用对称密钥来加密的,然后将此对称密钥用收方的公钥加密,称为加密数据的数字信封(digital envelope)。将其和加密数据一起发送给接收者,接收者接收后先用自己的私钥解密数字信封,得到对称密钥,然后使用对称密钥解密正文文件和数字签名。

接收方要先用自己的私有密钥打开数字信封,才能得到对称密钥,然后才能解开加密的正文信息。打开数字信封是使用收方私钥解密才能实现的,类似于普通纸质信封在法律的约束下保证只有收信人才能拆开信封阅读信的内容。数字信封则采用密码技术保证了只有规定的接收人才能解密得到对称密钥,然后才能解密所收到的文件正文,这样就保证了数据传输的保密和不被他人篡改。

4.4.4　数字时间戳

在各种政务和商务文件中,时间是十分重要的信息。如在书面合同中,文件签署的日期和签名一样均是十分重要的防止文件被抵赖、伪造和篡改的关键性证据。因此,对于成功的电子商务应用,要求参与交易各方不但不能否认其行为,还要明确其业务或事件发生或进行的时间,以避免可能的法律纠纷。例如订购黄金,订货时金价较低,但收到订单后,金价上涨了,如收单方能否认收到订单的实际时间,甚至否认收到订单的事实,则订货方就会蒙受损失。因此电子交易通信过程的各个环节发生或处理的时间都必须是不可否认的。这就需要在经过数字签名的交易文件上打上一个可信赖的时间戳,称为数字时间戳(digital time-stamp)。由于用户计算机的桌面时间很容易改变,由该时间产生的时间戳不可信赖,因此需要一个权威第三方来提供可信赖的且不可抵赖的时间戳服务,以证明事件所发生的时间。权威的第三方的数字时间戳服务(digital time-stamp service,DTS)是网上安全服务项目,其提供的数字时间戳是一个经加密后形成的凭证文档,它包括需加时间戳的文件的摘要、DTS 收到文件的日期和时间以及 DTS 的数字签名 3 个部分。

时间戳的生成过程:用户首先将要加时间戳的文件用 HASH 作用形成文件摘要,然后将该摘要发送到 DTS,DTS 在加入了收到文件摘要的日期和时间信息后再对该文件用 DTS 机构的私钥加密(即加上该机构的数字签名),然后发送回用户。注意,书面签署文件的时间是由签署人自己写上的,而数字时间戳则不然,它是由认证单位 DTS 来加的,以 DTS 收到发方要发送的文件摘要的时间为准。

4.4.5　数字证书

从前面所述的加密方法中可知,一个单位只要公开一个公钥,自己保留一个不公开的私钥,发出电子文件时加上数字签名,即用其私钥对文件摘要进行加密,收方只有用发方公钥才能解密,这样确保了所收到的文件的确是拥有并发布了此公钥的单位所发出的,不可抵赖。

但是，发布了此公钥的单位究竟是一个怎么样的单位，在什么地方，有无经济能力，是真实存在的组织还是骗子虚构的，所发来的文件是真的要办文件所谈的事情还是诈骗行为，如果与其交易一旦出了问题如何能找到该单位追究其责任，等等，都还是未解决的问题。

为了解决以上问题，在电子商务发展过程中又发明了所谓数字证书(digital certification)。数字证书又称为数字标识(digital ID)，是用来确证一个网络通信方身份的数字信息文件，因此数字证书就是个人或单位在 Internet 网络环境中的身份证，其作用类似于公民的身份证或司机的驾驶执照等身份证明。它是由一个权威的认证机构，又称为证书授权(certificate authority，CA)中心发行的，人们可以在网上用它来识别通信对方的身份。数字证书是一个经证书授权中心数字签名的包含私有密钥拥有者基本信息及其公开密钥的文件。通常，一个标准的数字证书包含的内容有：证书的版本信息；证书的序列号，每个证书都有一个唯一的证书序列号；证书所使用的签名算法；证书发行机构的名称及其用私钥的签名；证书的有效期；证书使用者的名称及其公钥的信息。

实例 4-3 广东省电子商务认证有限公司[1]的数字证书信息[2]

颁发给：www.cnca.net

颁发者：NETCA Server ClassA CA

有效起始日期：2007-11-16 到 2012-11-16

版本：V3

序列号：01　00

签名算法：Shal RSA

颁发者：NETCA Server ClassA CA

有效起始日期：2007 年 11 月 16 日　0：00：00

有效起终止日期：2012 年 11 月 16 日　0：00：00

主题：webmaster@cnca.net，www.cnca.net 广东省电子商务认证有限公司，广州市天河区广州大道北 138 号 7-8 楼

公钥：RSA(1024b)

颁发机构密钥标识符：KeyID＝ba f3 4a 05 24 e6 f8 24 c8 e6 57 da 78 8d 0c 59 e4 43 64 ca

主题密钥标识符：0f 86 08 c8 4e fb a5 c1 f8 11 50 a4 5c 5e 9b 7e 2d 15 e7 d0

密钥用法：Digital Signature，Key Encipherment，Data Encipherment（bo）

基本限制：Subject Type＝End Entity，Path Length Constraint＝None

数字证书中的私有密钥（数字证书的核心内容）是不能被泄漏出来的，因此数字证书必须严格安全地保存好。数字证书可以保存在多种存储介质中，目前最为方便、安全的存

---

[1]　网址：http://www.cnca.net/cn。

[2]　本例及后面与广东省电子商务认证有限公司相关内容节选整理自广东省电子商务认证有限公司网站(http://www.cnca.net/cn)上的介绍。

储方式是将数字证书保存在便携式的 USB 电子密钥中(也称电子令牌)。电子密钥是一外形像 U 盘的安全存储体,有 PIN(personal identifier number)码保护,具有相当强的安全性。网证通的电子密钥外观见图 4-7。使用 USB 电子密钥作为证书存储介质具有安全防护性能高、运算速度快、安装驱动程序后直接插于 USB 口而不需要读卡器、携带方便等优点。用户在使用数字证书进行数据加密等操作时,要插入电子密钥。电子密钥在初次使用前要先安装电子密钥的驱动程序(发证机构在签发数字证书时会给你驱动程序和安装指南)。图 4-8 是数字证书存储体的另一种外观。它也有其驱动程序要安装。

图 4-7　网证通的电子密钥外观

图 4-8　数字证书外观

确认数字证书已正确安装有两种方法。

方法一:打开 IE 浏览器,依次单击"工具"→"Internet 选项"→"内容"→"证书",双击证书,单击"常规"按钮,系统显示证书详细信息,表明证书已正确安装。

方法二:双击证书的驱动,查看是否显示数字证书的信息。若正常显示,则表示已正确安装。

若查看数字证书时,显示"证书不可信任",这表示计算机没有安装数字证书的根证书(即该证书颁发机构及其再上级机构的证书,即"祖先"证书,也称证书链),请找到并进行安装(通常在颁发该数字证书的机构的网站上可下载证书链)。安装了某个 CA 认证中心的根证书就表示信任这个 CA 认证中心颁发的所有证书,即认为这些人的身份是可靠的,然后才能进行各种交易和操作。通过依次单击"工具"→"Internet 选项"→"内容"→"证书"→"受信任的根证书颁发机构"可以看到计算机安装了的所有 CA 根证书。

CA 认证中心有很多,为了方便用户,微软操作系统已经预装了一些 CA 认证中心的根证书,见图 4-9。但这里面没有国内的 CA 认证中心根证书,凡是使用不在这里面的 CA 证书,都需要客户机安装相应的 CA 根证书。由于证书是按照 X.509 国际标准生成的文件,安装了根证书后的任何厂商颁发的证书都是一样的。

数字证书分为个人证书、机构证书、机构员工证书、设备证书、全球服务器证书和代码签名证书(即软件证书)等。对前 3 种证书,许多认证中心又把它们分为数字签名证书和数据加密证书,把签名和正文分别使用不同的密码加密传输。

1. 个人证书

用户使用此证书向对方表明个人的身份,进行合法的数字签名。个人证书可用于安全电子邮件、网上购物、网上证券等电子交易处理和电子事务处理。证书的载体是智能卡或 USB 电子密匙等符合国家密码管理相关要求的设备。

例如,广东省电子商务认证有限公司(网证通)签发的个人数字证书支持 1024b 的非对称加密算法和 128b 的 SSL 加密协议,在安装了高强度加密包的 IE 中可以正常使用,

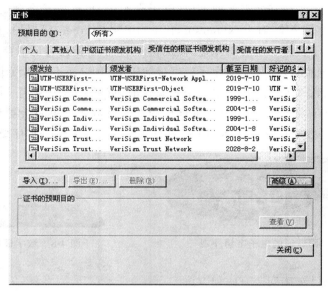

图 4-9 微软操作系统已经预装了一些 CA 认证中心的根证书

建立 128b 的 SSL 加密通道；网证通电子认证系统的证书生命周期检测程序可以在用户的证书有效期满之前一个月，通过电子邮件自动通知用户办理证书更新手续，以免影响用户的信息系统的正常工作；一旦发生用户的私钥泄露、密码遗失等紧急情况，用户可以通过 Internet 第一时间在线挂失该证书，暂停该证书的正常使用，以将损失减少到最小限度；挂失后再凭相关身份证明材料到证书业务点办理证书撤销手续，正式废除挂失的证书。

2. 机构证书

机构证书颁发给独立的单位、组织，在网上证明该单位、组织的身份，进行合法的电子签名。机构证书对外代表整个单位，可用于网上报关、网上报税、网上采购、网上招投标、网上签约、网上公文和商务文件的安全传递等电子事务处理和电子交易处理。

网证通的机构证书支持现在主流的浏览器产品（包括 Microsoft IE 4.0 及后续版本、Netscape 4.0 及后续版本）和电子邮件客户端软件（包括 Microsoft Outlook 等）。可存放于计算机硬盘、智能卡、USB 电子密钥中。

3. 机构员工证书

机构员工证书颁发给独立的机构员工，在网上证明机构中个人的身份，机构员工证书对外代表单位中具体的某一位员工进行合法的电子签名。

4. 设备证书

设备证书主要颁发给 Web 站点或其他需要安全鉴别的服务器，证明服务器的身份信息。服务器数字证书一般应能支持主流的服务器，如 IIS（internet information server）、

Lotus Domino、Apache、iPlant 等 Web 服务器。服务器数字证书可存放于服务器硬盘或加密硬件设备上。

5. 全球服务器证书

全球服务器证书是发放给全球范围网站的数字证书,支持业界所有主流的浏览器和 Web 服务器,能够轻松地实现网站服务器的身份认证,解决网站访问中的网络钓鱼、网络窃听、数据篡改等安全问题,有力地提高网站的公信度和市场竞争力。

网证通的全球服务器证书产品分为两种:SSL 全球服务器证书(SSL 证书)和增强型验证全球服务器证书(EV 证书),快速实现网站的安全保护。SSL 全球服务器证书(SSL 证书)是专业级 Web 服务器证书产品,支持 256 位加密强度,为 Web 服务器提供高强度的 SSL 安全保障,无须安装根证书,支持业界 99% 以上的 Web 浏览器。增强型验证全球服务器证书(EV 证书)具有 SSL 证书的全部功能,用户使用 IE 7 或以上的浏览器访问安装了 EV 证书的网站时地址栏将呈现绿色,革命性地实现了"安全看得见"的问题,可以帮助客户更加有效地防范目前极为猖獗的网络钓鱼攻击。

数字证书颁发过程一般为:用户(或在认证中心帮助下)首先产生自己的密钥对①,并将公共密钥及用户基本身份信息传送给认证中心;认证中心在核实身份后,将执行一些必要的步骤,以确信请求确实由该用户发送而来;在完成缴费手续后认证中心将发给用户一个数字证书,该证书内包含用户的个人信息及其公钥信息,同时还附有认证中心的数字签名信息。这样,用户就可以使用自己的数字证书进行各种电子商务活动了。当然,在使用之前,用户要把证书按发证机构给的使用说明进行安装。有些机构的证书会自动为用户安装好,如支付宝数字证书可以即时申请、即时开通、即时使用,不需要使用者掌握任何数字证书相关知识,也能轻松使用。

要产生服务器证书的密钥对,还可在 IIS 服务器上在"管理工具"下,打开"Internet 服务管理器",然后打开要为之申请证书的站点的属性;打开"目录安全"页,在"目录安全"页中单击"安全通信"区中的"服务器证书",选择"创建一个新证书";现在可以准备证书申请了,但一般只能在认证机构的证书申请页上提交证书请求,按其规定步骤进行。通常,认证中心的 KMC(key management center,密钥管理中心)都有产生密钥对的设备和服务,许多数字证书申请者也是由认证中心帮助产生密钥对的。但如果是电子(数字)签名证书的密钥对,一般是证书订户用自己的密码设备(如电子密钥或智能 IC 卡)产生并保管。公钥一般标示于认证中心的在线数据库、存储库或其他公共目录中,任何人都可得到。

只有通过国家认证的电子认证服务机构(CA 机构)才有制作和发放合法数字证书的资格,用户可以到任何一家具有资质的 CA 机构为自己申请数字证书,也可以为一台设备申请设备证书(服务器证书)。广东省电子商务认证有限公司就是国内第一批获得电子认证服务行政许可等相关资质的 CA 认证机构之一。

如何获得好友或往来客户、供应商的数字证书以便与其加密通信呢?最简单的方法

---

① www.bjca.org.cn,电子认证业务规则 4.11.1:通常订户的签名密钥对由订户的密码设备,如 USB Key 或智能 IC 卡生成,由订户的密码设备保管,加密密钥对由密钥管理中心生成并备份保管。

是请对方给自己发送一份电子签名邮件,即可获得其数字证书了。也可以在 CA 中心查询对方数字证书,下载并安装该数字证书。

6. 代码签名证书

代码签名证书针对程序代码和内容建立了一种数字化的验证及保护,用于识别和验证身份与代码,并保证代码自添加签名后未被篡改。可在代码被用户下载、安装或运行时,通过系统显示身份信息,大幅提高代码的安全性和可信性。

4.4.6 认证机构

理论上,图 4-5 或图 4-6 的加密方法和数字签名技术可保证发文单位加以确认,保证收到的文件是该单位发出的、完整有效和不可抵赖的。但是如果发方单位的公开密钥的可靠性不能保证,则发方单位是否真实存在,是否合法可信,是否有法律责任能力等就不那么容易确定了。为了使收方得以保证发方确是客观存在的合法的有法律责任能力的单位,可设立权威的第三方机构负责确认收发双方均是合法存在的法人单位的机构,这第三方权威机构则称为认证机构或认证中心。它确认一个交易法人的合法名称、法人代表、地址并对其分配一对唯一的私钥和公钥,颁发一张证书给该单位,称为数字证书。数字证书上有认证中心的数字签名。数字证书发布于单位自己或认证中心的网页上,供交易对手查阅,从而使交易对手能确信你的合法性、可信性。

第十届全国人大常委会第十一次会议审议通过的《中华人民共和国电子签名法》对电子认证机构的义务进行了规定,主要包括以下内容。

(1)电子认证服务提供者应当制定、公布符合国家有关规定的电子认证业务规则。

(2)电子认证服务提供者应当对电子签名认证申请人的身份进行查验,并对有关材料进行审查。

(3)电子认证服务提供者应当保证电子签名认证证书内容在有效期内完整、准确,并保证电子签名依赖方能够证实或者了解电子签名认证证书所载内容及其他有关事项。

(4)电子认证服务提供者拟暂停或者终止电子认证服务的,应当在暂停或者终止服务 90 日前,就业务承接及其他有关事项通知有关各方。同时,应当在暂停或者终止服务 60 日前向国务院信息产业主管部门报告,并与其他电子认证服务提供者就业务承接进行协商,做出妥善安排。

(5)电子认证服务提供者应当妥善保存与认证相关的信息,时间为电子签名认证证书失效后至少 5 年。

CA 机构作为电子商务交易中受信任的第三方,承担公钥体系中公钥的合法性检验的责任。CA 机构的数字签名使得攻击者不能伪造和篡改证书。它负责产生、分配并管理所有参与网上交易的个体所需的数字证书,因此是安全电子交易的核心环节。由此可见,建设证书授权(CA)中心,是开拓和规范电子商务市场必不可少的一步。

CA 自己也拥有一个证书(内含公钥)和私钥。网上的公众用户通过验证 CA 的签字从而信任 CA,任何人都可以得到 CA 的证书(含公钥),用以验证它所签发的其他证书的权威性、合法性。如果用户想得到一份属于自己的证书,应先向 CA 提出申请。在 CA 判明申请者的身份后,便为他分配一个唯一的公钥,并且 CA 将该公钥与申请者的身份信息绑在一起,并为之签字后,便形成证书发给申请者。如果一个用户想鉴别另一个商务用户证书的真伪,就可以用 CA 的公钥对那个证书上的签字进行验证,一旦验证通过,该证书就被认为是有效的。

CA 认证系统主要由以下 3 个部分组成。

(1) 密钥管理中心(KMC):负责密钥管理任务,包括密钥生成、密钥存储、密钥分发、密钥备份、密钥更新、密钥撤销、密钥归档、密钥恢复以及安全管理等。

(2) 证书签发管理系统(CA):提供对用户数字证书的签发和管理。

(3) 证书注册管理系统(RA):提供用户数字证书的申请、身份审核、证书下载与证书管理等服务。

除此之外,很多认证中心还提供许多其他安全产品和增值服务。

实例 4-4　国内电子商务认证机构

1) 广东省电子商务认证有限公司(简称网证通,网址 http://www.cnca.net)

国内的 CA 认证中心主要分为区域性 CA 认证中心和行业性 CA 认证中心,国家工业和信息化部以资质合规的方式,陆续向天威诚信数字认证中心等 30 家相关机构颁发了从业资质。

广东省电子商务认证有限公司是在 2000 年经广东省人民政府批准成立的专业权威数字证书认证机构,也是在 2005 年《中华人民共和国电子签名法》和《电子认证服务管理办法》出台以来,首批依据该法通过国家认证的 8 家电子认证服务机构(CA 认证中心)之一。

广东省电子商务认证有限公司数字证书办理流程如下。

第一步,填写证书申请表。

登录 http://www.cnca.net,在首页"客户快捷通道",选择"广东省电子政府采购平台数字证书办理",双击"下载数字证书申请表"下载《数字证书申请表》,根据表格的相关要求填写各项信息。

第二步,准备证书申请资料。

需要准备的申请资料如下。

数字证书申请表(一式二份,包括协议书、加盖单位公章)。

营业执照(复印件一份、加盖公章、原件备查),企业用户提供。

组织机构代码证(复印件一份、加盖公章、原件备查),所有用户均需提供。

经办人身份证(复印件一份、加盖公章、原件备查)。

第三步,提交申请资料。

提交申请资料可选择以下两种方式的其中一种。

① 到受理点办理。需要将"第二步"中的全部资料提交到业务受理点,审核通过后,缴纳证书相关费用。

广东省电子商务认证有限公司有以下受理点。

受理点如下。

业务受理点地址:广州市广州大道中 938 号 1 楼

受理点名称：广东省电子商务认证有限公司中心营业厅

业务受理点联系电话：800-830-1330

缴费可选方式：现金、刷卡、转账、汇款

受理点二如下。

业务受理点地址：深圳市福田区景田东路9号财政大厦附楼一楼大厅

受理点名称：深圳政府采购中心营业厅

业务受理点联系电话：0755-83948165,15994777520

缴费可选方式：刷卡、转账、汇款

② 快递方式办理。通过银行转账或汇款缴纳相关费用,需要将"第二步"中的全部资料(原件除外,包括银行单据复印件加盖单位公章)快递到业务受理点。

业务受理点地址：广州市广州大道中938号1楼

受理点名称：广东省电子商务认证有限公司中心营业厅

业务受理点联系电话：800-830-1330

缴费可选方式：转账、汇款

数字证书的相关费用一般有证书费、服务年费、应用开通费、密钥恢复手续费、解锁手续费、补办手续费等,从几百元到几万元不等。

第四步,数字证书发放。

① 到受理点办理,数字证书立等可取。

② 快递。5个工作日后,将证书及发票通过快递形式快递给证书经办人。

广东省电子商务认证有限公司除发放数字证书外,还提供许多其他电子商务安全产品,具体如下。

文件保密柜。该产品既可以部署在服务器端,也可以用在个人计算机终端上。其主要作用就是结合用户数字证书的加密功能,在计算机的硬盘上开辟一个受证书保护的安全文件区域,所有存放在该区域中的文件、数据、图片、视频等信息,平时均为加密状态,必须借助相应的数字证书才能访问其真实内容。通过这种保密处理,可以有效地保护硬盘上的核心数据和敏感信息不受病毒、黑客的攻击和窃取。同时也可以防止意外的文件删除操作和文件泄露(比如恶意复制),在没有原证书作为解密辅助设备的状态下,即便文件被复制了也无大风险,因为文件依然处于加密状态。

密码服务器。密码服务器是部署在服务器端的密码设备,负责提供各种基础密码服务,主要包括加解密、签名、签名验证、数字信封等安全服务,以支持信息的机密性、完整性、不可抵赖性、身份认证和有效授权。

电子认证网关。电子认证网关根据客户的实际应用需求分为R/L两个系列。

R系列主要面向对远程安全访问有需求的客户。可以通过在局域网中部署该设备,使得通过外部Internet上网的用户也能通过SSL、VPN安全地访问到企业局域网中的应用服务资源,并且整个过程始终处于加密和安全状态之下。

L系列产品可以帮助企业在本地快速完成数字证书用户身份合法性的验证,无须再通过互联网去连接CA进行认证,加快了认证环节的速度和效率。

统一认证平台(SSO)。SSO为应用系统提供集中、统一的身份认证、点击登录、访问授权,在保障信息安全的前提下实现"一点登录、多点漫游"的目标,方便用户使用。

统一身份认证平台是基于 PKI 理论体系,利用 CA、数字签名和数字证书认证机制,综合应用 USB 接口智能卡、安全通道、VPN 等技术,为门户、OA 等多业务系统用户提供各业务系统统一的身份认证和综合安全服务,以实现内联网、外联网及移动办公的统一认证。它可以有效地整合现有业务系统,解决多个业务系统的用户统一认证问题,实现点击登录(SSO)、访问控制并采用相关的安全机制,增强用户身份认证过程的安全性。

证书助手。证书助手是专门为数字证书用户开发的客户端软件。通过该软件,数字证书用户可以在自己的计算机上轻而易举地管理数字证书,包括申请、挂失、修改个人密码等基础的证书管理功能在内的一系列操作,通过自助的方式处理证书的大部分业务问题,无须再去网证通的营业厅登记、受理。

电子印章。通过数字证书的电子签名实现对电子文档(包括 office/pdf/web 等多种格式)数字签名/验证以及加/解密等操作,使传统签章电子化,既保证了文档数据的安全保密性和完整性(即不可篡改性),又可以确认操作者的真实身份,保证文档操作过程的不可抵赖性。同时可以通过各种灵活的方式来定制电子印章的表现方式,如可以使其在文档中出现时的外观表现形式和传统印章无异。

电子凭证客户端。电子商务交易强调的是记录交易活动中的每个过程,在适当的节点由双方共同签署某项协议或者文件,并留下凭据,作为交易过程的见证和记录。这些电子凭据可看作今后出现争端时的原始参考材料。而数字凭证终端可以理解成是完成此项工作的一个辅助终端,其功能就是通过在用户本地或者第三方权威认证机构保留一份数字凭证的方式来提供法律参考依据,为整个交易过程的关键操作进行记录和备案。

数字时间戳服务。数字时间戳是网证通提供给客户的一项增值服务,可以将其理解成是数字签名技术一种变种的应用,给电子文件的日期和时间信息提供安全保护。

2) 北京开敏科技有限公司

公司地址:北京市海淀区知春路西五道口 2 号 1603

网址:www.ca365.com(中国数字认证网)

电话:010-51102279

E-mail:ca365@sohu.com

其网站上有数字证书的信任关系原理、浏览器的安全设置、如何安装根证书、如何申请证书、如何保存密钥和证书、如何发送签名加密邮件、如何设置服务器证书、如何用证书进行客户身份认证、如何将根证书安装到本地计算机、如何在用户的客户机上自动安装根证书、数字证书使用中的常见问题等知识介绍。有申请证书、下载并安装根 CA 证书、证书查询、证书吊销列表等,特别是有免费证书、试用的测试证书申请,方便用户熟识数字证书。

3) 北京数字证书认证中心有限公司(简称 BJCA)

地址:北京市海淀区北四环西路 68 号双桥大厦 15 层(左岸公社)

邮编:100080

电话:010-58045600

网址:http://www.bjca.org.cn

客户服务:service@bjca.org.cn

　　BJCA 成立于 2001 年 2 月，是获得国家信息产业部电子认证服务许可资质的电子认证服务商，是具有国家涉密集成资质国家信息安全服务安全工程类资质和北京市信息安全服务能力一级资质的信息安全服务商。BJCA 为用户提供全面的数字证书申请、审核等服务，并通过一系列应用安全产品和信息安全解决方案，为电子政务、电子商务、企业信息化的发展构建安全、可靠的信任环境。

　　4）GlobalSign

　　GlobalSign 源自欧洲比利时，在美国、英国、日本、比利时、澳大利亚、中国上海有办公地点的 CA 证书授证外商公司，是一家历史悠久且备受全球客户信赖的 CA 中心和 SSL 数字证书提供商。2006 年 10 月，GlobalSign 正式成为日本上市公司 GMO Internet Inc（东京证券市场）旗下公司。其核心技术有 SSL 数字证书、代码签名证书、身份认证、电子认证、电子签名、电子签章、PDF 文档签名证书及客户端证书、根证书、服务器证书等信息安全服务。SSL 证书发行量超过 10 万张，数字证书发行量超过 140 万张（包括个人数字签名、网站、IC 卡等），是拥有总计超过 2000 万张数字证书发行量（包含次级 CA 的发行量）的公开认证机构。

　　公司名称：GlobalSign China 环玺信息科技（上海）有限公司

　　地址：上海市普陀区西康路 1255 号普陀科技大厦 18 楼 C 座

　　电话：021-60762537

　　网址：http://cn.globalsign.com

　　电子邮箱：marketing-china@globalsign.com

4.5　安全套接层和安全电子交易协议

4.5.1　安全套接层协议

　　SSL 是 Internet 主要的安全协议。SSL 安全协议最初是由 Netscape Communication 公司设计开发的，称为安全套接层（secure sockets layer）协议，主要用于提高应用程序之间传输数据的安全系数。SSL 协议的整个概念可以总结为：它是一个保证任何安装了安全套接层的客户机和服务器间通信安全的协议。它涉及所有 TCP/IP 应用程序，是互联网浏览器和 Web 服务器用于传输机密信息的互联网安全协议。SSL 现在已经成为总体安全协议传输层安全（TLS）的一部分，已成为事实上的工业标准，并被广泛应用于 Internet 和 Intranet 的服务器产品和客户端产品中。如 Netscape 公司、微软公司、IBM 公司等领导 Internet/Intranet 网络产品的公司都在其产品中使用该协议。此外，微软公司和 Visa 机构也共同研究制定了一种类似于 SSL 的协议 PCT（专用通信技术），该协议只是对 SSL 进行少量的改进。

　　当地址行中的"http"显示为"https"，并在浏览器窗口底部右侧的状态栏中看到一个小的挂锁符号，即表示通信正在使用 SSL 安全协议。

由于公钥加密占用大量计算资源,所以大多数系统结合使用公钥和对称密钥,即图 4-5 的混合加密法。SSL 安全套接层协议就是这样的,当两台计算机发起安全会话时,一台计算机创建一个对称密钥,并使用对方公钥加密将其发送给对方计算机,然后这两台计算机使用对称密钥加密进行通信。一旦完成会话,每台计算机都会丢弃该会话使用的对称密钥。进行新的会话时再创建新的对称密钥,然后进行会话。

SSL 主要提供 3 方面的服务。

1. 用户和服务器的合法性认证

认证用户和服务器的合法性,使得它们能够确信数据将被发送到正确的客户机和服务器上。客户机和服务器都是有各自的识别号的,这些识别号由公开密钥进行编号,为了验证用户是否合法,安全套接层协议要求在握手交换数据时进行数字认证,以此来确保用户的合法性。

2. 加密被传送的数据

安全套接层协议采用对称密钥技术和公开密钥技术加密,以保证其机密性和数据的完整性,并且用数字证书进行鉴别,这样就可以防止非法用户进行破译。

3. 保护数据的完整性

安全套接层协议采用 HASH 函数和机密共享的方法来提供信息的完整性服务,建立客户机与服务器之间的安全通道,使所有经过安全套接层协议处理的业务在传输过程中能全部完整而准确无误地到达目的地。

安全套接层协议对通信对话过程进行安全保护的实现过程包括以下 6 个阶段。

(1) 接通阶段:客户机通过网络向服务器打招呼,服务器回应。

(2) 密码交换阶段:客户机与服务器之间交换双方认可的密码,一般选用 RSA 密码算法,也有的选用 Diffie-Hellman 和 Fortezza-KEA 密码算法。

(3) 会谈密码阶段:客户机与服务器间产生彼此交谈的对称密码。

(4) 检验阶段:客户机检验取得的服务器密码。

(5) 客户认证阶段:服务器验证客户机的可信度。

(6) 结束阶段:客户机与服务器之间相互交换结束的信息。

当上述动作完成之后,两者间的资料传送就会加密,另外一方收到资料后,再将加密资料还原。即使盗窃者在网络上取得编码后的资料,如果没有原先编制的密码算法,也不能获得可读的有用资料。

上述实例 4-4 中的 GlobalSign 网站上就可申请 SSL 证书。

通过网上自动支付交易款项,是电子商务的一项重要的内容,但必须有严密的安全控制才能顺利实施:一要保证收付双方收、付的是准确的应收、应付款数;二要保证双方的机密信息,如银行的账号、密码及信用卡密码等不会泄露;三要保证付款后能及时收到所购的商品。采用安全套接层协议的电子商务中,客户首先把购物意向通知商家,得到商家的确定回应后,客户把正式订单和自己的银行信息发往商家;商家再把客户信息发往银行要求银行付款，银行验证客户身份并划款后通知商家；商家再通知客户购买成功并发货给客户。显然，这种安全协议保障了商家的利益，但对客户没有保障。其假设前提是商家承诺对客户信息保密且收到款项后要发货。它是电子商务发展初期，商家是信誉较高的大公司，客户基于对商家的信赖而采用的。随着进入电子商务的商家增加，SSL 协议的缺点已充分暴露，SSL 协议正逐步被 SET 协议取代。

4.5.2　安全电子交易协议

安全电子交易协议（secure electronic transaction，SET）是由两大信用卡组织 Visa 和 MasterCard（万事达）联合制定的一个能保证通过开放网络（包括 Internet）进行安全资金支付的技术标准。参与该标准研究的还有微软公司、IBM 公司、Netscape 公司、RSA 公司等。SET 主要由 3 个文件组成，分别是 SET 业务描述、SET 程序员指南和 SET 协议描述。SET 可应用于任何银行支付服务。采用此协议的交易过程如下。

（1）消费者提出电子订货。

（2）商家应答消费者请求。

（3）消费者把自己的信用卡号、密码等支付授权资料用发卡公司的公钥加密，并在正式订单上加上自己的数字签名发给商家。

（4）商家接受订单后，通过支付网关向自己的开户银行传送消费者支付授权资料，开户行把资料送到发卡行请求支付认可，发卡行审核后把确认信息返回商家开户行，开户行再把确认信息返回商家。

（5）商家确认订单并发货，同时把发货证明送至开户银行请求付款。

（6）开户银行把有关资料通知发卡行，发卡行根据授权划款。

此协议可保证客户资料加密打包后传送到商家再到银行，但商家看不到客户的账户和信用卡密码，并可保证信息在网上安全传输，不仅对商家进行保障，对消费者也有保障。SET 协议可在不同的硬件与操作平台上运行。

4.6　其他安全控制措施

Internet 网络环境下数据通信所受到的威胁可分为两大类：一是人为的破坏；二是线路传输故障。前者如有意窃取所传送的信息、黑客的攻击、未经许可的入侵访问、传播病毒等；后者如通信线路、设备的故障等。

4.6.1　对人为破坏的控制

通过 Internet 通信的开放性进行信息拦截、恶意攻击企业网站和数据库、骗窃现金、商品和企业机密等犯罪、作弊是网络系统常见的隐患。对付这些隐患，除上面的安全措施外,以下的一些技术性措施也可起到一定的控制防范作用。

1. 一次性口令(one-time password)

访问网络的用户需使用一个智能卡,它与存储在服务器上的相应软件同步地每60秒产生一个相同的密码,不同的用户的智能卡有不同的同步密码,且每次产生的密码是不同的。当用户访问网络时,首先必须输入用户标识 PIN(personal identification number),然后输入自己智能卡上当前显示的密码。这样黑客即使使用循询方法,也很难得到你当时的准确密码。别人即使捡到了你的智能卡,但因不知道你的 PIN,也无法冒充本人。

一次性口令的产生方法是所谓挑战/应战方式。当用户登录网络时,网络防火墙的授权软件发出一个6位的挑战字给用户的计算机,用户的智能卡可接收或通过屏幕上的显示进行光扫描将挑战字送入智能卡,经智能卡的内置密码生成程序产生一个即时密码于显示屏上,用户输入此密码才可登录网络。

2. 对轰炸式进攻的控制(controlling denial of service attacks)

Internet 上通过 TCP/IP 协议访问一个目标时其应答过程是这样的:访问者首先发出一个同步信号 SYN 给被访者,被访服务器发回一个 SYN/ACK 的确认信号,最后访问者再发一个 ACK 信号确认,开始通信。如果一个黑客一直发送 SYN 信号给某目标服务器,但总不发 ACK 确认信号给该服务器,则该服务器一直发 SYN/ACK 信息给黑客所在服务器,使其他用户的访问请求无法进入该服务器,形成堵塞状态。被炸的服务器端的防火墙很难查出黑客所在地址,因为它会使用不断变更的 IP 地址(有这种软件),使轰炸似乎是来自整个 Internet 的。解决的办法是安装半开放的连接软件,当检查到只有 SYN 信号而没有 ACK 回音的访问者时,屏蔽其访问。

3. 自动登记收发的信息业务(message transaction log)

入侵者往往能成功侵入收发方的系统中窃取机密。通过自动登记收发业务,把每次的收发信息和入侵者的用户名、终端地址、电话号码、入侵时间等自动记录下来,可抓住恶意的入侵者。

4.6.2 对线路故障所产生问题的控制

线路上的设备故障通常是由线路噪声等引起的信号位改变、信号丢失等,通常用探测收到的数据是否正确的方法来控制,其方法有回波检测和奇偶校验等,本书从略。

4.6.3 对电子商务业务的控制

1. 业务授权和有效性控制(transaction authorization and validation control)

VPN 和 VAN 网均有检查客户 ID 和密码的功能,能将合法客户的 ID 和口令存储在一个有效的客户文件中,如访问者为与之不匹配的客户,则业务被拒绝。

对于电子购物中的个人客户，购物前需先向商家登记一个账号，通常商家会要求客户把自己的真实姓名、地址、电话、电子邮件地址、身份证号、工作单位等特征信息提供给商家存储起来，并通过电话、邮件等对客户身份进行验证，以确保个人客户是有效的。

2. 业务处理控制（transactions processing control）

企业数据库中保存着交易伙伴的 ID 和口令，在把收到的业务数据进行翻译处理时先进行检查，如不匹配，不进行翻译处理。

业务处理应用程序正式处理该业务时也先检查客户 ID 和口令，如不匹配，不进行该业务的正式处理。

3. 访问控制（access control）

在电子数据交换中，往往有时需要访问对方的数据库，如客户向供应商下订单前，可能要查找供应商的存货数据库中有关存货的编号、名称、规格型号、价格等资料，有些经常向该供应商订货的客户可能想把资料下载到自己的数据库中，方便以后订货时查阅。这样，当供应商在某些参数（如价格）改变后可能希望能自动及时地通知到客户，因而想直接把数据送到客户的数据库上并修改之。双方能访问对方的那些数据，有何种访问权限，需要双方事前订好合同，按合同设置好访问参数。

4. 保留审计线索（audit trail）

Internet 上的电子商务由于没有了纸质的原始凭证，审计线索没有了，这对审计、税收征管等都带来风险。解决的办法是在电子商务的接收、处理软件中加上自动登记收到业务和各阶段业务处理的记录，存于业务登记文件中，以备查阅，并保证了收到的业务都能及时、完整地进行处理。

4.6.4　对电子商务安全控制进行审计

电子商务过程中数据的处理完全由交易双方的信息系统自动进行，由于没有人工的干预，对其控制的审查和测试尤其重要。

1. 审计目标

（1）审查所有电子数据交换和电子商务业务的授权、确认均符合企业的规定。
（2）未经授权的企业不能访问企业的数据库。
（3）已授权的单位只能访问批准其访问的数据。
（4）审查为保留审计线索而设置的控制措施都在发挥其作用。

2. 控制的测试审查

（1）授权和有效性测试。审查业务处理前是否先核对交易伙伴的标识码。审计人员应审查：交易伙伴是否都经认证机构认证，有无合法的数字证书或经其他途径所确认证明，可作抽样审查。审查和评价各种 Internet 上加密技术、防火墙技术等网络安全控制措施的有效性。但所有这些都由每个单位组织审查和评价是不实际的,也是不必要的。解决电子商务有关单位的真实、可靠性审计,可以聘请信誉和资质都较高的独立审计机构对这些单位的资格、能力、安全及可靠性进行审计,并出具报告,各有关单位则依赖这些审计报告进行评价。对有关安全保密技术有效性的审查,同样可由有信誉和技术水平较高的独立部门或机构对这些技术组织评审和鉴定,并提出评价报告,供审计人员参考。

审查数字凭证等业务文件有无数字签名,或系统中有无保证交易伙伴的信息是完整、正确的功能。可抽样检查交易伙伴文件的准确性、完整性。

(2)审查访问控制。交易伙伴文件和交易数据库的安全是电子数据交换和电子商务控制的核心,审计人员应审查这些控制是否适当:是否经授权的人员才能访问交易伙伴文件,权限表和口令是否加密存储;交易伙伴访问企业数据库的内容范围(如存货水平、价格等)是否有合约规定,审计人员应审查访问权限表的权限是否与合约的规定相符;模仿一些交易伙伴企图越权访问,看系统是否会拒绝。

(3)审查审计线索和审计功能。审查电子商务业务各处理阶段的业务处理自动记录,看是否每个阶段的关键字、关键数据都自动登记下来了;审查系统中是否建有审计子系统,提供审计程序、审计工具和审计档案库,以便审计人员进行网上审计。

(4)对电子商务管理制度的完善性和有效性进行审计。抽样审查这些控制是否都被严格遵守。

本 章 小 结

本章简要阐述了电子商务的安全要求和不安全因素。电子商务主要有信息的真实性、有效性、机密性、完整性、可靠性和不可抵赖性方面的要求与不安全因素。从发生的案例看,可靠性和不可抵赖性的问题最为突出,也较难防范。

针对这些安全要求和不安全因素,本章比较深入地介绍了包括防火墙、DDN 专线、病毒防治、加密技术(包括对称加密、非对称加密、混合加密)、认证技术(包括数字摘要、数字签名、数字信封、数字时间戳、数字证书)、认证机构、安全套接层协议 SSL、安全电子交易协议 SET 等电子商务安全措施和方法。

复 习 思 考 题

□ 复习与讨论

1. 电子商务的安全要求和不安全因素主要分为哪几个方面?请针对每个方面各举

一个例子。

2. 电子商务数据加密采用哪几种方法？请总结它们各自的特点、优点和缺点。

3. 何谓数字摘要、数字签名、数字信封、数字证书、数字时间戳和认证机构？

□ **案例分析**

加强 API 安全，确保电商平台安全经营

近年来 API 攻击呈上升趋势，其主要攻击目标之一就是电商公司。从产品展示到处理发货，电商平台在所有客户端均使用了 API。仅 2021 年数据显示，API 攻击就增加了 681%，所以电商平台的 API 安全至关重要

1. API 安全对电商至关重要

API(application programming interface) 又称为应用编程接口，主要提供应用程序与开发人员以访问一组例程的能力，而又无须访问源码或理解内部工作机制的细节。

API 可以将静态网站转变为完全可定制的无头商店，还能实现包括登录、产品目录、运输和订阅的各种功能，例如，帮助零售商和电商平台轻松处理产品列表和订单。同时，API 增强了客户体验，当发生购买行为时，订单处理、税收计算、装运支持等动作都在屏幕背后同时发生。API 连接这些解耦的元素，并无缝共享数据。

API 在电商中的主要优势如下：简化运营并确保无缝的客户参与；有效的数据监控和分析；支持与聊天机器人的通信；将电商平台与第三方市场连接起来。因此，对于电商平台而言，API 便于企业使用和集成，尽管大多数 API 并非用于公众用途，但它可以访问所有敏感资产和信息。当客户网购输入个人身份信息(PII)时，如电子邮件、密码、信用卡详细信息和电话号码等，同时还与他人共享了详细交易信息，如奖金、余额和奖励，这就增加了不法分子窃取数据的机会。企业应该围绕强大、持续的安全性进行设计和调整，以降低 API 暴露的威胁。一旦安全测试不足或缺乏业务逻辑，将提升 API 安全风险。

2. 导致 API 安全问题的重要因素

(1) 身份验证缺陷。许多 API 没有正确检查请求是否来自合法用户，攻击者通过在身份验证中发现的编码错误来提升权限，并进一步使用枚举技术破坏用户账户。例如，电商平台与外部物流系统集成，以传递详细的运输信息，如果身份验证链不足，就会泄露用户个人信息。

(2) 自动攻击。随着 API 的广泛采用，对不安全 API 的自动攻击正在增加。攻击者不是利用 API 代码中的漏洞，而是通过业务逻辑缺陷进行攻击。攻击者可能会将恶意脚本输入机器人，以大规模访问平台的产品详细信息，导致真实客户无法正常购物。例如，攻击者可以在几秒内抢夺高需求产品的全部库存。

(3) 影子和僵尸 API。尽管如此，许多企业仍在努力区分真实交易和虚假交易，但还是会被无保护的影子 API 所蒙蔽。同样，僵尸 API 也是最常见的攻击方法，它可能包含恶意代码或可能暴露敏感数据的功能。

(4) 第三方 API。电商业务与第三方集成，如运输和支付系统。由于第三方 API 很难管理，因此通常是攻击者针对的目标。

(5) 传统安全工具。大多数企业缺乏足够的防御能力来抵御不断变化的 API 风险，

传统方法对其无效。传统 WAF 或 API 网关需要更实时的能力来了解 API 活动的情况。例如,攻击者可以在高峰时段操纵折扣和促销 API,而这些工具很难防止此类攻击。

3. 电商 API 安全最佳实践

电商安全的 API 威胁对零售商和客户具有潜在破坏性,因此,必须采取适当的措施来解决。

(1) API 发现。了解内容:如果企业想保护不了解的内容,那么所有 API(包括未记录的)的清单是必要的。查找和清点:一个好的 API 安全解决方案提供强大的 API 发现功能,它自动清点所有 API,包括僵尸和影子 API。确认关闭:在最后一个客户停止与已弃用的 API 集成后,要确保 API 已关闭。如果要在外部发布 API 文档,需确保其有效且经过测试,并且不会暴露漏洞。

(2) API 安全测试和渗透测试。在开发过程的早期阶段集成 API 安全,其中安全增强和漏洞管理是关键。企业可以使用 API 安全扫描器(例如无限 API 扫描器)进行流畅的漏洞扫描,并立即修补。除自动 API 扫描工具外,手动笔测试也是至关重要的,它能帮助企业检测可能意识不到的错误配置。

(3) 正确的身份验证和授权。验证购买者身份并且只允许访问权限范围内的特定资源对于 API 安全性非常重要。常见方法有 OAuth 2.0、API 密钥和基于令牌的身份验证。

(4) 限制 API 速率。API 的调用量逐年递增,受攻击面也在增加。攻击者可以通过 DDoS 攻击使真实用户无法正常访问电商平台。通过限制速率,限制来自大量系统资源的请求数量,在不影响性能的情况下,保障消费者的正常使用。

(5) API 行为和分析。查找 API 流量中的异常行为,区分恶意和正常的 API 流量有助于检测正在进行的攻击。API 行为和分析还突出显示系统不当行为和对服务的其他恶意破坏。通过分析流量元数据以查明攻击源,可以停止事件并修复问题。

因此,为保护电商网站安全应做到:定期检查所有第三方集成和插件;帮助客户创建强大、独特的密码;只存储必要的客户数据;保持网站为最新状态;使用 HTTPS 保护网站;数据备份等。

(资料来源:https://baijiahao.baidu.com/s? id=1756590882732944046&wfr=spider&for=pc)

问题:

(1) 什么是 API? API 对电商平台安全起什么作用?

(2) 试分析如何更好地保护电子商务网站的安全。

第 5 章

电子支付与互联网金融

课 程 思 政

　　通过学习电子支付与互联网金融的知识,掌握网络交易安全风险的防控措施。增强金融风险意识,树立科学理财观念,积极参加"反诈骗"行动。

教 学 目 标

1. 掌握电子支付的概念和类型。
2. 了解电子商务的支付系统,熟悉常用的支付系统。
3. 熟悉银行卡、网上银行及手机银行。
4. 了解第三方支付模式的交易流程。
5. 了解互联网金融基础知识。

开 章 引 例

电子支付正成践行低碳"标配"

　　自带杯买茶和咖啡、扫码点餐、线上缴费、无纸化入住、免押金租借充电宝……这些生活中常见的低碳"小妙招",是不是已习以为常?

　　6 月 15 日全国低碳日,在当日举行的 2022 年全国低碳日"企业社会责任与公众参与论坛"上,腾讯金融研究院执行院长、中国经济体制改革研究会 ESG 与可持续金融专委会副主任表示,曾许下"不晚于 2030 年,实现 100% 绿色电力"的腾讯,深刻理解支付清算行业连接数十亿个人用户、数亿商户的特点,未来将继续尝试探索成为推进上下游低碳生活转型的"连接器",积极倡导低碳消费行为和绿色低碳生活方式,提高用户的绿色生态意识。

　　在 2022 年的节能宣传周期间,微信支付联合腾讯碳中和实验室、腾讯金融研究院推出了为期三周的"低碳答题挑战"。截至 6 月 15 日,该活动上线 3 天,全国已有近 60 万人参与,答题数量超 500 万。

　　早在 2021 年,全国首个碳中和公益科普小程序"碳中和问答"上线。2022 年 3 月,微信支付联合喜茶等餐饮、零售、出行、物流行业的 10 余家商户,共同发起"一起低碳"活动,倡导消费者在不知不觉中培养自带杯打饮品、购物不用塑料袋、电子小票代替纸质小票等简单的低碳习惯。同时,用户可通过累积低碳消费,兑换商家低碳福利。已有数十万用户报名并完成至少一次低碳行为。

2022年5月,国内首个绿色支付碳中和报告——《绿色支付助力碳中和目标》报告显示,近5年来,在生活消费、线上购票和在线医疗三类微信支付应用场景下,用户通过节约纸张产生的碳减排总量为18.82万吨;在生活缴费场景下,通过微信支付完成线上生活缴费减少出行的减碳量合计为334.61万吨;在生活方式转换场景下,用户选择公交地铁出行,相较于高碳出行所实现的碳减排额度合计为478.57万吨。电子支付正成为中国人在日常生活中践行低碳行为不可或缺的"基础设施"。

微信一直致力于利用小程序、公众号等,推进各行各业的无纸化和服务线上化进程,助力共享经济发展的同时也促进了行业的低碳转变。

(资料来源:https://k.sina.com.cn/article_2131593523_7f0d89330200179ge.html)

英国著名经济学家Sapsford认为:"货币可以由得到社会成员一致认可的任何物体充当。"货币的发展历史大致经历了以下几个阶段:公元前10世纪以前,贝壳常常在物品交换中充当货币的角色;公元前10世纪到公元前6世纪在希腊和印度出现了金属货币,从此金属货币主宰了物品交易达两千年之久;中世纪时,支票被意大利商人引入市场;在美国,纸币是1690年时在马萨诸塞州首次发行的;1950年,大莱俱乐部(Diners Club)在美国发行了第一张信用卡大莱卡。

如今,人们正处于支付方式的变革当中,其主要特征便是以信用卡为主的电子支付方式正逐步替代现金及支票。2003年,美国的信用卡和借记卡在商店中的支付额首次超过了现金和支票。2005年被称为中国的电子支付元年,十多年来人们对于电子支付的要求越来越高,电子支付也在这种环境下迅速发展,2022年中国银行共处理电子支付业务2789.65亿笔,金额3110.13万亿元,同比分别增长1.45%和4.50%。其中,网上支付业务1021.26亿笔,同比下降0.15%,金额2527.95万亿元,同比增长7.39%;移动支付业务1585.07亿笔,同比增长4.81%,金额499.62万亿元,同比下降5.19%。此外,人民币跨境支付系统业务量保持增长。2022年,人民币跨境支付系统处理业务440.04万笔,金额96.70万亿元,同比分别增长31.68%和21.48%。日均处理业务1.77万笔,金额3883.38亿元。

综上所述,中国电子支付业务已经实现了飞跃式的增长。移动支付占比逐年增加,已成为电子支付的主流方式,同时,随着技术的革新,新的电子支付方式也将不断出现。

5.1 电子支付概述

5.1.1 电子支付的定义与特点

1. 电子支付的定义

电子支付是指电子交易的当事人,包括消费者、商家和金融机构,使用安全电子支付手段,通过网络进行的货币支付或资金流转。

我国的电子支付虽然起步较晚,但是发展势头强劲。我国的电子支付分类为以借记卡、信用卡为代表的银行类电子支付和以互联网支付、移动支付、银行卡收单、预付卡支付以及电话支付为代表的非银行类电子支付。非银行类电子支付主要是指第三方支付,第三方支付机构包括传统第三方支付机构和创新型第三方支付机构,图 5-1 中电子支付的5 种形式分别代表着电子支付的不同发展阶段。

图 5-1　电子支付的发展阶段

2. 电子支付的特点

与传统的支付方式相比,电子支付具有以下特点。

（1）传输方式的数字化。电子支付是采用先进的技术通过数字流转来完成信息传输的,其各种支付方式都是通过数字化的方式进行款项支付的;而传统的支付方式则是通过现金的流转、票据的转让及银行的汇兑等物理实体来完成款项支付的。

（2）支付环境的开放化。电子支付的工作环境基于一个开放的系统平台(即互联网);而传统支付则是在较为封闭的系统中运作。

（3）通信手段的先进性。电子支付使用的是最先进的通信手段,如 Internet、Extranet,而传统支付使用的则是传统的通信媒介;电子支付对软、硬件设施的要求很高,一般要求有联网的微型计算机、相关的软件及其他一些配套设施,而传统支付则没有这么高的要求。

（4）其他经济优势。电子支付具有方便、快捷、高效、经济的优势。用户只要拥有一台上网的 PC 或一部智能手机,便可足不出户,在很短的时间内完成整个支付过程。支付费用仅相当于传统支付的几十分之一,甚至几百分之一。

在电子商务中,电子支付过程是整个电子商贸活动中非常重要的一个环节,同时也是电子商务中准确性、安全性要求最高的业务过程。电子支付系统是电子商务系统中最重要的组成之一。

5.1.2 电子支付系统

1. 电子支付系统的构成

电子支付的过程涉及客户、商家、银行或其他金融机构以及商务认证管理部门之间的安全商务互动,因此可以说,电子支付系统是融购物流程、支付结算工具、安全技术、信用体系,以及现在的金融体系为一体的综合大系统。基于因特网互联平台的电子支付系统的基本构成如图 5-2 所示,主要涉及七大构成要素。

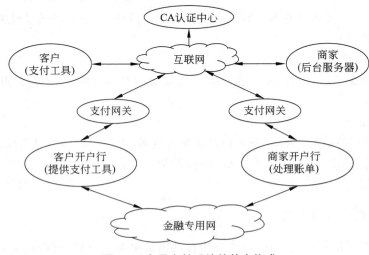

图 5-2 电子支付系统的基本构成

1) 客户

客户是指通过购买产品或服务满足其某种需求的群体,也就是指与个人或企业有直接的经济关系并且存在未清偿的债务的一方。客户用自己拥有的电子支付工具(如信用卡、电子支票等)发起支付,它是电子支付系统运作的原因和起点。

2) 商家

商家是指从事商业活动(生产、经营相关物品)的个人和各种组织的统称,是拥有债权的商品交易的另一方,可以根据客户发起的支付指令向中介的金融体系请求获取货币给付,即请求结算。商家一般设置专门的后台服务器来处理这一过程,包括协助身份认证及不同电子支付工具的处理。

3) 客户开户行

客户开户行是指客户在其中拥有资金账户的银行,客户所拥有的电子支付工具也主要是由开户银行提供的。客户开户行在提供电子支付工具时,同时提供一种银行信用,即保证支付工具是真实并可兑付的。

4) 商家开户行

商家开户行是指商家在其中拥有资金账户的银行,其账户是整个支付结算过程中资金流向的地方或目的地。商家将收到的客户支付指令提交其开户行后,就由开户行进行

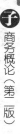

支付授权的请求，以及进行商家开户行与客户开户行之间的清算等工作。

5）支付网关

支付网关是银行金融网络系统和互联网之间的接口，是由银行操作的，将互联网上传输的数据转换为金融机构内部数据的一组服务器设备，或由指派的第三方处理商家支付信息和顾客的支付指令。电子支付的电子信息必须通过支付网关进行处理后才能进入安全的银行内部支付结算系统，离开了支付网关，网络银行的电子支付功能也就无法实现。

支付网关可确保交易在 Internet 用户和交易处理商之间安全、无缝地传递，并且无须对原有主机系统进行修改。它可以处理所有 Internet 支付协议、Internet 安全协议、交易交换、信息及协议的转换以及本地授权和结算处理。另外，它还可以通过设置来满足特定交易处理系统的要求。

6）金融专用网络

金融专用网络是指银行内部及银行间进行通信的专用网络，它不对外开放，因此，具有很高的安全性。

7）CA 认证中心

CA 认证中心是采用 PKI 公开密钥基础架构技术，专门提供网络身份认证服务，负责签发和管理数字证书，且具有权威性和公正性的第三方信任机构，它与传统商务中的市场监督管理局的作用有点类似。

2. 常用的电子支付系统

根据电子支付指令发起方式，可以分为自动柜员机交易、销售点终端交易、网上支付、电话支付和移动支付 5 种类型。

1）自动柜员机交易

自动柜员机（automatic teller machine，ATM）是由计算机控制的持卡人自我服务型金融专用设备。自动柜员机可以向持卡人提供提款、存款、查询余额、更改密码等功能。自动柜员机不仅接受本行本地卡，还可以通过网络功能接受异地卡、他行卡，为持卡人提供 24 小时服务。

2）销售点终端交易

销售点终端（point of sale，POS）交易是一种多功能终端，把它安装在信用卡特约商户和受理网点中，与计算机连成网络，可实现电子资金自动转账。它具有支持消费、预授权、余额查询和转账等功能，使用起来安全、快捷、可靠。

3）网上支付

网上支付系统（net payment system，NPS）是指以金融电子化网络为基础，以商用电子化工具和各类交易卡为媒介，以现代计算机技术和通信技术为手段，通过计算机网络系统特别是互联网，把支付信息安全传递到银行或相应的机构来实现电子支付的系统。常见的网上支付系统模式有网银转账支付模式、用户直连网银支付模式和第三方支付模式。

（1）网银转账支付模式。网银转账支付模式依据转入账户和转出账户的不同，可以细分为同行转账模式和跨行转账模式。

（2）用户直连网银支付模式。在这种模式下，用户可直接用网上银行进行支付和结算。

（3）第三方支付模式。最初（2004—2018年6月30日），第三方支付模式是指具备一定实力和信誉保障的非银行独立机构采用与银行签约的方式，提供与银行支付结算系统接口的支付平台的模式，如支付宝、财付通等都是如此。在我国，根据央行的规定，2018年6月30日之后，第三方支付机构不再和银行直联，必须接入网联清算有限公司（网联）的系统，通过网联和银行对接。

综上所述，网上支付的过程涉及用户、商家、银行或其他金融机构，以及商务认证管理部门。支撑网上支付的体系是融购物流程、支付与结算工具、安全技术、认证体系、信用体系及金融体系为一体的综合性系统。

4）电话支付

电话支付将电话（固定电话、手机）作为交易终端，通过自动电话语音回拨的方式，与持卡人确认交易订单，并输入密码进行支付。该支付方式可被广泛应用于航空机票、缴费、商旅服务、商城、游戏点卡等领域。

5）移动支付

移动支付也称手机支付，是用户使用移动终端（通常是手机）为所消费的商品或服务支付费用的一种支付方式。移动支付将移动终端设备、互联网、应用提供商及金融机构相融合，为用户提供货币支付、缴费及理财等金融服务。常见的移动支付应用提供商有手机端支付宝、微信、云闪付、翼支付等。

在电子商务交易中，除了以上支付方式，还有银行汇款、货到付款、电子现金、电子支票、指纹支付和刷脸支付等。

随着金融科技与移动支付的加速融合，未来，生物识别支付可能会取代手机扫码支付，成为推动无现金结算发展进程的主力。

5.2 电子支付工具

随着计算机技术的发展，电子支付工具越来越多。这些支付工具可以分为三大类：电子货币类，包括电子现金、电子钱包等；电子支付卡类，包括信用卡、借记卡、智能卡等；电子票据类，包括电子支票、电子汇款、信用证等。

这些支付方式各有各的特点和运作模式，适用于不同的交易过程。

5.2.1 电子现金

电子现金（E-cash）又叫数字现金，是一种以数据形式流通的货币。它把现金数值转换为一系列的加密序列数，通过这些序列数来表示现实中各种金额的市值，用户在开展电子现金业务的金融机构开设账户并购买电子现金后，就可以在接受电子现金的商店购物了。

电子现金在经济领域起着与普通现金同样的作用，对正常的经济运行至关重要。电子现金应具备以下性质。

（1）独立性。电子现金的安全性不能只靠物理上的安全来保证，必须通过电子现金自身使用的各项密码技术来保证电子现金的安全。

（2）不可重复花费。电子现金只能使用一次，重复花费能被容易地检查出来。

（3）匿名性。银行和商家相互勾结也不能跟踪电子现金的使用，就是无法将电子现金用户的购买行为联系到一起，从而隐蔽电子现金用户的购买历史。

（4）不可伪造性。用户不能造假币，包括两种情况：一是用户不能凭空制造有效的电子现金；二是用户从银行提取 N 个有效的电子现金后，也不能根据提取和支付这 N 个电子现金的信息制造出有效的电子现金。

（5）可传递性。用户能将电子现金像普通现金一样，在用户之间任意转让，且不能被跟踪。

（6）可分性。电子现金不仅能作为整体使用，还应能被分为更小的部分多次使用，只要各部分的面额之和与原电子现金面额相等，就可以进行任意金额的支付。

电子现金的应用过程如图 5-3 所示。

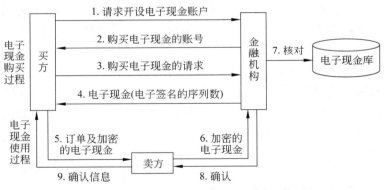

图 5-3　电子现金的应用过程

1994 年，DigiCash 公司开始使用电子现金，消费者首先要在 DigiCash 银行内开设自己的账户，将实际货币（信用卡或支票）转换成 DigiCash 公司的数字货币并存入 DigiCash 银行。商家也需要与 DigiCash 建立合作关系，在 DigiCash 银行内开设自己的账户。当消费者在网上购物时，就可以使用 DidiCash 提供的密码，通过电子函件方式从 DigiCash 银行取电子现金。经 DigiCash 银行核实取款人身份后，在电子现金上加上 DigiCash 银行的电子签名，然后传给消费者。消费者把电子现金付给商家，商家再从 DigiCash 银行将这些电子现金兑换成实际货币。

DigiCash 公司已经于 1998 年破产，迄今为止，电子现金在美国还没有获得成功，发明了用于小额支付的 CyberCoin 的 CyberCash 也没有获得所期望的巨大成功。美国电子现金失败的原因主要有两点：一是操作复杂，电子现金系统大多数要求用户下载和安装复杂的客户端软件；二是由于存在许多相互竞争的技术，没有一个统一的电子现金系统标准,这就意味着用户就必须面对多种专用的电子现金方案,而且相互之间不能互相操作。

我国的数字货币和电子支付工具(digital currency electronic payment,DCEP),是央行创建和批准的法定数字货币。DCEP可以看作数字化的人民币现金,它由区块链和加密技术构建。央行自2014年开始研究法定数字货币;2020年3月24日完成DCEP基本功能的开发;2020年4月,DCEP先行在深圳、苏州、雄安新区、成都等地进行封闭试点测试;2020年7月,央行数字货币研究所与滴滴出行正式达成战略合作协议,共同研究探索数字人民币在智慧出行领域的场景创新和应用;2020年9月,央行数字货币研究所与京东数科正式达成战略合作,双方以数字人民币项目为基础,共同推动移动基础技术平台、区块链技术平台等的研发建设,并结合京东集团现有场景,共同促进数字人民币的移动应用功能创新及线上、线下场景的落地应用。推进数字人民币钱包生态建设,也将助推人民币国际化。

2020年10月,央行在深圳罗湖区试点发行数字人民币红包;2021年春节期间,央行成都分行与成都市人民政府联合向成都市民发放数字人民币消费红包。使用数字人民币需要先下载央行的数字人民币App,注册、开通个人数字钱包后领取,不需要网络,只要手机有电就能完成转账。使用数字人民币无须绑定银行卡,只要在支持数字人民币消费的商家处就可以使用。

电子现金与微信、支付宝等电子支付方式的区别在于不需要绑定传统银行账户体系,可以满足用户的匿名需求。它是由国家发行的货币,具有无限法偿性和强制性,信用度更高,支持双离线支付,日常支付更便利。法定数字货币的推行将会带来更高的交易效率和更低的交易成本,并且国家通过准确把握货币流向可以优化货币政策的制定和执行。

5.2.2 电子钱包

电子钱包是电子商务购物活动中常用的一种支付工具,适用于小额购物。在电子钱包内存放着电子现金、银行卡等支付工具,所有者的身份证书、地址以及在电子商务网站的收款台上所需的其他信息等。

目前电子钱包的形式主要分为两类:一类是电子钱包软件,随时能够进行在线支付;另一类是以智能卡为载体的电子钱包支付系统,可以在正确配置的POS系统上进行电子支付和消费。

电子钱包软件的功能大致可分为下列四项。

(1)个人资料管理。消费者成功申请电子钱包后,系统将在电子钱包服务器为其建立一个属于个人的电子钱包档案,消费者可在此档案中增加、修改、删除个人资料。

(2)网上付款。消费者在网上选择商品后,可以登录到电子钱包,选择入网银行卡,向银行的支付网关发出付款指令来进行支付。

(3)交易记录查询。消费者可以对通过电子钱包完成支付的所有历史记录进行查询。

(4)银行卡余额查询。消费者可通过电子钱包查询个人银行卡余额。

电子钱包用户通常在银行里是有账户的,用户在使用电子钱包支付之前都必须先申

请电子钱包。国内暂时还没有电子现金业务，因此电子钱包主要是借助银行卡来进行支付。

电子钱包软件可以分为两大类。

1. 服务器端电子钱包

在商家服务器或电子钱包软件公司的服务器上存储钱包所有者的信息，只要连上网络就可以购物支付。如华夏银行的电子钱包管理系统，图5-4为其登录界面。

图5-4　华夏银行的电子钱包登录界面

华夏银行的电子钱包系统主要有以下功能。

（1）申请电子钱包。登录华夏银行网站，在线申请电子钱包，签订电子钱包协议，输入网银客户号、网银密码、身份证号等信息即可申请。

（2）登录电子钱包。申请成功后，客户根据网银客户号和网银密码登录电子钱包系统。

（3）卡管理。具体如下。

① 增加卡。在菜单栏选择"卡管理"→"增加"选项，客户可增加一张或多张签约个人网上银行的华夏卡，并为其设定个性好记的别名，支付时选择卡别名，无须输入烦琐的卡号。

② 修改卡别名。选择"卡管理"→"修改卡别名"可修改卡别名。

③ 删除卡。选择"卡管理"→"删除卡"可删除之前增加到电子钱包的华夏卡，删除后可重新增加。

④ "查询余额"可查询到客户增加到电子钱包下的卡内余额。

（4）交易查询和交易统计。客户可选择"交易查询"与"交易统计"对利用电子钱包进行网上支付的交易进行查询和统计，便于客户了解历史交易情况。

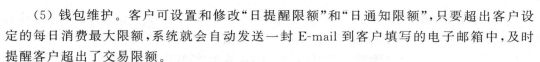

（5）钱包维护。客户可设置和修改"日提醒限额"和"日通知限额"，只要超出客户设定的每日消费最大限额，系统就会自动发送一封 E-mail 到客户填写的电子邮箱中，及时提醒客户超出了交易限额。

（6）钱包退订。如果客户对该行的电子钱包业务不满意，也可单击"钱包退订"菜单取消电子钱包业务，退订后如果客户想继续使用还可重新申请电子钱包。

2. 客户机端电子钱包

在消费者自己的计算机上存储所有者的信息，在使用电子钱包前，用户先安装相应的应用软件，必须在自己的计算机上购物支付，如中银电子钱包。图 5-5 为启动中银电子钱包的界面。

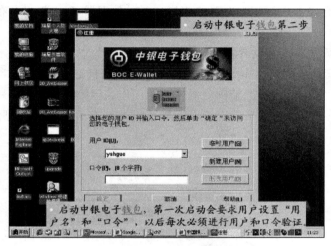

图 5-5　启动中银电子钱包的界面

中银电子钱包的使用流程如下。

（1）用户在自己的计算机内安装中银电子钱包软件。

（2）登录中国银行网站，在线申请并获得持卡人电子安全证书。

（3）登录到中国银行网上特约商户的站点，选购商品、填写送货地址并最后确定订单。

（4）点击长城电子借记卡支付，浏览器会自动启动电子钱包软件，用户只要按照画面提示输入借记卡卡号、密码等信息即可实时完成在线支付。

从全球范围来看，电子钱包软件市场还有很大的发展空间。而使用智能卡作为电子钱包，是因为智能卡被广泛寄予的厚望，也是目前的普遍做法。比如，很多银行发行的电子钱包智能卡，包括借记账户和电子现金账户两个账户，电子现金账户也就是俗称的电子钱包。借记账户里的存款存储在银行里，电子现金账户里的钱则是直接存在卡里，可用于脱机小额快速支付，使用时不需要密码。通常把这种电子钱包叫作储值卡或预付费卡，它使用方便，无须携带现金和零钱，通常用于小额消费，如快餐店、加油站、公共交通（地铁、轻轨、公共汽车）、泊车、道路通行以及一些无人值守的环境，如自动售货机、公用电话等。

我国储值卡型的电子钱包大部分是由行业卡演变而来的，公交行业是行业卡最发达的领域，也是行业电子钱包的摇篮，目前全国各个大中型城市都在实施公交卡项目。另一种可与公交卡媲美的行业电子钱包是各地发行的餐饮卡和用于超市、百货商店购物的商业卡。

除行业卡之外，各家银行根据人民银行的金融 IC 卡规范发行的 IC 卡基本上都是符合 PBOC 标准的通用电子钱包，如北京的牡丹交通卡、中行的石化加油卡等。

5.2.3 智能卡

智能卡是一种将具有微处理器及大容量存储器的集成电路芯片嵌装于塑料基底上而制成的卡片，是 IC 卡的一种。

目前大部分智能卡中的集成电路芯片包含了微处理器、I/O 接口及存储器，提供了数据的计算、访问控制及存储功能。

根据卡与外界数据交换的界面不同，智能卡可划分为以下几种。

（1）接触式智能卡。此类卡需通过智能卡读写设备的触点与智能卡的触点接触后进行数据的读写，即需要插入智能卡读卡器中才能工作。国际标准 ISO 7816 对此类卡的机械特性、电器特性等进行了严格的规定。一般可以在该类卡的表面看到金属制的微型芯片，如图 5-6 所示。

图 5-6 接触式智能卡

（2）非接触式智能卡。该类卡与智能卡设备无电路接触，而是通过非接触式的读写技术进行读写（如光或无线技术），其内嵌芯片主要增加了射频收发电路。国际标准 ISO 10536 系统阐述了对非接触式 IC 卡的规定。该类卡一般用在使用频繁、信息量相对较少、对数据读取要求快速完成、可靠性要求较高的场合（如公交卡）。

（3）混合卡。混合卡又叫双面智能卡，将接触式智能卡与非接触式智能卡集成到一张卡片中，操作独立，但可以共用 CPU 和存储空间。

与传统的支付卡相比，智能卡具有以下优点。

（1）方便性。智能卡交易简单易行，既可在线使用，也可脱机处理。由于智能卡本身就是一台微型计算机，能够记录全部授权额度和交易日志等信息核实数据，只要不超额消费或非法透支，在脱机的情况下仍然能够正常使用，不需要通过网络通信就可以直接处理。

（2）可靠性强。具有防磁、防静电、防机械损坏和防化学破坏等能力，信息可保存

100 年以上,读写次数在 10 万次以上,至少可用 10 年。特别是非接触式智能卡与读写器之间无机械接触,避免了由于接触读写而产生的各种故障,既便于卡片的印制,又提高了卡片的使用可靠性。

(3)安全性高。智能卡包括的加密和验证技术满足了发行者和用户对安全性的需要。运用加密技术,资料和数据可以通过有线或无线网络安全地传递。

(4)存储容量大。智能卡可存储签名、身份证号码、个人身份证认证资料、交易记录等重要信息。不仅可以进行储蓄、消费,还可以用于支付税金和各种公共费用,甚至做电子病历等非金融交易卡使用。

(5)适用范围广。现在智能卡的用途已经扩大到各行各业和日常生活中。目前在我国,随着金卡工程建设的不断深入发展,IC 卡已在众多领域获得广泛应用,并取得了初步的社会效益和经济效益。

由于我国大部分智能卡都是匿名使用的,例如广州羊城通公交卡,其缺点是不具有可跟踪性,丢失后就会损失卡内资金。

不管是接触式智能卡还是非接触式智能卡,都必须由智能卡和读写设备一起配套使用。因此,使用智能卡进行网上购物需要配置一个硬件——能安装在计算机上的可携式智能卡读写设备。目前我国暂时还没有关于消费者的个人智能卡读写设备的报道。

智能卡的应用流程如图 5-7 所示。

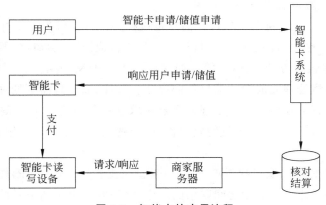

图 5-7　智能卡的应用流程

智能卡较传统银行卡更为安全,信用卡管理协会与金融机构都在逐步将传统的信用卡和借记卡发展为多功能智能卡,增加电子钱包的功能。目前智能卡的支付服务主要针对零售业中那些通常是现金消费,而且非常注重支付速度和便利性的商店。针对零售消费的便捷、迅速等特点,非接触式智能卡系统是最佳选择。

在我国,2009 年中国银联在各商业银行的支持下,与移动运营商联合,推出银联手机支付业务,即以手机中的金融智能卡为支付账户载体,以手机为支付信息处理终端的创新支付方式。它不仅将手机与银行 IC 卡合二为一,还把银行柜台"装进"持卡人的口袋,用户可以随时随地实现各种支付。既能借助无线通信网络,实现信用卡还款、转账充值、水电煤缴费、网上购物、预订酒店和机票等远程支付功能;同时,还能利用非接触通信技术在小额快速支付领域的银联卡受理商户进行现场"刷机"支付。在使用现场支付功能时,小额消费交易不必输入密码和签名,大额支付只要输入银行卡密码并在签购单上签名即可完成交易。

5.2.4 银行卡

银行卡分为借记卡和信用卡两种。借记卡在使用时必须在储蓄账户中存入资金,不能透支使用,消费或提款时资金直接从账户划出。信用卡是发卡银行给予持卡人一定的信用额度,持卡人可在信用额度内先消费、后还款。

信用卡和其他银行卡的一个主要区别是:信用卡不仅是一种支付工具,同时也是一种信用工具。信用卡的出现从根本上改变了银行的支付方式和结算方式,也从根本上改变了人们的消费方式和消费观念。

银行卡可以进行 POS 消费、通过 ATM 转账和提款,但如果要通过网络进行资金转移就必须开通网上银行业务。银行卡的支付过程主要经过两个阶段:有效性确认和交易结算。首先,要确认持卡人的银行卡是否已经被激活并且有足够的资金余额。当以上信息确认无误后,便可以进行转账,将持卡人账户的钱转到商家的账户上。这两个阶段的实现方式随卡的种类不同以及商家采用的支付系统配置的不同而有所差别。电子商务经营者网上支付系统配置可有以下三种选择。

(1) 自己拥有一套支付系统软件。商家可以购买一种支付程序组并将它与自己的电子商务系统整合。这种组件能够与支付相关联的银行或第三方机构的网关进行通信。

(2) 利用收单银行方的 POS 系统。商家将持卡人的交易结算转交收单银行的 POS系统处理,之后再将处理完成后的信息传回商家。这样,商家只需要处理购买者的订购信息,而把转账结算交给收单银行方处理。商家采取这种配置方式的关键是要找到一个可以处理多种类型支付卡和支付工具的收单银行,否则就要与多个收单银行进行联系,增加了操作的复杂性。

(3) 利用第三方支付服务提供商的 POS 系统。支付服务商(PSP)作为独立于收单银行和商家的第三方,建立起二者之间联系的纽带,将商家的电子商务系统与相应的收单银行相连,完成支付过程。因其必须支持多种卡类支付,所以必须为不同的支付卡向不同的银行卡管理机构注册。

银行卡的支付模式有无安全措施的支付、通过第三方的支付、简单加密的支付、基于SET 协议的支付 4 种。

(1) 无安全措施的支付流程。买方在网上订购卖方的商品,而银行卡信息通过电话、传真、网络等通信手段进行传送,但无任何安全措施,卖方与银行之间使用各自现有的银行专用网授权来检查银行卡的真伪。其流程如图 5-8 所示。

图 5-8 无安全措施的支付流程

（2）通过第三方的支付流程。买方在第三方开设一个账号，第三方持有买方的银行卡号和账号；买方用账号在网上订购卖方的商品，并将账号传送给卖方；卖方将买方账号提供给第三方验证，第三方将验证信息返回给卖方，卖方确定并接受订单。同时第三方验证卖方身份，给买方发信息确认购买和支付后，将银行卡信息传给银行，完成支付过程。其流程如图 5-9 所示。

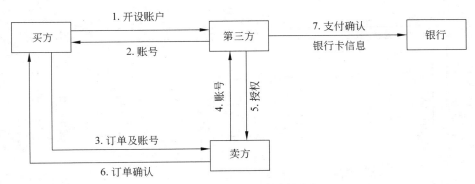

图 5-9　通过第三方的支付流程

（3）简单加密的支付流程。当银行卡信息被买方输入浏览器窗口或其他电子商务设备时，银行卡信息就被简单加密，安全地通过网络从买方向卖方传递。常用的加密协议有SHTTP、SSL 等。

以基于 SSL 协议的简单加密支付流程为例，买方在网上订购卖方的商品，将银行卡信息加密后传给卖方，卖方将加密的银行卡信息传给业务服务器，卖方无法看到买方的银行卡信息；业务服务器验证卖方身份后，将买方加密的银行卡信息转移到安全的地方解密，然后将买方银行卡信息通过安全专用网传送到卖方银行；卖方银行通过普通电子通道与买方发卡行联系，确认银行卡信息的有效性；得到验证后，将结果传送给业务服务器，业务服务器通知卖方交易完成或者拒绝，卖方再通知买方。其流程如图 5-10 所示。

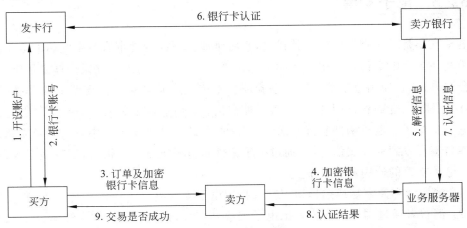

图 5-10　基于 SSL 协议的简单加密的支付流程

（4）基于 SET 协议的支付流程。买方在网上订购卖方的商品，填写订单和付款指

令，订单和付款指令分别进行数字签名的加密，使卖方无法看到客户的银行卡信息，该加密信息通过网络传送给卖方；卖方收到订单后，付款信息通过支付网关传送到卖方银行，再到买方的发卡行进行确认；确认后，批准交易，并向卖方返回确认信息；卖方发送订单确认信息给买方，并发货；最后卖方请求银行支付货款，银行将货款由买方的账户转移到卖方的账户。其支付流程如图 5-11 所示。

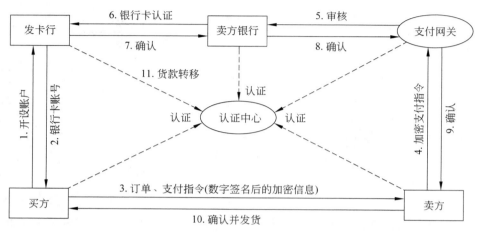

图 5-11　基于 SET 协议的支付流程

在上述 4 种支付方式中，基于 SET 协议的支付方式安全性最高，但是交易过程相对复杂，成本较高，因此 SET 协议在我国使用得也相对较少。电子支付无论采取哪种支付协议，都应该考虑到安全因素、成本因素和使用的便捷性这 3 方面，由于这 3 者在 SET 协议和 SSL 协议中均无法全部体现，这就造成现阶段 SSL 协议和 SET 协议并存使用的局面。

5.2.5　电子支票

电子支票是纸质支票的电子替代物，它将纸质支票改变为带有数字签名的电子报文，或利用其他数字电文代替纸质支票的全部信息。电子支票与纸质支票一样是用于支付的一种合法方式，它使用数字签名和自动验证技术来确定其合法性。支票上除了必需的收款人姓名、账号、金额和日期外，还隐含了加密信息，如图 5-12 所示。

电子支票通过电子函件直接发送给收款方，收款人从电子邮箱中取出电子支票，并用电子签名签署收到的证实信息，再通过电子函件将电子支票送到银行，把款项存入自己的账户。电子支票的使用流程如下。

（1）消费者和商家达成购销协议并选择用电子支票支付。

（2）消费者通过网络向商家发出电子支票，同时向银行发出付款通知单。

（3）商家通过验证中心对消费者提供的电子支票进行验证，验证无误后将电子支票送交银行索付。

（4）银行在商家索付时通过验证中心对消费者提供的电子支票进行验证，验证无误

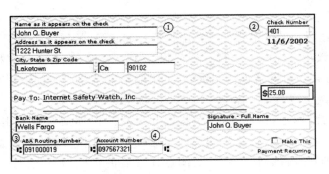

①使用者姓名及地址；②支票号；③传送路由号；④账号

图 5-12　电子支票样式

后即向商家兑付或转账。

电子支票的主要优点如下。

（1）商家不必再处理一大堆的纸质支票，节约了管理成本。

（2）提高了商家和金融机构的业务处理效率。

（3）提高消费者的支付速度。

（4）使用数字签名等代替手写签名，还运用了数字证书，安全性能比传统纸质支票高。

大多数商家都依靠第三方软件处理电子支票支付业务。CheckFree、Telecheck、AmeriNet、Paymentech 以及 Authorize.Net 是几个主要的电子支票系统服务提供商。

5.3　网上银行与手机银行

5.3.1　网上银行

网上银行也称在线银行或网络银行，是指银行利用互联网/内联网及相关技术，处理传统的非现金类银行业务的虚拟柜台。

20 世纪 90 年代中期，随着互联网的普及和应用，商业银行开始驶入网络发展的快车道，银行经营方式也呈现出网络化趋势。自 1995 年 10 月 18 日世界上第一家网上银行，即"安全第一网络银行（SFNB）"诞生至今，网上银行迅速扩张，从发达国家到发展中国家，从发达地区到偏远地区，总体呈现出持续稳定增长的态势。

1. 网上银行的类型

1）网上银行按照经营组织方式的不同，可以分为传统银行自办网上银行和纯网上银行

（1）传统银行自办网上银行。传统银行自办网上银行也称直销银行，是指现有的传统银行以互联网为新的服务手段，建立银行站点，提供在线服务而设立的网上银行，又称

网上柜台。

（2）纯网上银行。纯网上银行又称虚拟银行或互联网银行,起源于 1995 年开业的美国安全第一网络银行。纯网上银行一般只设一个办公地点,既无分支机构,又无营业网点,几乎所有业务都通过网络进行。例如,美国印第安纳州第一网上银行、休斯敦的康普银行等都属于纯网上银行。

目前,国内的纯网上银行有腾讯牵头发起设立的深圳前海微众银行股份有限公司（以下简称微众银行）,背靠蚂蚁集团和阿里巴巴的浙江网商银行,以及新希望集团、小米和红旗连锁共同参股的新网银行,美团点评参股的亿联银行,苏宁云商的苏宁银行,百度参股的百信银行等。2014 年 12 月,微众银行正式成立,它成为我国第一家纯网上银行。微众银行自我定位为"连接者",即一端对接互联网企业,一端对接金融机构,共同服务于小微企业和普通大众。微众银行主要有消费金融、财富管理和平台金融三大业务线。

2）网上银行按照服务对象的不同,可以分为个人网上银行与企业网上银行

（1）个人网上银行是银行为个人客户提供金融服务的平台,它能够办理银行的绝大部分业务。

（2）企业网上银行是银行为企业客户打造的金融服务平台,对公客户可通过网上银行办理账户管理、转账汇款、资产分析、融资、对账、电子回单查询及打印等业务。

2. 网上银行的业务

我国的网上银行业务主要包括以下 4 个方面。

（1）信息服务。信息服务包括新闻资讯、银行内部信息及业务介绍、银行机构设置、网点分布、外汇牌价、存贷款利率等,个别银行还提供特别信息服务,如股票指数、基金净值等。通过公共信息的发布,网络银行向客户提供了有价值的金融信息,同时也起到了广告宣传的作用;客户也可以很方便地了解银行及其业务。

（2）基本银行业务。基本银行业务包括财务查询、账户申请和挂失、定期转存、转账、代理缴费等。这些基本业务按照客户对象的不同分为个人银行服务和企业银行服务,例如为企业客户提供跨地区多账户的查询功能。这些基本业务搬到互联网上,为客户提供了巨大的便利。

（3）网络支付。网络支付主要向客户提供互联网上的资金实时结算功能,是保证电子商务正常开展的关键性基础功能,也是网络银行的一个标志性功能。网络支付按照交易双方客户的性质分为 B2B 和 B2C 两类,目前我国大部分银行只提供 B2C 服务,这种服务一般与网上商城结合。

（4）网上理财。网络银行通过自身或与其他金融服务网站联合的方式,为客户提供多种金融服务产品,处理客户投资组合服务,包括网上股票买卖、网上保险、网上基金销售等。国外网络银行推出个人理财助理服务,将传统银行业务中的理财助理转移到网上进行,通过网络为客户提供理财的各种解决方案,提供咨询建议,或者提供金融服务技术的援助,从而大大地扩大了商业银行的服务范围,并降低了相关的服务成本。

5.3.2　手机银行

手机银行又称移动银行,指银行通过移动终端设备(主要是手机)为个人与企业客户提供各项金融服务。手机银行是网上银行的延伸,也是继网上银行、电话银行之后又一种方便银行客户的金融业务服务方式。手机银行按照服务对象不同分为个人手机银行与企业手机银行,其功能分别如下。

1. 个人手机银行的功能

手机银行是网上银行的精简版,除了具有网上银行的业务功能,还具有一些特殊功能。

以中国工商银行为例,个人手机银行的功能有账户服务、转账支付、投资理财、信用卡、存贷款、生活缴费、金融助手、专属服务、本地服务及其他功能。其中账户服务包括我的账户、随心查、工银信使、电子工资单、扫码取款、无卡取现、住房公积金、养老金等;转账支付包括转账汇款、资金自动归集、工银 e 支付、云闪付、一键绑卡等;投资理财包括理财、基金、证券、结售汇、债券等。

2. 企业手机银行的功能

对公客户可使用通用 U 盾直接登录企业手机银行,或前往柜台换领通用 U 盾证书,还可设置使用手机号或银行账号进行登录。登录后,对公客户可通过手机银行快捷办理账户管理、转账汇款、指令授权、资产分析、定期存款、通知存款、投资理财、融资、对账、电子回单、网点预约等业务。

综上所述,网上银行实质上是银行为客户提供的电子结算手段,客户只要拥有账号和密码,便能在世界各地通过互联网进入网上银行办理有关业务。客户也可通过手机银行完成资金管理与支付结算等。随着市场对电子银行服务需求的增加,电子银行的功能会更加丰富。

5.4　第三方支付与移动支付

所谓第三方支付,是指非金融机构作为卖家与买家的支付中介,通过网络对接而促成交易双方进行交易的网络支付模式。第三方支付是网上支付的主要方式,移动支付是近年来发展最快的支付方式,线下支付已成为移动支付新的增长点。

5.4.1　第三方支付简介

相比网上银行和传统的汇款方式,第三方支付有延期付款功能,买家可在收到货物后才确认付费,这规避了部分网购欺诈风险;卖家开通第三方支付账户后,可对接买家几乎所有的银行卡,免去了传统支付方式中买家要办理多张银行卡的烦恼,同时也免去了传统支付方式烦琐的业务流程（如去银行、邮局汇款等）。

自 2011 年央行发放首批第三方支付牌照起，第三方支付行业开始进入规范化发展。我国共发放非金融机构支付业务许可证 9 批，累计发牌 272 张，近年，新牌发放基本停滞，存量牌照进入清理整合阶段，现存有效牌照 237 张。第三方支付凭借其便捷、高效、安全的支付体验，使我国的支付市场迅速发展。从第三方支付机构或公司的角度看，可以将第三方支付分为中国银联（China Union Pay）、互联网公司推出的支付产品、独立第三方支付机构三大类别。

（1）中国银联。中国银联提供的第三方支付服务有银联商务 POS 刷卡、银联在线支付、银联钱包、云闪付 App 等。中国银联成立于 2002 年 3 月，是经国务院同意、央行批准设立的银行卡联合组织，处于我国银行卡产业的核心地位。

（2）互联网公司推出的支付产品。支付宝、微信支付、QQ 钱包等都是互联网公司推出的支付产品，它们依托互联网公司庞大的用户群体，交易形式多样。

（3）独立第三方支付机构。独立第三方支付机构是指不依托于金融机构或大型电商平台的独立第三方支付企业，如快钱、易宝支付和汇付天下等。

5.4.2 典型的第三方支付

支付宝的技术革新

提到国内的第三方支付平台，人们自然而然地会想到支付宝和财付通。艾瑞咨询数据显示，截至 2022 年年底，支付宝以 55.1% 的市场占有率稳居第一，财付通（其中微信支付贡献了绝大部分的市场份额）以 38.9% 的市场占有率位列第二。

1. 支付宝

支付宝是阿里巴巴旗下的第三方支付平台，也是目前国内最大的第三方支付平台。2003 年 10 月，淘宝网首次推出支付宝服务，其只作为淘宝网的支付工具。2004 年 12 月，支付宝率先推出了"担保交易"的模式，从淘宝网的第三方担保平台向独立第三方支付平台发展后又推出"全额赔付"支付，提出"你敢用，我敢赔"的承诺，使网上支付安全得到了有力保障。支付宝最大的特点在于"消费者收货满意后，商家才能拿到钱"，从而保证了交易过程的安全和可靠。

支付宝之所以有如此的成绩，除了它"出道早"之外，还与其"可以办到的事情多"分不开。支付宝主要提供支付及理财服务，涉及网购担保交易、网络支付、转账、信用卡还款、手机充值、水电气缴费和个人理财等多个领域。凭借着支付宝不断丰富的移动支付场景和服务，全国超过 4000 万户小商家靠二维码贴纸实现收银数字化，市民在支付宝的城市服务中可以办理包括社保、交通、民政等 12 大类的 100 多种服务。在金融理财领域，支付宝还推出了余额宝、招财宝和股票等理财产品，目前支付宝理财用户数已超过 2 亿。

2. 财付通

财付通是腾讯公司于 2005 年 9 月推出的在线支付平台，其市场份额仅次于支付宝，排在第二位,财付通依靠腾讯公司拥有微信和 QQ 超过 10 亿活跃用户的优势,同时借助微信支付、QQ 钱包两种新支付入口的快速发展,市场份额进一步扩大。现在财付通拥有的个人用户数量已超过 8.2 亿,覆盖的企业涉及腾讯游戏、网上购物、保险、物流和旅游等领域。

另外,除了支付宝和财付通外,第三方支付平台还有快钱、易宝等。数据显示,各家第三方支付平台在用户方面的差异,决定了其不同的发展路径,总体上呈现两种发展模式:支付宝和财付通拥有庞大的用户规模,所以其业务拓展和产品创新非常注重个人用户的需求;而快钱、易宝等第三方支付平台则把企业用户作为业务发展的重点,为企业提供一体化的解决方案。

5.4.3 移动支付简介

移动支付是指用户使用移动终端(最常用的是手机)对所消费的商品或服务进行支付的一种支付方式。企业或者个人通过移动设备、互联网或者近距离传感设备向银行金融机构发送支付指令,产生货币支付与资金转账行为,从而实现移动支付的功能。移动支付具有时空限制小、方便管理、隐私度较高、综合度较高的特征。

移动支付主要分为近场支付和远程支付两种。近场支付是指用户用手机刷卡的方式乘车、购物等,方便快捷。远程支付是指用户通过发送支付指令(如通过网上银行、电话银行、手机银行等发送支付指令)进行支付的方式,如掌中电商、掌中充值等都属于远程支付。移动支付的流程如图 5-13 所示。

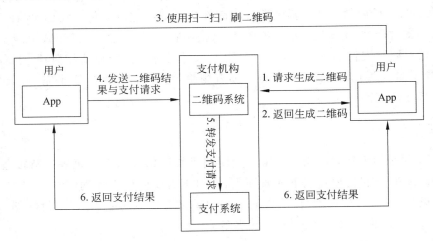

图 5-13 移动支付的流程

5.4.4 典型的移动支付

移动支付的典型形式主要包括扫码支付、指纹支付、刷脸支付、NFC支付四种。

支付方式的变迁

1. 扫码支付

扫码支付是一种基于账户体系搭建的无线支付方式，通过把账号、商品价格等交易信息汇集到一个二维码中，然后用手机扫描二维码来完成交易。扫码支付是目前国内主流的移动支付方式，其中又以支付宝扫码和微信扫码最为典型。扫码支付主要有两种支付方式：一种是消费者让商家扫描付款码进行付款；另一种是由消费者扫描商家给出的二维码进行转账付款。不管采用哪种方式付款，扫码支付都需要二维码、扫码设备和网络3个要素。

2. 指纹支付

指纹支付是利用持卡人指纹特征作为电子支付交易凭证的一种电子支付模式。指纹具有唯一性，可用于身份识别，现在指纹识别技术被广泛应用于支付终端。2014年，支付宝钱包开始试水指纹支付应用，率先开启了国内移动指纹支付的先端。之后，iPhone5S及iOS8以上系统上线了指纹识别功能，用于支持指纹支付。对于消费者而言，若手机支持指纹解锁，其便可以在手机中录入指纹，然后开启微信、支付宝等第三方支付平台自带的指纹支付功能，还可以利用指纹支付App，通过指纹识别快速实现指纹支付。

3. 刷脸支付

刷脸支付是一种新兴的移动支付方式，使用这种支付方式，消费者不用打开手机App，商家通过刷脸收款设备扫描消费者的面部信息即可完成支付。2018年12月，支付宝推出刷脸支付产品"蜻蜓"。2019年3月，微信刷脸支付产品"青蛙"正式上线。随着支付宝和微信对刷脸支付的大力推广，目前刷脸支付已进入大规模应用阶段，很多大型超市、连锁餐厅都提供了刷脸支付的服务。随着刷脸收款设备技术的逐步完善，未来，刷脸支付方式将逐渐流行。

4. NFC支付

NFC支付是指消费者在支付时采用近距离无线通信技术在手机等手持设备中完成支付行为。NFC支付需要在线下面对面支付，但不需要使用无线网络。使用NFC支付需要支付设备支持NFC技术，目前市面上多款手机支持该功能NFC支付终端（如NFC收款机、NFC自动售货机和NFC读卡设备等）。

5.5 互联网金融

互联网金融泛指以计算机或电子设备终端为基础，以网络通信为媒介，借助于云计算、大数据、移动互联等现代信息技术，秉承"开放、平等、协作、分享"的互联网精神，实现资金融通、支付清算、信息处理等互联网与金融的相互融合,既包括金融机构通过互联网开展的金融业务,也包括非金融机构企业利用互联网技术所从事的金融业务。

互联网金融最明显的特征是去中心化。在传统金融中,投融资等金融活动都需要经过银行和证券公司等中介机构或市场进行匹配后才能实现,而互联网金融一定程度上摆脱了这些中介和市场。通过互联网直接匹配,将交易费用和其他摩擦性因素带来的成本降到最低。

5.5.1 互联网金融产品

一般来说,互联网金融产品可以分为 5 类:①第三方支付类,如支付宝、财付通、京东支付等;②贷款类,如借呗、花呗、京东白条、平安易贷险等;③理财类,如余额宝、理财通、京东金融等;④传统金融机构的互联网化,如平安证券等;⑤众筹类,如京东众筹、淘宝众筹、众筹家等。下面主要介绍其中 3 类。

1. 贷款类

网络借贷,也称网络贷款。网络贷款正在成为一种趋势,借助互联网的优势,可以足不出户地完成贷款申请的各项步骤,包括了解各类贷款的申请条件,准备申请材料,一直到递交贷款申请,都可以在互联网上高效完成。网络借贷属于民间借贷的一种,是合法的,即民间借贷以网络合同的形式订立借贷合同,并通过网络形式履行提供借款及还本付息的合同义务。虽然网络借贷受法律保护,但不能要求网络贷款平台提供者承担担保责任,这需要看其有没有在服务协议当中说明。目前,有些网站平台也提供贷款类产品,如支付宝花呗、借呗和京东白条等。互联网借贷最直接的优点是便捷、高效、不受地域限制等,未来移动互联网消费金融发展空间巨大。

2. 理财类

互联网理财是指银行或非银行金融机构通过互联网销售理财产品或保险产品,个人或家庭通过互联网购买这些理财产品或保险产品,以实现个人或家庭资产收益最大化的一系列活动。其中,理财产品可能是理财平台所属公司自己开发的产品,也可能是其他公司开发的产品。典型的互联网理财产品,如余额宝、理财通、京东金融、宜信财富等。

3. 众筹类

众筹是指利用互联网和 SNS(社会性网络服务)传播的特性,让创业企业、艺术家或个人对公众展示他们的创意及项目,争取大家的关注和支持,进而获得所需要的资金援助。常见的众筹分为四种类型:股权众筹、债权众筹、回报众筹、捐赠众筹。

(1)股权众筹。股权众筹是指投资者对项目或公司进行投资,获得其一定比例的股权。资金出让人获得公司股权份额,因而股权众筹可被理解为"私募股权的互联网化"。

(2)债权众筹。债权众筹是指投资者对项目或公司进行投资,获得其一定比例的债权,未来获取利息收益并收回本金。

（3）回报众筹。回报众筹是指投资者对项目或公司进行投资,获得产品或服务。回报众筹一般指的是仍处于研发设计或生产阶段的产品或服务的预售,与团购是已经进入销售阶段的产品或服务的交易有所不同,回报众筹面临着不能如期交货的风险。

（4）捐赠众筹。捐赠众筹是指投资者对项目或公司进行无偿捐赠。捐赠众筹实际上就是做公益,通过众筹平台筹集善款,包括红十字会等非政府组织在内的在线捐款平台算是捐赠众筹的雏形。

众筹为需要资金的个人、家庭和创业企业提供了新的渠道,是对现有传统金融体系的重要补充。

5.5.2 互联网金融对传统金融的影响

1. 推动金融体系的竞争和发展

迅速发展的网络经济正以其特有的规律使金融理论和金融市场发生着深刻的变化,促使了互联网金融的诞生,在互联网金融的推动下,传统的金融组织要适应网上营销环境的变化,就要不断提供相适应的虚拟金融产品。

2. 给银行带来挑战

数字化时代的到来,给银行带来最大的挑战就是资源配置方式的挑战。银行传统的资源配置是间接融资方式,需要通过中介来完成,而互联网时代则可以通过直接融资,供需双方直接联系和交易,不需要任何中介就可以完成,而且信息几乎完全对称。

相对于传统融资模式,互联网金融交易的成本极低,交易可能性边界也极度扩大,这都给银行业带来巨大的挑战。

3. 促进小微企业和农村金融发展

互联网金融解决了几千万未被传统金融体系所覆盖的广大农户和小微企业主的资金需求,是一种模式上的创新。除了资金需求外,小微企业主和广大农户还有获得资讯,技术培训的需要,这也给移动互联网发展提供了广阔空间。

本 章 小 结

本章首先介绍了电子支付的定义。电子支付是指电子交易的当事人,包括消费者、厂商和金融机构,以商用电子化机具和各类交易卡为媒介,依赖计算机和通信技术等安全电子支付手段,通过金融电子化网络以电子信息传递形式实现的货币支付和资金流通。

　　其次介绍了电子支付的发展和系统构成。电子支付经历了银行之间、银行与机构、自动柜员机、销售终端和网上支付五大发展阶段。电子支付系统的基本构成包括客户、商家、客户开户行、商家开户行、支付网关、金融专用网络和认证中心七大部分。

　　接下来介绍了电子支付工具,包括三大类:①电子货币类,包括电子现金、电子钱包等;②电子支付卡类,包括信用卡、借记卡、智能卡等;③电子票据类,包括电子支票、电子汇款、信用证等。本章详细介绍了 5 种常见的电子支付工具:电子现金、电子钱包、智能卡、银行卡和电子支票。

　　然后,对网络银行的类型及业务进行了探讨。网络银行,又称网上银行,是银行业务在网络上的延伸,是指通过互联网为客户提供金融产品与服务的金融机构或网站。按照建立模式,网络银行可分为纯网络银行和传统银行的网络银行业务。纯网络银行完全是建立在网络之上的虚拟金融服务机构,没有对应的实体形态,如美国的安全第一网络银行 SFNB。我国的网络银行业务主要有信息服务、基本银行业务、网络支付和网上理财,手机银行功能日渐完善。

　　最后,本章还简要介绍了第三方支付、移动支付的流程和典型代表,同时对互联网金融的基本知识进行了分析。

复 习 思 考 题

□ 不定项选择题

1. 智能卡与 ATM 卡的区别在于两者分别是通过嵌入式芯片和(　　)来储存信息。
　　A. 条码　　　　　B. 存储器　　　　　C. 集成电路　　　　D. 磁条
2. 下列以数字形式流通的货币是(　　)。
　　A. 电子支票　　　B. 支票　　　　　　C. 现金　　　　　　D. 电子现金
3. 电子钱包的功能有(　　)。
　　A. 电子安全证书管理　　　　　　　　B. 电子转账
　　C. 安全电子交易　　　　　　　　　　D. 交易记录保存
4. 根据 SET 协议,在网上购物的支付过程中,以下(　　)发送信息时必须同时发送 CA 中心签发的数字证书。
　　A. 消费者和商家
　　B. 消费者、商家和发卡银行
　　C. 消费者、商家、发卡机构和接单银行
　　D. 消费者、商家、发卡机构、接单银行和支付网关
5. 面向网络银行的电子化服务工具中不包括(　　)。
　　A. 电子转账卡　　B. 智能卡　　　　　C. 传统支票　　　　D. 电子金融卡
6. 移动支付的特征有(　　)。

A. 时空限制小　　B. 方便管理　　C. 隐私度较高　　D. 综合度较高

7. 下列各选项中,(　　)是支付宝的理财产品。

A. 花呗　　　　　B. 余额宝　　　　C. 蚂蚁集团　　　D. 支付宝

8. 消费者可以免费使用(　　)的消费额度购物,可以"这月买、下月还",还款方便,还可以使用支付宝自动还款。

A. 芝麻信用　　　B. 余额宝　　　　C. 花呗　　　　　D. 支付宝

□ **复习与讨论**

1. 电子支付系统的要求有哪些?

2. 网上银行的支付系统由哪些要素构成? 其支付流程如何?

3. 简述电子现金的优缺点及支付流程。

4. 简述电子支票的支付流程及应用。

5. 第三方支付的概念是什么? 以某第三方支付平台为例进行简述。

6. 简述移动支付的概念与交易过程。

□ **案例分析**

网商银行: 以数据和技术驱动的供应链金融服务协同平台

网商银行是中国银保监会批准的首批试点民营银行之一,蚂蚁集团是其最大股东,于2015 年 6 月 25 日正式开业。网商银行将"普惠金融"作为自身的使命,希望利用互联网技术、数据和渠道创新,来帮助解决小微企业融资难、融资贵与农村金融服务匮乏等问题,促进实体经济发展。在网商银行首页,单击"我要借钱"或"我要理财"可以很方便地贷款或理财。

一、网商银行的核心优势

网商银行通过整合阿里巴巴电商生态所沉淀的全网商品、交易大数据,运用大数据计算挖掘能力,实现全网商品全自动估值,使消费品也能融资。

1. 大数据风控模型

对于消费品的动产融资,网商银行通过整合阿里巴巴的商流、资金流、信息流以及菜鸟的物流数据,建立基于全网商品估值的大数据风控模型。该模型可自动甄别风险并给出额度与定价,创造性地做到了无须使用发票、商品入菜鸟仓即可贷款,品类覆盖大小家电、3C 数码、美妆、快消品等相关行业与类目。

2. 在押品也可销售

对于供应链上的风控,网商银行从上游的采购预付,到入仓后的存货,再到销售出库后的应收回款,引入上游核心品牌商及下游消费者,打通全流程的风控闭环,从而面向中小企业给出了较高额度,并建立了一套完整的贷后预警监控措施,以及一旦出现风险所采取的贷后处置流程。此外,针对消费品市场高频交易的特点,网商银行支持商家获贷后无须还款即可出库。

3. 商品库存及物流数据的实时采集

网商银行与菜鸟分工协作。菜鸟拥有管理严格的仓储体系与现代化的智能物流系统,同时也是仓储物流数据平台,可提供每个 SKU 精确到分钟级别的出入库及物流详情。此外,为满足金融业务开展的要求,菜鸟建立了一套完整的贷前抽检、贷后巡检以及仓内管理作业流程;针对质押标的为消费品的特点,菜鸟还提供了针对美妆、快消品等行业的有效期管理、批次管理可行性方案。在此基础上,网商银行与菜鸟共同对供应链金融所涉及的全流程风险进行把控,为入仓商家提供融资服务,提供 3 分钟申贷、1 秒钟放款的客户体验和全程零人工干预的产品使用体验("310"模式),切实解决中小企业融资难、融资贵的问题。

二、"一票到底"的真实用户体验

某经销商(天猫商家)因为所经销品牌准备全产品线涨价 5%～10%,所以希望在涨价前采购一批热销消费类产品,以锁定企业采购成本,但经销商此时无法调动大笔采购资金,很可能因无法按期向品牌供应商支付采购款而导致采购计划落空。

在与用户需求进行深度对接后,网商银行为该经销商提供了采购预付融资解决方案。经销商通过网商银行的"采购预付融资系统",在线完成了采购下单、贷款支用、定向支付货款的过程,顺利完成了本次采购计划。

在完成采购下单的 15 天后,采购的商品被分批送入菜鸟物流仓。在商品入仓后,经销商的预付融资额度实时完成向存货质押额度转换的过程,存货质押中的商品仍可以正常出库销售,在完成销售后,形成的应收款再用于偿还经销商的贷款。在整个过程中,经销商无须进行贷款合同的变更,无须还款提货,真正实现了采购预付到应收回款的无缝衔接,提供"一票(贷款)到底"的用户体验。

以数据和技术驱动的供应链金融服务协同平台,通过数据化,打通了企业线上线下各环节,将商流、物流、资金流、数据流、信用流"五流合一",给物流与供应链金融带来了更多想象空间。

(资料来源:https://maimai.cn/article/detail? fid=1238350758&efid=cgPG0UVu-3tmwkPwSVSBUQ)

问题:

1. 网商银行是如何帮助用户建立"供应链闭环"的?

2. 网商银行具有哪些核心优势?

第6章

电子商务物流管理

课 程 思 政

了解中国物流业和快递业的发展,了解农村电商和供应链管理结构、特征及运行机理,为乡村振兴出谋划策,为电商扶贫出力。探索电子商务物流可能存在的新问题、新现象以及新方法。

教 学 目 标

1. 了解现代物流内涵。
2. 掌握电子商务与物流的关系。
3. 了解电子商务物流配送流程。
4. 掌握电子商务物流模式。
5. 掌握供应链、电子供应链管理范围。

开 章 引 例

向物流要"柔性"

对物流供应链来说,"柔性"的实现要建立在仓储建设、运营和管理能力等多维度的高要求上。以菜鸟为例,从成立起,菜鸟就大量建仓,资料显示,发展到如今菜鸟已拥有超过 1000 万平方米的自营仓库,覆盖超 300 城的配送服务,为菜鸟提升国内物流供应链能力打下基础。菜鸟供应链整体上已经构建起从工厂到消费者的全链路供应链网络,构建了端到端的仓储、运输、品质配送、经济配送、中小件、大件、冷链、保税八大网络。

在大促期间快速运营、管理临时仓储的能力更是物流供应链"柔性"能力解决电商物流大促难题的关键。在租下一个临时仓后,要使其接入自身物流系统,通常还要进行画图、布局、设计、放货架、设置流水线、布局水电、采购物资设备等 20 多个流程,但在菜鸟内部,如今只要一个工程师拿着手提包就能接入数字化系统,快速在"双十一"大促前完成超 200 个临时仓的开仓。菜鸟快速开仓的能力来自自建自营仓配中积累的经验,在大促时抽调自营仓配运营人员到临时仓负责管理等,都成为菜鸟实现快速扩容的方法论之一。

数字化正在成为物流供应链的"软实力"。结合平台数据、商家产能、销售目标、历史销售数据以及可能影响当年大促的各种因素,通过数字化能力对仓储资源、销售精准预测。当商家仓储资源消耗殆尽时,快速切入菜鸟临租仓,临租仓发完货后,快速关仓。这一系列动作的实现,对商家来说,意味着"真金白银"的留存,也是菜鸟等物流供应商"专业壁垒"的显现。菜鸟大促仓周期已从以往的100天逐步下降到50天,能够让商家的大促物流成本下降近半。这既是物流供应链最大的优势,也是电商参与者们期待这个赛道发展的原因。

(资料来源:第一财经,https://finance.sina.com.cn/wm/2023-04-23/doc-imyrkwnc3762711.shtml)

6.1 现代物流知识概述

物流,物资实体的流动,由仓储、运输、装卸搬运等组成,必须有车、船、仓库等运输设备和基础设施作基础,涉及多方面的知识。本节将介绍现代物流的一些基本概念和知识。

6.1.1 物流概述

物流管理思想最早来源于第二次世界大战美国对其军事后勤的调度与管理,称为Physical Distribution(缩写为 PD)。日本派考察团到美国学习其先进的流通技术,回国后专家将 Physical Distribution 译为"物的流通",简称为"物流"。物流技术在第二次世界大战后各国经济恢复的过程中得到大量应用和发展,根据应用领域的不同,出现了"配送工程""仓储管理""物资分配"等各种术语,折射了物流技术应用在社会发展的各个方面。

在中华人民共和国国家标准《物流术语》(GB/T 18354—2021)中,物流是指物品从供应地向接收地进行实体流动的过程。根据实际需要,将运输、储存、装卸、搬运、包装、流通加工、配送、信息处理等基本功能实施有机结合。

物流具有以下基本职能与作用。

1. 物流基本职能

(1)装卸搬运活动。装卸搬运环节的作业效率在很大程度上影响物流作业整体效率。为了将仓储与运输衔接,需要将货物从存储货架、运输车辆、包装容器中卸下、掏出、装上等动作,有时因为场地等原因,还需要进行短距离的搬运作业,这些都是装卸搬运活动。装卸搬运活动的高频发生使得此环节耗费大量人力和时间,同时意味着与货物、材料多次接触,作业不当、磨损会带来一定的商品损耗。

(2)包装活动。包装活动在整个物资流通过程中是非常重要的。通过合理包装可以保护商品免受储存和运输过程中的粉尘污染、货品之间挤压、装卸搬运造成的磨损、车辆运输过程中产生的颠簸等造成的损坏。对散装物品、小单位物品进行合理组合包装,有利

于对其堆码、点数，也便于采用先进的装卸搬运设备，方便运输与储运，加快物品的流动速度，提高物流效率。

（3）储存保管活动。任何实体物资在进入生产加工、运输、消费等活动之前或者这些活动之后，都需要一定的空间存放，称为储存保管或者仓储。保管活动就是在研究商品理化性质、包装条件、质量变化规律的基础上，采用各种科学的、有效的保管措施，创造一个适应商品储存的条件，最大限度地保持商品质量和使用价值不发生变化，最大限度地减少商品损耗。

（4）运输活动。运输是指在较大距离内对货物的运载、输送，是较大距离的货物移动，如各大洲之间、国与国之间、城市之间等。物流中的"流"主要靠运输活动来完成。运输活动是物流主体功能，其他功能多是为了运输而服务的，例如装卸搬运、包装、流通加工等。在物流整个作业流程中，仓储改变了货物的时间状态，通过存储满足不同时间对一种物资的需求；而运输则改变了货物的空间状态，通过装卸搬运、配送等活动，最终将货物由其供应地运达需求地，满足客户的需求，完成物流最终使命。

（5）配送活动。我国国家标准《物流术语》（GB/T 18354—2021）对配送的定义是："根据客户要求，对物品进行分类、拣选、集货、包装、组配等作业，并按照送达指定地点的物流活动。"配送以用户的需求为出发点，按照用户要求的品种、数量、质量、方式，在要求的时间到达要求的地点。这样的输送过程要兼顾物品安全、用户便利、环保等各个方面。

（6）流通加工功能。物流过程中涉及的加工多指流通加工，即根据用户与流通的需要进行的货物包装、计量、分割、贴标签、刷标识、组装等简单作业。流通加工与生产加工的加工对象、加工内容、加工目的等方面有着较大的区别。如包装，可能是为了销售的便利，将大型运输包装改换成小单元商品。随着经济的发展，消费者的需求趋于多样化、个性化，流通加工逐渐成为物流环节中重要的增值过程，对于商品的销售显得愈加重要。

（7）信息处理活动。物流信息是指在物流过程（运输、储存、包装、配送等）中产生的一切信息。物流信息是伴随物流活动产生的，也是连接运输、存储、装卸、流通加工等环节的纽带。只有信息顺畅、及时地流动，才能对各个环节有个全面掌握，方便对资源进行调度与管理，提高物流活动的管理效率。

2. 物流在国民经济中的作用

物流的过程就是各种产品、服务、信息从供应到需求的整个过程，使社会再生产资源能源源不断地进行，推动社会经济发展，在国民经济中占有极其重要的地位，主要表现在以下方面。

（1）物流对经济运行起着必不可少的保障作用。物资流通是社会经济发展的基础与根本，物流产业也是国之柱石。现代物流更强调以用户需求为导向，通过高效的物资流通为用户创造空间、时间及质量等多方面的效用，通过这样一系列多样化的服务，增加产品的价值，使产品的使用价值得到更好的实现。

（2）物流是第三利润源泉。从经济历史的发展过程来看，企业界、学者最早认识到提供利润的两大源泉：一是生产原材料；二是人力资源。随着管理思想的不断成熟、技术的不断进步，企业之间不断同化，在这两个利润源上挖掘的竞争潜力越来越小。物流环节的

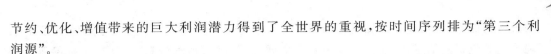

节约、优化、增值带来的巨大利润潜力得到了全世界的重视，按时间序列排为"第三个利润源"。

（3）物流是实现商品价值、使用价值的基础活动。商品流通的实现，商流、物流缺一不可。商品贸易的目的在于改变商品的所有权。因此商流的顺利实现必须伴随着实体商品的交换过程。而物流就是这样的物资变化过程的具体体现。没有物流过程，也就无法完成商品的流通过程，包含在商品中的价值和使用价值就不能实现。

（4）物流行业发展程度是决定国民经济发展规模的重要因素。成熟的商品生产意味着社会化大生产，标准化、规范化生产。但如果物流行业的发展速度跟不上这样的经济发展要求，就会变成社会商品生产发展的绊脚石。只有物流管理思想、技术手段与装备水平飞速进步，从根本上促进商品生产和消费条件的改善，才能变成经济的推动机。而且经济发展的要求越迫切，物流的制约作用就表现得越明显。

6.1.2　电子商务与物流的关系

优化物流体系，提升
电商平台用户满意度

近年来，我国电子商务产业迅速发展，2022 年网络零售额占到了社会消费品零售总额的 31.3％左右，其中实物商品网上零售额占比 27.2％。得益于电子商务的快速发展，我国的物流业也得到了迅猛增长。统计数据显示，2022 年全国快递业务量达 1105.8 亿件，规模连续多年世界第一，电子商务是背后带动这一增长的新引擎。

（1）物流对电子商务的制约与促进。作为电子商务的一个重要构成方面，有形商品的网上交易活动近几年得到迅速发展。在这一发展过程中，物流已成为有形商品网上交易活动能否顺利进行和发展的一个关键因素。如果没有一个高效的、合理的、畅通的物流系统，电子商务所具有的优势就难以有效地发挥；结合实践来看，2003—2013 年，由于传统的物流模式和技术无法满足电子商务企业对服务质量的要求，因此，物流业制约了我国电子商务的发展。

（2）电子商务对物流的制约与促进。电子商务对物流的制约主要表现在：当实体商品网络交易规模不足时，物流企业不会为网络交易商品专门建立一个物流体系，这不利于物流专业化和社会化的发展。电子商务对物流的促进主要表现在两个方面：一是网上交易规模较大时，有利于物流专业化和社会化的发展；二是电子商务会加快物流新技术的研发速度。

（3）电子商务物流体系的形成。电子商务买卖双方网络化的消费习惯，要求物流企业逐渐实现"只有货物在路上，其他全部在网上"的电子商务物流，进而要求物流企业实现业务流程的信息化，具有较强的信息收集、处理及传输能力。因此，电子商务环境下的物流企业需要通过网络化和信息化的途径，实现企业自身的低成本、高效率运作，同时为客户降低成本、节省时间。

目前，无论是 UPS、DHL、FedEx 等跨国公司，还是中国邮政速运物流、德邦物流等国内知名企业，抑或是菜鸟物流、京东物流等电子商务物流平台，乃至顺丰速运、中通、圆通等民营快递企业，都已经实现了不同程度的网络化和信息化。它们以雄厚的资本和巨大

的投入为保障,不仅建设了在线查询和提交订单、在线支付的 B2C 物流电子商务网站,实现了业务流程的信息化,而且斥资引入了全球定位系统、地理信息系统、电子标签等先进技术,更有领先者已经实现了智能终端无线查询、受理等业务。

电子商务必须有现代化的物流技术支持,才能体现出其所具有的无可比拟的先进性及优越性,最大限度地使交易双方得到便利、获得效益。因此,只有大力发展电子商务物流体系,电子商务才能得到更好的发展。

6.2 电子商务物流概述

6.2.1 电子商务物流的概念

电子商务物流就是在电子商务条件下,依靠计算机技术、互联网技术、电子商务技术及信息技术等进行的物流活动。电子商务物流的研究对象是物流在电子商务和现代科学技术条件下的运作和管理过程。

电子商务物流具有 3 个最主要的标志,即商业模式的合理性、科学技术应用的先进性和管理方法的科学性。商业模式的合理性可以用供应链的思想对商业模式进行分析与判断;科学技术应用的先进性是指是否在电子商务物流活动中有效地采用了现代科学技术,特别是现代的信息技术、计算机技术、互联网技术等;管理方法的科学性是指是否在电子商务物流活动中实现了科学化管理。总之,电子商务物流具有信息化、自动化、网络化、智能化、柔性化的特征,只有充分理解把握各个特征,才能实现商业模式的合理性、科学技术应用的先进性和管理方法的科学性。

6.2.2 电子商务物流模式

电商企业该如何选择
合适的物流方式

以一次简单的网购过程描述电子商务中 B2C 的交易过程:网民阿华浏览购物网站的过程中,网站弹出广告的优惠促销让阿华决定购买其中一款数码相机。阿华随即进入此款数码相机的售卖网页,了解商品的基本数据和价格,参考以往消费者对这款数码相机的评价,同时也通过在线客服,更加详细地进行了咨询,最后决定购买,点击购买后,链接到对应银行网页,进行货款的在线支付,两天后就有快递公司将阿华购买的相机送货上门。

在这一电子商务交易过程中,包含了商流、信息流、资金流、物流。其中商流是指商品在购、销之间进行的交易和商品所有权转移的运动过程,具体是指商品交易的一系列活动。电子商务中的信息流包括的内容非常广泛,例如网站的基本信息、商品信息、订单、付款通知单、转账通知单等,主要方便用户对网站、商品、支付过程、物流过程充分了解。资金流是指资金的转移过程,包括付款、转账等过程。以上这些均可归纳为虚拟的信息流动,最后整个交易的真正完成必须依赖物流完成实体商品的物理转移,即通过运输、储存、配送、装卸、保管、物流信息管理等各种活动向用户交付产品。一般来讲,制约电子商务健康发展的3个重要因素就是网络安全技术、在线支付技术、物流配送体系。我国除了少数几个大型的B2C网站有实力组建自己的配送团队,其他中小型B2C、C2C网站多依靠第三方物流公司代理自己的配送业务。由于物流公司服务质量良莠不齐,网络公司与送货公司之间又缺乏必要的监督与约束,我国的电子商务与物流法律体系尚不完善,造成消费者与快递公司之间、快递公司与网络公司之间的纠纷不断。电子商务物流模式就是以互联网技术为基础,在线处理交易过程中的信息流、资金流,利用网络实时收集、分析、监控、调度物流活动,例如向运输车辆发送定位信息、调度指令、路况汇报等,指导车辆准时、安全、高效到达目的地。现有电子商务物流模式可以归结为以下三类。

1. 自营物流模式

物流"第三利润源泉"的潜力激发了很多企业建设自营物流体系,不少家电、连锁超市、药厂纷纷依靠自身雄厚的实力、完备的商品营销网络、丰富的运营管理经验建立大型自动化仓库、运输车队。

自营物流体系完全契合企业自身产品和客户对物流服务的要求,通过公司管理制度的制约,可以很好地监管物流部门的效率,有效地杜绝浪费、提高物流服务质量与效率。但是建设自营物流体系需要投入大量人力、物力、时间、财力,一座大型自动化仓库动辄百千万元,一套相应的管理软件几百万元,还有后续的维护资金和时间源源不断地投入。大型自动化设备的效益需要通过大量的物流吞吐量来实现,如果企业的经营规律不稳定,淡旺季特征明显,容易造成业务繁忙时,物流设施处理能力不足,服务延迟;在淡季,物流业务量锐减,昂贵的机器设备及大量人力闲置,设备利用率低。

2. 第三方物流外包模式

物流外包是指生产或销售企业将自身不擅长的物流业务,例如库存控制、运输配送等外包给专业的第三方物流公司来负责,从而可以将优势资源集中用于自身核心业务。在第三方物流行业崛起之初,多数物流公司是由传统的仓储或运输企业转型而来,服务意识淡薄,技术实力不符合要求,增加了外包风险。随着物流行业日益发展,规范性和先进性得到了很大的提高,企业的物流外包范围也由日常性的业务发展到了所有的物流管理领域,例如物流网络规划、业务流程重构、管理制度设计、人力资源管理、供应商管理等重要战略层面。

3. 自营与外包协同模式

在21世纪的经济环境下,企业拥有资源的多少并不是市场竞争力的绝对条件,而在于企业可以调动和整合多少社会资源来弥补自身经营的弱势,发挥企业优势能力。从社会物流资源的角度出发,企业选用第三方物流来承担自己的物流业务,一方面第三方物流公司承揽不同物流业务后,物流量充足,可以使自身物流设施设备达到较高运转效率,节约物流资源。另一方面,企业将自身不熟悉的物流业务外包出去,既可以借助物流公司专业的人才及设备来提供高质量的物流服务,又可以集中自己优势力量专攻核心业务,增强企业的市场竞争力。

例如国内知名 B2C 网站京东商城，以自营物流起家，创办初期京东物流承担了网站全部订单的仓储、配送业务。但由于物流网络建设需要投入大量资源，速度缓慢，如今京东商城将部分产品种类做平台化经营，允许平台商家选择其他快递公司，这种混合物流模式使京东物流能够进一步提升竞争力。

顺丰快递宣传片

6.2.3 互联网物流企业创新模式

一个典型的电子商务产业链包括上游平台商家（品牌制造商、代理分销商）、中游电子商务平台、下游支付商/物流商和终端消费者四个环节。电子商务物流企业主要以解决运力统筹和货源统筹为目标，此过程中形成了诸多新的模式。

1. 一装多卸模式

初期发展起来的互联网物流企业以平台为主，主要解决传统物流服务站信息不对称的问题。随着进一步的市场探索，各企业逐渐开始在货物集散端寻求更多可行方案。最普遍的做法是，互联网物流企业搭建平台，平台一端对接客户，另一端对接司机。平台的价值更多体现在整合了离散的货源，完成了集货功能。例如，从泉州到广东惠东和东莞运输 22 吨产品，即为一装两卸：在泉州装一次，在惠东、东莞各卸货一次。

然而，以平台为基础，并没有解决集货困难、成本高、周期长、一流货源难寻的问题。整车配送，一装多卸模式其实只做到了最基本的表层重构，完成了对信息、货物的聚合与分发，并没有从根本上改变物流行业供应链。

2. "滴滴打车"模式

随着移动互联网的发展，基于位置的服务（location based service，LBS），类似"滴滴打车"模式的互联网物流企业纷纷上线，用户在平台发布送货请求，货车司机在线抢单，例如同城货运中的快狗打车、货拉拉。这种完全照搬"滴滴打车"模式的物流企业存在一定弊端。首先，"人打车"和"货配送"有本质上的区别。物流配送的需求多来自企业，相比打车，其流程复杂，要求多样，难以标准化。其次，在支付闭环并没有完全打通的情况下，物流配送的运费结算单价较高，司机不能直接出具发票，双方需要签收回单，还有账期等一系列问题难以解决。

3. 拼车模式

拼车模式以整车为单位，但并不是指整车出租，它和海运船舶的分仓理念相似，将车辆的空间按照货物的体积、大小进行划分安排，通过系统统一调配，配送车辆可以多点取送，多装多卸，将社会闲散运力整合起来，达到成本和效率的最优化。

目前市场上"拼货"的主流观点是"高频带低频，强需求带动弱需求"，但是在市场尚未完全打开之前，拼车的空间利用率会打折扣。另外，在技术、货源等因素综合影响下，时

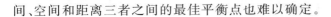

间、空间和距离三者之间的最佳平衡点也难以确定。

4. 平台招投标模式

用户通过平台发布货运需求,司机在平台展开竞价,用户根据报价选择性价比合适的司机进行接洽。以此模式发展起来的互联网物流企业,更加看重的是平台对供应链的控制价值,企业一旦可以掌控供应链管理技术,后期将有很大的市场想象空间。

互联网的本质是公开透明的,互联网物流企业的货运报价也会越来越接近刚性成本,当货运物流交易效率要求较高时,竞价就会失去优势。物流企业可能会通过补贴拉低竞价来扩大市场份额。长远来看,这种烧钱模式很难持续。其代表企业为早期的运满满和货车帮。

5. 立体生态经济模式

互联网物流企业将基层的末端配送运营、干线整合、全国仓储圈地、信息平台建设、大数据战略、金融服务等延伸到制造代工,这一系列就会组合成物流的立体生态经济模式。立体生态经济模式最终会掌控整个商业生态,成为最大的供应链主平台。其代表企业为满帮集团(运满满和货车帮)。

6.3　电子商务物流配送系统

6.3.1　电子商务物流配送系统的定义

在国家标准《物流术语》(GB/T 18354—2021)中将配送中心定义为:"具有完善的配送基础设施和信息网络,可便捷地连接对外交通运输网络,并向末端客户提供短距离、小批量、多批次配送服务的专业化配送场所。"一般认为配送中心应符合以下要求:①主要为特定的用户服务;②配送功能健全;③完善的信息网络;④辐射范围小;⑤多品种,小批量;⑥以配送为主,储存为辅。

电子商务物流配送系统是指提供物流服务的企业利用网络平台、互联网基础和先进的管理手段,实时收集订单、库存、运输、车辆、人员、设备运转等物流作业信息,在此基础上,运用调度与管理系统与工具,合理进行信息处理,货物分类、储存、包装、流通加工、分拣、配货、送货等作业,按照客户的需求,在规定的时间内,向用户配送需要的货物,保证货物品种、数量与品质。

6.3.2　电子商务物流配送流程

1. 物流配送流程

商品要通过配送过程最后到达消费者手中。其中,最为关键的一个环节就是物流配送。因此，配送环节设计的好坏直接关系着整个电子商务物流运作的质量和顾客对物流工作的满意程度。电子商务物流配送流程，如图 6-1 所示，与传统物流作业大致相同，但其物流配送流程包括了分拣、配货作业。

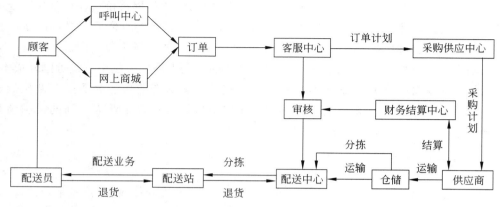

图 6-1　电子商务物流配送流程

2. 电子商务物流配送流程的作业环节

（1）准备商品。准备商品是物流配送的基础工作，包括筹集货源、订货或购货、进货和相关的质量检查、款项结算、单据交接等。电子商务下物流配送的优势之一就是集中用户的需求进行一定规模的货物准备。准备货物是物流配送是否成功的初期工作，如果准备商品的成本太高，会大大降低电子商务和物流配送的经济效益。

（2）储存商品。一般来说，处于电子商务下物流配送的储存有储备和暂存两种形态。物流配送储备是按一定时期的物流配送要求，形成的对物流配送的一种资源保证。这种类型的商品储备数量大、结构完善。根据货源和到货时间，可以有计划地确定周转储备及安全储备的结构和数量。物流配送的储备保证了电子商务的网上订购及时得到处理。

暂存是在接到电子商务的配送单，按配送单要求执行配送时，在暂存区放置的少量储存准备。暂存是对周转速度较快的商品进行的一种储存形态，是适应电子商务及时快速物流配送的方法。暂存减少了作业次数和劳动力，节约了成本。

（3）分拣与配货。分拣与配货是物流配送中很有特点的流程要素，也是物流配送成败的一项重要支持性工作。分拣与配货是完善物流配送的准备性工作，是物流配送必不可少的作业之一，也是不同物流配送企业在配送时进行市场竞争和提高自身经济效益的延伸。分拣与配货会大大提高物流配送服务水平，是决定整个物流配送水平的关键要素。

（4）加工与配装。物流配送中，加工要素不具有普遍性，但它往往是有重要作用的要素。配送加工可以大大提高用户的满意度。如果单个用户在电子商务中所购买的商品数量不能达到配送车辆的有效载运负荷，就存在如何集中不同用户的订购商品，进行搭配装载以充分利用运能、运力的问题，这就需要配装。配装送货可以大大提高物流配送水平及降低物流成本。配装既是物流配送流程中有现代特点的要素，又是现代物流与传统物流的重要区别。

（5）配送。配送处于物流流程的末端，是把商品送到目的地的最后一个环节。配送是较短距离、较小规模、频率较高的物流形式，一般使用汽车做运输工具。配送的城市运输由于配送用户较多，交通路线又较复杂，因而如何设计最佳路线、如何使配装和路线有效搭配等，是配送中难度较大的工作。电子商务物流配送中的送达商品和用户交接非常重要，如何有效地处理相关手续，是大有讲究的末端管理。

6.3.3　电子商务物流配送模式

从局部功能角度看，物流创新模式非常多，如前置仓物流模式、共享物流模式、统仓统配模式、云仓共享等，所以从物流局部功能创新角度进行分类，不能涵盖电子商务物流业态；从流程角度看，按干、支、仓、配、快递的流程角度分类，不能体现电子商务物流特点。从大的角度来看，按照电子商务物流服务的系统资源这条主线综合分类，可以突出电子商务物流的特点。根据这个思路，电子商务物流配送模式主要有以下 4 类。

1. 平台自建物流体系模式

该模式在全国各地以投资自建为主，搭建智慧物流服务体系，如京东物流。这是典型的重资产物流服务模式，虽然也有一些地区的物流仓储设施采用了租赁模式，但物流服务网络基本上是以投资自建为主。京东在全国建设了大量仓储设施作为智慧物流服务网络的节点，末端配送也以自营为主体，干线运输以社会资源为主体，也有部分自有车辆。这一模式中，京东物流重点把控的是设施、技术、配送，以自建的物流基础设施为平台，结合自有的物流技术和装备，对接电子商务平台，提供高效快捷的物流配送服务。目前这一系统也向社会开放共享，但运营主体不变，是典型的平台自建和运营的服务模式。

2. 平台整合物流资源模式

该模式是利用智慧物流平台，搭建智慧物流骨干网，全面整合社会资源，建设服务于电子商务平台的智慧物流体系。最典型的是菜鸟物流，这一模式是以轻资产模式为宗旨，以整合资源为手段，以数据驱动赋能为纽带，以智能仓储为网络节点，打造社会化电子商务物流服务大系统。菜鸟物流基于阿里巴巴、淘宝、天猫等电子商务平台和新零售的物流需求，联合多家快递企业、物流企业、物流技术服务企业，通过大数据驱动，以建设中国和世界智慧物流骨干网为目标，建立了基于数据驱动的社会化协同平台，力争实现全国任何地区电子商务物流配送 24 小时达的目标。这一模式中，菜鸟物流网络重点把控的是数据、技术和关键网络节点。在物流关键节点或物流枢纽，菜鸟也投资自建仓储物流中心，或租赁社会的仓储设施，在物流末端建设菜鸟驿站和社区自提柜，并投资了一些物流技术设备公司，推动物流自动化技术发展。

3. 电子商务物流服务外包模式

该模式是电子商务商家把物流配送服务外包给物流配送企业（主要是快递物流企业）的服务模式。中小商家一般均采用这种服务外包的模式。淘宝最早采用的也是物流服务

外包模式。淘宝与众多快递企业合作，将快递企业接入淘宝平台，通过平台向商家推荐快递企业，再由商家选择快递企业将物流配送外包。

目前，很多专业的电子商务平台、中小规模的各类电子商务平台一般都采用这一服务外包模式；品牌商或生产制造企业的电子商务，在干线运输和仓库网点货物分拨的前端一般外包给第三方物流公司或自营，末端配送基本上都外包给快递企业。最近新崛起的拼多多电子商务平台也主要采用快递外包的模式，与极兔快递合作。

4. 即时配送物流服务模式

即时配送模式是近几年外卖配送、新零售、电子商务物流等在配送末端推出的一种新的物流资源组织服务的模式。即时配送模式主要指不经过仓储网点周转，直接点对点配送的物流服务模式，其智能化的配送调度与管理平台是关键。目前，同城邻近区域的本地生活服务类电子商务企业一般都在用这一服务模式，如饿了么、美团。即时配送最早因本地餐饮电子商务服务而兴起，随着新零售的快速发展，门店面向区域配送需求高速增长而快速发展，推动了物流配送末端服务的大变革。如即时配送与平台物流服务网络对接，推动了传统物流配送模式变革；即时配送和门店与门店之间的货物调拨对接，推动了末端供应链整合等。

目前本地生活电子商务服务，如餐饮配送、个人和单位的区域小件配送、新零售的从门店向社区配送、区域内门店货物调拨均采用即时配送服务。部分快递企业和电子商务平台，也将即时配送与自身平台的智慧物流大系统对接，提高配送时效。

6.4 基于电子商务环境的供应链管理

在20世纪90年代的美国，物流技术由军用转为民用领域后，物流行业蕴藏的巨大潜力吸引各种新技术不断出现并应用于物流管理实践，其管理思想向更高层次深化，供应链管理即是其中之一。供应链管理是物流管理发展的产物，但是管理范围与深度有了质的变化。

6.4.1 供应链及供应链管理思想产生的背景

20世纪90年代之前，企业管理体制多采用"纵向一体化"模式，企业和为其提供材料或服务的单位是一种统属关系，方便企业对其监管和控制。企业在职能划分上往往采用"大而全""小而全"的设置方式。进入20世纪90年代以后，科技迅猛发展，用户需求趋于动态多变，竞争越来越激烈，企业对于市场的灵活反应就成了制胜的关键。在这种用户需求多变的趋势下，纵向发展模式使得企业不堪重负，而企业从事自己不擅长的业务活动，更增加了企业经营的风险。

很多企业为了规避"纵向一体化"带来的弊端，也为了节约投资，让企业专心从事自己的主营业务，开始由"纵向一体化"模式转而发展"横向一体化"模式，即将自己不擅长的业务外包给专业公司,用节约下来的企业资源专攻具有市场竞争力的核心业务。此时,企业只是注重内部管理已远远不够,还必须与提供原材料、产品、服务的合作伙伴密切合作,致力于提高合作共同体的整体效益与效率。由此,供应链及供应链管理思想产生。

1996年,Reiter在研究波特价值链和Martin价值流概念的基础上将供应链定义为运作实体的网络,产品与服务通过这样的网链传递到特定的客户群体。1998年美国物流管理协会开始将物流定义为供应链活动的一部分,成为物流管理向供应链管理发展的开端。

随着企业界、学术界对于供应链管理认识的不断深入,美国物流管理协会在2005年将名称改为美国供应链管理协会,并颁布了最新的供应链管理的定义,标志着全球物流进入供应链时代的开始。

6.4.2 供应链定义及内涵

早前学者将供应链定义的重点放在企业内部过程,认为企业各职能部门需要在企业战略目标的指导下,通过一定的组织架构和管理制度进行互相协调与合作,争取以最小的成本创造最大的企业效益。随着企业对于"横向一体化"模式的认识,现代供应链概念开始注重围绕核心企业的网链关系。

我国国家标准《物流术语》(GB/T 18354—2021)对供应链的定义是:"生产及流通过程中,围绕核心企业的核心产品或服务,由所涉及的原材料供应商、制造商、分销商、零售商直到最终用户等形成的网链结构。"

本书依照的是马士华《供应链管理》一书中给供应链下的定义:"供应链是围绕核心企业,通过对信息流、物流、资金流的控制,从采购原材料开始,制成中间产品以及最终产品,最后由销售网络把产品送到消费者手中的将供应商、制造商、分销商、零售商直到最终用户连成一个整体的功能网链结构模式。"

6.4.3 供应链管理的定义及其管理范围

1. 供应链管理的定义

京东无界智慧供应链

总体来讲,对于供应链管理定义的认识,主要有以下两个方面。

(1)供应链管理是一种管理理念和哲学。马士华在《供应链管理》一书中强调供应链管理的核心思想是"系统"和"流",强调的是为了达到供应链整体利益最大化,对整条供应链全部活动的统一优化,供应链运作各个环节通过信息共享、流程再造、系统对接等各种方式实现无缝连接,物流、信息流、资金流、商流如流水般顺畅。因此,供应链管理强调的是它的市场导向、价值创造、系统集成优化、战略合作的思想与理念。

(2)供应链管理是一套管理性的实际操作方法体系,通过对计划、控制、协调、决策等一系列的管理职能的优化,实现整条供应链的优化管理。1986年,美国物流管理委员会(Council of Logistics Management,CLM)将供应链管理定义为在企业组织之外的包括消费者和供应商在内的物流活动。随着世界范围内对供应链管理的研究与应用,CLM在1998年对供应链管理的概念进行了重新定位,认为供应链管理不仅包括物流,还包括对

物品、服务、信息进行从起始点到消费点的计划、实施、控制，以满足最终用户需求的全部过程。

结合电子商务模式的发展现状及我国在实施供应链管理方面的情况，本书遵守国家标准《物流术语》（GB/T 18354—2021）对供应链管理的定义：从供应链整体目标出发，对供应链中采购、生产、销售各环节的商流、物流、信息流及资金流进行统一计划、组织、协调、控制的活动和过程。

2. 供应链管理范围

（1）企业内部供应链管理。是指将企业内部所有业务环节组成的业务运作链条视作供应链，以企业发展战略为目标，统一对所有业务活动进行统筹规划，通过对内部业务流程的梳理、整合、优化，实现企业内部业务环节的无缝连接，资源与信息最大限度共享。

（2）产业供应链或动态联盟供应链管理。这是研究最广泛的一种类型。最常见的就是将核心企业（生产制造企业，例如海尔；或者大型消费企业，例如大型连锁超市）与其合作的上、下游企业形成的网链作为研究对象。还有一种情况是将因短暂的一致市场目标，几家企业联合以期增强自身在市场的竞争优势。这种供应链管理的视角是由企业内部扩展到整个网链，目的是要建立一个协作经营、风险共担、资源共享的动态联盟。

（3）国际泛供应链管理。电子商务使得全球企业之间的合作与竞争消弭了地域的界限，企业间的贸易往来多数都以电子订单、电子单证、在线资金划拨的方式进行。企业可以根据自身发展的需要在全球范围内建立起自己的动态联盟。国际泛供应链管理就是研究这种地域上分布广泛、企业间关系以松散形式联盟的供应链组织形式。

6.4.4 电子供应链及其管理方法

1. 电子供应链的基本概念

电子供应链是指依托互联网技术、计算机技术、信息技术、数据库技术等，在线处理供应链上所有成员企业的关键数据，如订货、预测、库存状态、缺货状况、生产计划、运输安排、在途物资、销售分析、资金结算等数据，使各成员企业可以实时共享重要数据，消除信息障碍，并运用数学模型与计算机程序对数据进行分析、优化，发布管理与调度指令，辅助企业做出重要决策。

2. 电子供应链管理方法

（1）JIT（just in time，准时制）。准时制生产方式指的是将必要的零件以必要的数量在必要的时间送到生产线，并且只将所需要的零件、只以所需要的数量、只在正好需要的时间送到生产线。这是为适应消费多样化、个性化而建立的一种生产体系及为此生产体系服务的物流体系。所以准时生产制的出发点就是不断消除浪费、减少库存、进行持续的循环式的改进。JIT 的基本思想是生产的计划和控制及库存的管理。所以，JIT 生产模式又被称为"精益生产"。JIT 的核心是追求一种零库存的生产系统，或使库存达到最小的生产系统。

（2）QR（quick response，快速反应）。20 世纪 70 年代后期，美国纺织服装行业面临很大的进口压力，这一现象延续到 20 世纪 80 年代初期，且愈演愈烈，进口量占据美国国内服装行业总销量的 40%。在这种严峻的形势下，美国纺织服装行业一方面请求政府与国会采取相应措施控制纺织进口量的攀升，同时通过自身行业对设备进行升级改造来提高国内纺织服装行业的产量与质量。但是这样的举措并没有阻止外来廉价纺织品侵占美国市场。为此，美国国内大型经销商成立了"用国货为荣委员会"，积极利用媒介来宣传本国产品的优点，并联合起来推行促销活动；为了挖掘深层原因，委托著名的零售业咨询公司 Kurt Salmon 从事提高竞争力的调查。Kurt Salmon 公司在经过大量的市场调研后，指出造成这种现状的重要原因是纺织行业总体供应链效率低下，必须进行行业供应链的优化与改造。因此，Kurt Salmon 公司建议纺织服装企业与下游分销商、零售业者合作，彼此共享重要的信息资源，以此建立一个可以对市场快速反应的供应链体系。QR 便应运而生了。

QR 是指企业面对多品种、小批量的买方市场，不是储备了"产品"，而是准备了各种"要素"，在用户提出要求时，能以最快速度抽取"要素"，及时"组装"，提供所需服务或产品。QR 要求供应链成员企业之间建立战略合作伙伴关系，利用电子数据交换（EDI）等信息技术进行信息交换与信息共享，用高频率小数量配送方式补充物资，以达到缩短交货周期、减少库存、提高企业竞争力的目的。

（3）ECR（efficient consumer response，有效顾客响应）。ECR 是 1992 年从美国的食品杂货业发展起来的一种供应链管理战略。ECR 欧洲执行董事会的定义是："ECR 是一种通过制造商、批发商和零售商各自经济活动的整合，以最低的成本，最快、最好地实现消费者需求的流通模式。"ECR 强调供应商和零售商的合作，尤其在企业间竞争加剧和需求多样化发展的今天，产销之间迫切需要建立相互信赖、相互促进的协作关系，通过现代化的信息和手段，协调彼此的生产、经营和物流管理活动，进而在最短的时间内应对客户需求变化。ECR 有以下特点。

① ECR 重视采用新的技术、新的方法。ECR 采用先进的信息技术，使产、购、销各环节的信息传递实现了电子化。生产企业与流通企业之间将自动订货系统与电子收款系统（POS）结合使用，利用 POS 系统提供的商品销售信息把有关订货要求自动传向配送中心，由该中心自动发货，这样可以降低零售商库存，并减少了从订货至交货的周期。

② ECR 以提高消费者价值、提高整个供应链的运作效率、降低整个系统的成本为目标，从而提高企业竞争能力。

③ ECR 以信任和合作为理念，其最终目标是分销商和供应商组成联盟一起为消费者最大的满意度以及最低成本而努力，建立一个敏捷的消费者驱动的系统，实现精确的信息流和高效的物流在整个供应链内的有序流动。

（4）ERP（enterprise resource planning，企业资源计划系统）。企业本身包含了若干资源，如人力资源、资金、技术、专利、品牌、销售网络等。如何更好地管理和配置这些重要的资源，将会影响到企业的生存和壮大。在这种背景下，企业资源计划系统诞生了。ERP 是指在企业内部（包括子公司、重要合作伙伴）依托互联网、局域网等网络与信息技术搭建一个管理平台，为上到企业决策层下到普通员工提供决策支持、业务

幸福西饼
金蝶云 ERP 软件

操作和内外部信息往来等功能。

本 章 小 结

　　本章首先阐述了现代物流的概念、基本职能以及在我国经济发展中的重要作用。物流的基本职能主要有运输、储存、装卸、搬运、包装、流通加工、配送、信息处理等。快捷、高效的物流对经济运行起着必不可少的保障作用,是待挖掘的第三利润源泉,是实现商品价值和使用价值的物质基础,物流行业发展程度是决定国民经济发展规模的重要因素。同时分析了电子商务物流的相辅相成、相互促进的关系。

　　其次,对电子商务物流的概念、模式进行了介绍。分析了电子商务自营物流模式、第三方物流外包模式、自营与外包协同模式等主要模式,同时介绍了一装多卸、滴滴打车、拼车、平台招标、立体生态经济等互联网物流企业创新模式。在此基础上分析了电子商务物流配送流程、配送模式等。

　　最后,阐述了电子商务供应链的管理内容及方法。供应链管理范围主要有企业内部供应链管理、产业供应链或动态联盟供应链管理、国际泛供应链管理3种类型。电子供应链管理方法有 JIT(just in time,准时制)、QR(quick response,快速反应)、ECR(efficient consumer response,有效顾客响应)、ERP(enterprise resource planning,企业资源计划系统)。

复 习 思 考 题

□ 复习与讨论

　　1. 结合教材及其他阅读材料,思考电子商务环境下,现代物流的发展趋势是什么?

　　2. 配送中心的类型有哪些? 哪种配送中心适合大型连锁超市企业采用?

　　3. 在我国,专业化的物流配送发展迅速,请结合所在城市配送现状,分析物流配送模式在物流系统中所起的作用。

□ 案例分析

快手电商直播 2.0: 从供应链到信任链

　　在《零边际成本社会》一书中,作者曾描述了这样一段构想:在数字化经济中,社会资本和金融资本同样重要,使用权胜过了所有权,可持续性取代消费主义,合作压倒了竞争,"交换价值"被"共享价值"取代……我们正在迈入一个超脱于市场的全新经济领域。以最为典型的打车 App 为例,Uber 最开始做的是什么,是将闲置的车位开放给顺路的用户。

但这种模式越到后面,越会陷入一种"存量竞争",即共享的概念被淡化,反而共享出行变成了"租赁"的逻辑,很多司机将其作为"职业",并重新回归了"中心化"的平台属性,平台在其中扮演了"二房东"的角色。

"共享价值"的诉求是平台不再是核心,用户才是。例如在商品零售领域,有一条清晰的演变逻辑,即平台角色正在"淡化",平台内的用户之间正在创造出某种共生性,过往的"供应链"正在内化为"信任链",创造出一条不同于以往的"人、货、场"的逻辑。但从全链条来看,没有哪一家企业的供应链是一条笔直的供应链,也不是所有的环节都能做到独占的,不少环节还是竞争对手之间互占的,最终演变为对"公域资源"的竞价。例如,产品时代、商超时代、平台时代这三个时代都聚焦于"货",面向的是用户的明确的需求,它是存量的争夺,信任度建立在平台之上——广告塑造品牌(心智中心化)/渠道影响购买决策(线下中心化)/中心化流量采买(用户流量中心化)。无论是心智还是渠道中心化,本质都是在卖流量,都要经过中心化,并通过竞价机制分配用户流量,以强运营推动流量漏斗。

但在消费行为碎片化、场景化的情况下,更多的增量的空间出现在"半确定性"的随机场景中,它是非线性的,这块巨大的增量市场往往不会按照线性路径去走,无法用"平台中心化"的逻辑去解决,而是在内容场景中去实现。因此,高势能内容场景,是消费增量大浪潮的核心。而短视频、直播的内容场景,将人、事、物带到了我们面前,文字有了表情、声音和动作,视觉、听觉的提升,增强了情感和共鸣的传递,它代表的消费体验是物质的丰富感、内心的满足感。

从人群规模、整体电商渗透率到消费意愿,直播电商正在支撑起强大的增量市场。同时,在经过以低价和商品驱动的货架逻辑的直播电商1.0时代后,快手基于"短视频+算法+经济"布局快手电商直播2.0,以"信任关系+有趣内容"构建起"人"与"主播"的黏性关系,以高质量的私域流量带来长期的价值和互利的效益。对于快手电商直播2.0,很多人都会将其视为快手创收的三驾马车,并着重聚焦于2020年度快手电商实现的3812亿的GMV,以及其539.5%的年同比增速。主要有以下两个关键因素。

一是品类选择上聚焦于"非标品"。非标品是决策效率低、店铺忠诚度高、价格敏感度低的品类。但需要注意的是,非标不等于白牌。它是有着"强个性化"属性的品类,它既包含品牌服饰、国货美妆等,也包含小众、小规模的一些产品,例如翡翠玉石。非标品需要基于主播的信任度能促成购买行为,进而让信任资产得以快速实现。

二是用有趣的内容打造真实的人设,形成信任圈层。其强调的是真实和真诚,将最真实的产品场景呈现给粉丝。这种极具黏性的人设,也让产品与粉丝之间形成了家人关系,不断有粉丝寄来手绘画、抱枕和小食等礼物。

而这一切都要回归到快手平台的价值观,快手非常在乎所有人的感受,包括那些被忽视的绝大多数人。例如在起步阶段,快手平台给予了企业流量扶持,企业因此获得更多曝光量,平台也会同步一些活动资源给企业,还会提供一些方向上的引导。公域流量的扶持是起手式,而后经由"极致信任+预期"推动公域流量沿着"关注→喜欢→转化→信任→复购"的信任闭环,最终沉淀为高黏性的私域用户。

2021快手电商引力大会的另一大主题,便是"商家全周期红利计划",快手从降门槛、放红利两个维度,加速快手电商直播2.0的进程。尤其在当前流量越来越贵,很多垂类的、优质的主播需要冲上更高的体量，而在另一方面，私域的搭建是"慢热"，需要长期的内容沉淀，才能够显现出来，快手电商通过公域和私域的联动，来带动各个成长阶段的主播"向上生长"。

随着更多拥有真实人设的主播出现，并覆盖更多的垂直领域，同样也让用户需求得到了更好的满足，构建"私域的顶流"，其中就有以参爷、blings香水以及盛京商业等一批优质主播、品牌和服务商为代表的案例。

因为消费者与品牌账号互动，往往是为了解答产品疑惑，它还是针对有明确消费需求的场景。而品牌通过矩阵式搭建拥有丰富人设的"个人自播"，消费者与真实的个人产生互动，以强互动来建立信任关系，继而延伸到"半确定性"的消费场景中，购买行为成了互动关系的一部分。而在消费端需求之外，"快手好物联盟"也建立起品牌商品供应链联盟，降低主播的电商化门槛，为主播达人提供更多的商品供给的同时，也推动了柔性供应链的升级，更好地满足个性化、多样化的消费诉求，实现供给侧与消费侧的匹配，改善供应链结构。从过往的"商品＋公域"到"内容＋私域"，快手电商直播2.0正在用另一种形式，推动以信任机制重构"交易"。

（资料来源：亿邦动力网，https://www.ebrun.com/20210331/427698.shtml）

问题：
1. 快手在其自身电子商务板块迅速发展过程中，为何要重视供应链管理？
2. 电子商务企业应如何做好供应链管理？

第 7 章

网络营销

 课 程 思 政

　　通过学习新媒体相关法律、法规知识,提高文明上网、健康上网的意识,树立正确的网络文明意识。通过剖析与网络营销有关的新问题、新现象,如网红直播、虚假宣传、侵犯知识产权、直播带货等,增强诚信意识、法律意识和道德意识。

教 学 目 标

　　1. 了解网络营销与传统营销的区别与联系。
　　2. 掌握网络营销的内容和理论基础。
　　3. 掌握主要的网络营销策略。
　　4. 熟悉网络营销常用的方法和手段。

开 章 引 例

2020 年春节贺岁电影《囧妈》在手机 App 免费播出

　　2020 年伊始,春节档迎来线上首映的历史突破。

　　2020 年 1 月 23 日,与其他 6 部电影一同撤出春节档的《囧妈》,24 日宣布将于 1 月 25 日(大年初一)零点起免费上线。

　　"抖音 App"微信公众号 24 日发布公告称,自 2020 年 1 月 25 日(大年初一)零点起,只要在手机上打开抖音、今日头条、西瓜视频、抖音火山版及欢喜首映中任意一款 App,搜索"囧妈",或者在智能电视上打开华数鲜时光,即可免费观看《囧妈》全片。

　　该消息随即引发关注,网友们贡献了一片叫好声,"在家第一时间能看贺岁片,太感谢了!""这操作! 我爱了。""欠《囧妈》一张电影票,会还的。""期待很久,不愧是中国的贺岁片!"

　　电影《囧妈》是"囧"系列的第三部作品。前两部作品《人在囧途之泰囧》和《港囧》分别在 2012 年、2015 年取得 12.67 亿元、16.14 亿元票房。同为徐峥导演的作品,此次第三"囧"的商业前景此前颇被看好。

对于此次上线的选择，《囧妈》出品方欢喜传媒于 24 日发布两则公告，称由于《囧妈》未能在春节档如期上映，终止电影保底发行协议。此外，公司全资附属公司欢欢喜喜与今日头条母公司，即北京字节跳动科技有限公司订立合作协议，欢欢喜喜及字节跳动科技有限公司将在与在线视频相关的多个领域开展合作，字节跳动科技有限公司将向欢欢喜喜最少支付 6.3 亿元作为代价。

在这个需要所有人携手并肩而又要避免所有人"携手并肩"的特殊时刻，中国电影史迎来了特殊的"一笔"。

在某种程度上，这被特殊形势"逼"出来的应对方案，无形中打破了影院和线上的二元对立。新年新气象，新的合作模式也在开启。

（资料来源：中国新闻网）

营销策略正确与否，营销方法如何，都会关系到企业的生存死亡。20 世纪 90 年代以来，随着 Internet 技术的发展和电子商务的普及，传统的营销手段已经难以适应时代的发展，一种新的营销手段——网络营销应运而生。尽管历史较短，但网络营销已经成为企业常用的营销方式之一，网络营销已经在企业经营策略中发挥着越来越重要的作用。

7.1 网络营销概述

网络营销的
概念和特点

7.1.1 网络营销的概念

网络营销是随着互联网进入商业应用而逐渐诞生的，通过对国内外网络营销诞生及发展阶段的梳理，可以发现在网络营销发展历程中，由于互联网技术和应用的发展，网络营销经历了若干重要的历史阶段，成为网络营销的革命性标志。本书将其归纳为网络营销的三次革命。2000 年左右，以技术为导向的网络信息展示与获取的搜索技术革命；2006 年左右，以内容及流量为导向的网络信息发布与传播的网络可见度革命；2014 年左右，以朋友及粉丝为导向的移动网络营销及背后的信息可信度革命。2016 年之后网络营销的发展体现在网络营销的思维生态化、环境多元化。例如，新媒体等新型营销工具多以用户关系网络的价值体系为基础设计网络营销战略；以小米为代表的企业则采取全渠道、多元化的网络营销战略。因此，与许多新兴学科一样，网络营销目前没有一个公认的、完善的定义，而且网络营销环境在不断地变化，在不同时期从不同的角度对网络营销的认识有一定的差异。

从网络营销的内容和表现形式上看，很多人将网络营销等同于网上销售产品、域名注册、网站建设、网站推广、网络广告等，这些观点都只反映了网络营销的部分内容，无法完整地体现出网络营销的内涵和实质。

简单来讲，凡是以互联网为主要手段开展的营销活动，都可以称为网络营销（e-marketing 或互联网营销），但实际上并不是每一种手段都适合网络营销的基本准则，都可以发挥网络营销的作用。

为了明确网络营销的基本含义,这里将网络营销定义为:网络营销是基于互联网络及社会关系网络连接企业、用户及公众,向用户及公众传递有价值的信息和服务,为实现顾客价值及企业营销目标所进行的规划、实施及运营管理活动。

网络营销和传统市场营销都是为最终实现产品销售、提升品牌形象等目的而进行的活动,但网络营销诞生于因特网高速发展的网络时代,作为依托网络的一种新的营销方式和手段,有助于企业在网络环境下更加有效地实现营销目标。网络营销和传统市场营销之间并没有冲突,在企业营销实践中,两者也往往是并存的,但因各自所依赖的环境不同而有各自的特点和方法体系。网络的全球性、开放性和数字化等特征,使网络营销相对于传统的市场营销,在许多方面存在着明显的优势,也呈现出了跨时空、交互式、人性化、高效性和经济性等特点。

7.1.2　网络营销的内容

网络营销主要是在因特网上进行各种营销活动,虽然基本的营销目的和活动内容大体是一致的,但实施和操作过程与传统市场营销有着很大的区别。一方面,网络营销针对的是网上虚拟市场,因此需要及时了解和把握网上虚拟市场的消费者特征和消费者行为模式的变化,为企业进一步的营销活动提供可靠的依据;另一方面,网络的特点是信息交流自由、开放、平等、费用低廉,信息交流渠道既直接又高效,因此在网上开展营销活动,必须改变传统的营销方式和手段。具体来讲,网络营销包括下面一些内容。

1. 网上市场调研

网上市场调研是指企业利用因特网的交互式信息沟通渠道来实施市场调查活动,具有调查周期短、成本低的特点。网上调研不仅为制定网络营销策略提供支持,也是整个市场研究活动的辅助手段之一。所采取的方法包括直接在网上(如以电子邮件、论坛、实时信息等为工具)通过发布问卷进行调查,也可以在网上收集各种所需要的二手资料。网上调研的重点是利用网上调查工具,提高调查效率和效果,同时利用有效的工具和手段收集整理资料,在因特网浩瀚的信息库中获取想要的信息和分辨出有用的信息。

2. 网络消费者行为分析

网络消费者是网络社会的一个特殊群体,与传统市场上消费群体的特征是截然不同的,面对电子商务这种特殊的消费形式,消费者的消费心理和消费行为表现得更加复杂和微妙,因此深入了解网上用户群体的需求特征、购买动机、购买行为过程及其影响因素是非常有必要的。因特网作为信息沟通工具,正成为许多相同兴趣和爱好的消费群体聚集交流的地方,在网上形成了一个个特征鲜明的虚拟社区,这为了解不同网络消费群体的特征和喜好提供了方便。

3. 网络营销策略制定

企业在进行网络营销实现企业营销目标时,必须制定与之相适应的营销策略。网络

营销策略就是企业根据自身所在市场中所处地位的不同而采取的一些网络营销组合，包括产品策略、价格策略、促销策略、渠道策略、网站策略和顾客服务策略等。网络营销的策略制定需要考虑很多问题，如结合网络特点重新考虑产品的设计、生产、包装和品牌，进行产品策略研究；考虑到因特网的开放、平等和信息基本免费的特征，制定适合因特网营销的定价策略；因特网改变了企业的营销渠道，借助因特网企业可以建立网上直销模式，但也要处理好渠道冲突问题；因特网是一种能双向信息沟通的高效率、低成本的新媒体，如何利用因特网建设好网络营销站点、经营好网站推广工作并打造出其网络品牌，为消费者提供更好的服务，更是网络营销策略制定中非常重要的问题。

4. 网络营销实施管理与控制

网络营销的实施需要进行一定的投入，并且会有一定的风险，必须做好网络营销的管理和控制。网络营销的管理工作是多方面的，如网络营销计划的管理、网络营销组织的管理、网络营销策略实施的管理、网络营销效果评价和控制等。其中每一项网络营销管理都可以细化为若干具体的工作，并且与网络营销具体策略的实施建立了对应关系。网络营销依托互联网开展营销活动，必将面临传统营销未碰到的许多新问题，如网络产品质量的保证问题、网上知识产权保护问题、消费者隐私保护问题及信息安全问题、网上征税问题和新技术的应用与发展等，这些都是网络营销必须重视并需要有效管理控制的问题。

7.1.3　网络营销的理论基础

在传统的市场营销中，产品、价格、渠道和促销（product、price、place 和 promotion，4P）被称为市场营销组合，也是市场营销的框架和理论基础，整个市场营销的实施就是以4P 为指导的。网络营销是建立在因特网基础上的，这一崭新的营销形式突破了传统营销理论的指导范围，融入了新的内容。

1. 网络直复营销理论

直复营销理论是 20 世纪 80 年代引人注目的一个概念。所谓直复营销，是依靠产品目录、印刷品邮件、电话或附有直接反馈的广告及其他交流方式的媒体的大范围营销活动。根据美国直复营销协会对其所下的定义，直复营销是一种为了在任何地方产生可度量的反应和（或）达成交易所使用的一种或多种广告媒体的相互作用的市场营销体系。其实质是通过买卖双方的相互交流来销售产品。比起传统的从批发商到零售商的分销方式，直复营销更直接且无地域障碍，既能提供充分的产品信息，又可以得到顾客直接反馈信息。

以互联网为基础的网络营销是可测试的、可度量的、可评价的、可控制性的，这就从根本上解决了传统营销效果评价困难的问题，为更科学的营销决策提供了可能。网络营销成为一种有效的直复营销工具，可以大大改进营销决策的效率和营销执行的效用。

2. 网络软营销理论

软营销理论是针对工业经济时代的以大规模生产为主要特征的"强式营销"提出的新理论,该理论认为顾客在购买产品时,不仅满足基本的生理需要,还满足高层的精神和心理需求。它强调企业进行市场营销活动的同时必须尊重消费者的感受和体验,让消费者能舒服地主动接受企业的营销活动。传统营销活动中最能体现强式营销特征的是两种促销手段:传统广告和人员推销。在传统广告中,消费者常常是被迫地、被动地接受广告信息的"轰炸",它的目标是通过不断的信息灌输方式在消费者心中留下深刻的印象,至于消费者是否愿意接受和需不需要则不考虑;在人员推销中,推销人员根本不考虑推销对象是否愿意和需要,只是根据推销人员自己的判断强行展开推销活动。事实上,消费者对不请自到的广告和推销表现出反感,消费者心理上要求成为主动方。在这种个性需求的驱使下,他们会主动寻找某些产品或信息,对于感兴趣的东西,大多乐于接受相关的营销活动。

在互联网上,由于信息交流是自由、平等、开放和交互的,强调的是相互尊重和沟通,网上消费者比较注重个人体验和隐私保护。网络软营销恰好就是从消费者的体验和需求出发,柔和地把握住对自己产品感兴趣的消费者,通过对网络礼仪的遵循和巧妙运用,采取拉式策略吸引消费者关注企业来达到营销效果。

3. 网络关系营销理论

关系营销是 1990 年以来受到重视的营销理论,它指出企业的营销活动是一个与消费者、竞争者、供应商、分销商、政府机构和社会组织发生相互作用的过程,正确理解这些个人与组织的关系是企业营销的核心,也是企业成败的关键。它强调营销的核心是保持顾客,为顾客提供高度满意的产品和服务价值,通过加强与顾客的联系,提供有效的顾客服务,保持与顾客的长期关系。并在与顾客保持长期的关系的基础上开展营销活动,实现企业的营销目标。

互联网作为一种有效的双向沟通渠道,企业与顾客之间不但可以实现低费用成本和高效率的沟通和交流,通过互联网企业还可以实现对整个从产品质量、服务质量到交易服务等过程的全程质量的控制。一方面,可以最大限度地满足顾客的需求,从顾客的需求中了解市场、细分市场和锁定市场,降低营销费用,提高对市场的反应速度,为企业与顾客建立长期关系提供有效的保障。另一方面,以低廉成本帮助企业与企业的供应商、分销商等建立协作伙伴关系,企业通过互联网还可以实现与企业相关的企业和组织建立关系,实现双赢发展。

4. 网络整合营销理论

随着消费者在整个营销活动中地位的提升和主动性的加强,企业要满足消费者个性化需求,就必须建立起以服务为主的经营理念,以顾客为中心,为顾客提供适时、适地、适情的服务,最大限度地满足顾客需求。互联网络作为跨时空传输的"超导体"媒体,可以在顾客所在地为顾客提供及时的服务,同时互联网络的交互性可以让企业了解顾客需求并提供针对性的响应,因此互联网络可以说是消费者时代中最具魅力的营销工具。它打破

传统市场营销中的技术手段和物质基础的限制，把消费者整合到了整个营销过程中来，从消费者的需求出发，把企业利益和顾客利益整合到一起。

因此，互联网的应用改变了传统市场营销的基础，网络营销的理论基础也在发生着转变，从传统营销的理论基础 4P，逐渐转向 4C（customer—顾客、cost—成本、convenience—方便、communication—沟通）。在依托互联网的网络营销中，传统营销的 4P 组合理论同样适用，但传统的 4P 营销组合可以更好地与以顾客为中心的 4C 相结合，这就逐步形成了网络营销中的整合营销理论。

7.2 网络营销策略

7.2.1 产品策略

不同的产品适合采用不同的销售渠道，网络营销也有其适用的产品范围，并不是所有的产品与服务都适于上网销售。在网上进行产品和服务营销，必须结合网络特点重新考虑对产品的设计、开发、包装和品牌的产品策略研究。

目前在网上销售中比较成功的产品很多，如计算机软件及相关产品、知识含量高的产品（如图书、音像制品等）、创意独特的新产品（如 DIY 产品等）、纪念类等有收藏价值的商品、数字化的信息和娱乐产品、服务类的无形产品（如旅游预订、鲜花预订、咨询服务等）等。据统计，适合于网络营销的商品，按其商品形态不同，可以分为实体产品、软体产品和在线服务三大类，如表 7-1 所示。

表 7-1　适合于网络营销的电子商务产品

实体产品	即有形产品，如工业产品、农业产品等
软体产品	即数字产品，包括：电子刊物，如报纸、杂志、书籍等；产品信息，如产品说明、用户手册、销售培训等；图形图像，如照片、地图、海报等；音频产品，如音乐唱片、语音文件等；视频产品，如电影、电视节日等
在线服务	即无形产品，包括：情报报务，如法律咨询、股市行情分析等；互动式服务，如网络交友、线上娱乐、远程教育、远程医疗等；网络预约服务，如预订机票、提供旅游服务等

企业在选择适合网络营销的产品时，除了考虑其消费市场外，还必须考虑到自身产品在营销上的覆盖范围，在远距离的消费者发生购买时，也能解决好物流配送的问题。

1. 新产品的开发策略

新产品开发是许多企业市场取胜的法宝。但是由于互联网的发展、竞争的加剧，使新产品开发成功的难度增大、产品的生命周期缩短、产品开发的代价提高。与传统新产品开发一样,网络营销新产品开发策略也有以下几种类型,但策略的制定和操作方法有所不同。

(1)全新产品,即开创了一个全新市场的产品。

(2)新产品线,即公司首次进入一现有市场的新产品,也是模仿型产品。

(3)现有产品线外新增加的产品,即公司在已建的产品线上增补新产品,也可形成系列型产品。

(4)现有产品的改良产品,即在原有产品的基础上进行了改进,产品在结构、功能、感知价值等方面有较大改善并且可替换现有产品的新产品,如某产品的升级版。

(5)降低成本型产品,即提供同样功能但成本较低的新产品。

(6)重定位型产品,即以新的市场或细分市场为目标市场的现有产品。

2.产品的品牌策略

优势品牌带给顾客的是对产品和服务的认可,企业能从产品的品牌声望中获得收益。但传统品牌并不一定也具有网络品牌优势,因此,网络营销的重要任务之一就是在互联网上建立并推广企业的品牌。网络营销为企业利用互联网建立品牌形象提供了有利条件,企业无论大小都可以用适合自己的方式展现品牌形象。然而,一个优秀的网络品牌的建设是一个长期过程,它需要企业从多方面采取措施。

(1)企业网站建设。网络品牌建设是以企业网站建设为基础,通过一系列的推广措施,顾客和公众可对企业认知和认可。如果企业网站看起来比较专业,可为用户提供有价值的信息和服务,那么用户就可能会对该品牌产生满意感,会联想到企业形象,否则可能会产生负面影响。

(2)多方位宣传。企业要善于利用互联网媒体和传统媒体,舍得花费资金打造品牌广告。在做广告时要对品牌的内涵加以解释,使人们了解品牌的含义和品牌文化。例如,抖音、快手等在公交地铁站、电视媒体、门户网站、视频网站等投放全方位广告宣传,起到较好的效果。

(3)质量保证。品牌的声誉是建立在产品质量和服务质量之上的,所以企业始终要把产品和服务质量放在首位。广告能激发顾客内心潜在的购买欲望,这对网络品牌的建立很重要,但顾客在网站上体会到的整体浏览体验和购买经验等对消费者更重要,因此在产品质量、网站策划、网页设计、在线服务和售后服务等方面都是重点。

(4)公共关系。把握一切可利用的事件和机会,开放门户,利用公关造势建立品牌,塑造企业形象。但由于因特网的传播力具有全球性和广泛性,企业必须谨慎对待负面和有损自我形象的信息的传播,为企业树立好的形象。

(5)遵循互联网规则。因特网的开放性和经济性,使其成为费用低廉、信息共享、自主平等的公共平台。互联网上很多信息化产品和服务都是免费的,所以企业提供服务最好是免费的或费用非常低的。发布信息时也要注意遵守道德规范,进行营销宣传既不能引起顾客反感,同时又要保护消费者隐私。

7.2.2 价格策略

价格策略是企业营销策略中最富有灵活性和艺术性的策略，是企业非常重要的竞争手段之一。在网络环境下，顾客选择的商品种类增多造成商品的需求价格弹性增大，确定价格时需考虑的因素也增多，一般来说，影响网上定价的因素主要有成本因素、目标因素、竞争因素和供求关系。网络上的定价策略很多，有些传统的定价策略对网络营销产品定价同样适用，如低成本定价、心理定价、折扣定价等。下面介绍几种常见的网络定价策略。

1. 个性化定制定价策略

个性化定制定价策略就是利用网络的互动性和消费者的个性化需求特征，来确定商品价格的一种策略，也是网络营销的一个重要策略。消费者往往对产品外观、颜色、样式等方面有具体内在的个性化需求，网络的互动性能使企业即时获得消费者的具体需求，使个性化营销成为可能。个性化定价策略就是在企业能实行个性化生产的基础上，利用网络信息技术，消费者选择或设计能满足需求的个性化产品，同时承担自己愿意支付的成本。

2. 竞争导向定价策略

竞争导向定价策略是一种以市场上相互竞争的同类商品价格为定价基本依据，随着竞争状况的变化来确定和调整价格水平的一种策略。

这种定价策略充分考虑到了产品价格在市场上的竞争力，时刻注意着潜在顾客的需求变化。因特网上的信息公开也为企业了解竞争对手的价格策略提供了方便，可以随时掌握竞争者的价格变动，以调整自己的竞争策略，时刻保持着同类产品的相对价格优势。但过分关注在价格上的竞争，容易忽略其他营销组合可能造成产品差异化的竞争优势，也有可能引起竞争者的报复。

3. 许可使用定价策略

许可使用定价策略是网络营销环境下的一种新型定价方法，是顾客通过网络注册后直接使用企业的产品，类似租赁的方式，顾客只需要根据使用次数进行付费，而不需要将产品完全购买。这种定价方式降低了消费者的购买成本，可以吸引更多的顾客使用产品，扩大市场份额。同时还节省了处置产品的麻烦，为消费者省去了不必要的开支，减少了浪费，如很多软件的在线许可使用和某些音像多媒体的在线观看等。

4. 免费价格策略

免费价格策略就是将企业的产品或服务以零价格或近乎零价格的形式提供给顾客使用，以满足顾客需求的一种价格策略。在传统市场营销中，免费价格策略通常用于短期或临时的促销活动和产品推广，但在网络营销中免费价格策略不仅是一种促销手段，还是一种长期非常有效的产品和服务的定价策略。

并不是所有的产品都适合于免费定价策略,网络信息的特点决定了适合网络营销环境的产品非常适合采用免费价格策略。一般来说,适合免费定价策略的产品具有数字化和无形化的特征,产品开发成功后,能够轻易通过复制实现无限制的生产,边际生产成本几乎为零。例如,新闻、信息服务等数字化产品,用户可以通过浏览或者下载来使用,企业只需通过较低的成本就能实现产品推广,又无须物流,通常采用完全免费定价策略;软件、电子图书等必须通过一定载体来表现出形态的无形产品,通常采用限制免费或部分免费策略。免费价格策略如果运用得当,便可以成为企业的一把营销利器。

7.2.3 渠道策略

网络营销渠道就是商品和服务通过网络从生产者向消费者转移过程的具体通道或路径,完善的网上销售渠道应该有订货、结算和配送三大功能。电子商务运作使企业在信息交流沟通、资金支付和事物转移等环节都发生了深刻变化,也带来了渠道的变革和创新。网络改变了传统渠道的中间环节,使分销渠道的结构更加简单。

简单来讲,网络营销的渠道策略主要有两种:一是网上直销,即通过因特网实现从生产者到消费者的网络直接营销渠道,如 Dell 公司的网络直销、淘宝商城的某品牌直销等;二是网络时代新型中间商,即中间商利用因特网技术进行的从经销商到消费者的网络间接营销渠道,如京东商城和卓越的产品销售等。

1. 网上直销

网上直销也叫网络直销,它与传统直接分销渠道一样,都没有营销中间商,但具备订货、结算和配送功能。网上直销与传统直接分销渠道不一样的是,生产企业通过建设网络营销站点,可以让顾客直接从网站进行订货。通过与一些电子商务服务机构如网上银行合作,可以通过网站直接提供支付结算功能,简化了过去资金流转的问题。对于配送方面,网上直销渠道可以利用互联网技术来构造有效的物流系统,即自建物流,也可以通过互联网与一些专业物流公司进行合作,建立有效的物流体系。

2. 网络时代新型中间商

在传统营销渠道中,中间商是其重要的组成部分,利用中间商能够在广泛提供产品和进入目标市场方面发挥最高的效率。中间商凭借其业务往来关系、经验、专业化和规模经营,提供给公司的利润通常高于自营商店所能获取的利润。随着互联网的发展和商业应用,从无到有,从小到大,一批网络渠道中间商企业迅猛崛起,形成了一种新型网络间接营销渠道。这种基于互联网的新型网络间接营销渠道与传统间接分销渠道有着很大不同,传统间接分销渠道可能有多个中间环节,如一级批发商、二级批发商、零售商等,而网络间接营销渠道只需要一个中间环节,即新型中间商,如京东商城、拼多多、抖音平台等。与此同时,传统中间商面对新型中间商的竞争压力,也融合了互联网技术,开始网上销售,使传统渠道和网络渠道并存。

7.2.4　促销策略

营销是为最终增加销售提供支持，网络营销也不例外。网络促销策略就是以各种有效方式告知、说服和影响消费者，以激活其消费欲望和需求，把潜在需求变为现实的购买的方法。几乎所有的网络营销方法对销售活动都有直接或间接的促进效果，同时还有许多针对性的网上销售促进手段，如表 7-2 所示。其中，网上抽奖促销、秒杀促销、积分促销、网上赠品促销等新型网上促销策略效果非常好。

表 7-2　常见的网络促销方法

样品	向网站注册消费者提供一定数量的免费产品与服务
免费试用	邀请或抽取目标客户免费试用产品和享受服务，希望他们在使用后购买产品
优惠券	持有人在购买指定产品时，可以享受优惠折扣
奖品、礼品	在购买特定产品时，以较低价格或免费提供的用于刺激购买的商品进行奖励
现金返还（回扣）	产品购买活动结束之后给予顾客的价格优惠——消费者在购买产品后，将购买凭证交给卖方，卖方再将部分购买款返还给消费者
回馈奖励	以现金和积分点数，给予经常光顾网站的特定买主或 VIP 客户奖励，以维系稳定的客户关系
奖励（比赛、抽奖和游戏）	消费者在购买特定商品后有机会获得现金、旅游或者商品。比赛要求消费者参与某种活动，然后有裁判选择表现最好的参与者给予奖励。抽奖要求消费者进行摸彩。游戏是指消费者在每次购买时可以得到一些物品奖励
产品担保	卖方在网站对消费者明确或隐含地承诺，保证产品在一定时期内的性能将满足特定标准，否则卖方将负责免费维修或退换
捆绑销售	通过两个或两个以上的品牌或公司合作发放优惠券、退款，开展竞赛来增强合力
交叉销售	利用一个品牌与另一个不存在竞争关系的品牌做广告
特价包装	以比正常价格优惠的定价进行销售的打包或标记产品
线上促销线下销售	在网站上进行产品的各种促销活动，在网下实体店铺里进行产品的销售

网络促销并不限于对网上销售的支持，事实上，网络促销对于促进线下销售同样很有价值和效果，这也是一些没有开展网上销售业务的企业一样有必要开展网络营销的原因。

7.3　网络营销方法

网络营销的最终目标要通过各种网络营销方法来实现，而网络营销方法又需要借助于各种网络营销工具及资源。根据营销工具和服务本身的性质，可以将网络营销工具分为四个类型：信息源工具、信息传递工具、沟通交互工具和管理分析工具。借助上述营销工具，根据网络营销的思维模式，又可以将网络营销方法分为五大类：内容营销、网络广告、社会化营销、生态营销和合作分享式营销。实践中,有些具体的网络营销方法同时属于多个类别,如博客营销既属于内容营销,也是社会化网络营销方法的一种;微信营销既属于内容营销也属于生态型营销的范畴。因此,本书将不同类别的营销方法进行融合整理,认为常用的网络营销方法有:企业网站营销、搜索引擎营销、许可 E-mail 营销、博客/微博营销、RSS 营销、SNS 营销、病毒性营销、网络广告、微信营销、自媒体营销、直播营销及在线分享式营销等。

7.3.1　企业网站营销

企业网站既是网络营销最重要的工具之一,也是实现网络营销的基础,如果没有专业化的企业网站,网络营销的方法和效果就会受到很大的限制。因此,网络营销的任务之一就是建立一个以网络营销为导向的企业网站。

企业网站不仅是展示企业文化和品牌形象的窗口,它在网络营销中还可起到产品和信息发布、交流沟通、在线交易、在线顾客服务及关系维护、市场调研等作用。企业网站营销有两个非常重要的方面:一是企业网站自身建设,包括网站策划、网页设计、技术开发、功能测试、内容编辑等工作,通过简单易用的专业网站吸引顾客驻足;二是利用企业网站资源提供网络营销服务,挖掘潜在顾客,实现销售的增加。通常企业可采取网上直销、网站促销、会员制营销和友情链接等方法来进行网络营销。

7.3.2　搜索引擎营销

搜索引擎是目前使用最多的互联网服务之一,能够帮助用户快速、有效地检索到所需要的信息或服务。它既方便用户通过搜索引擎检索获取企业网站的相关信息,同时又收录着各种各样的企业所传递的信息。自搜索引擎成为互联网信息的检索工具开始,搜索引擎的营销价值就产生了,目前搜索引擎营销已经成为企业网站推广的首选方法。

所谓搜索引擎营销(search engine marketing,SEM),就是企业进行网站推广常用手段,它是指根据网络用户使用搜索引擎的方式和特点,利用用户检索信息的机会将营销信息传递给目标用户的一种营销方法。

搜索引擎是基于网络爬虫、检索排序、网页处理、大数据处理、自然语言处理等技术,根据用户需求与推荐算法,运用特定策略从互联网海量信息中检索出匹配信息反馈给用户的检索技术,为用户提供快速、高相关性的信息服务。

搜索引擎在网络营销中的作用具体表现在 6 个方面:网站推广工具、网络品牌传播渠道、产品网络推广工具、网络市场调研工具、网站优化检测工具以及为竞争对手制造网络推广壁垒等。如图 7-1 在百度搜索中,搜索关键词"智能手表",则会显示依据关键字排名的广告宣传(前面两个)和自然排名(第三个)。同时,右侧边栏会根据关键字推荐相关产品。

搜索引擎行业市场到底多大?数据显示,在中国内地桌面搜索市场上,截至 2023 年

图 7-1　百度搜索引擎的"智能手表"关键字广告

4 月，微软必应的份额再次创历史新高，达到了 37.4%，取代百度成为中国第一大桌面搜索引擎；百度的份额降至 27.01%；第三名到第六名的搜索引擎分别是搜狗、Yandex、好搜、谷歌，它们的市场份额分别为 16.36%、7.45%、6.25%、5.2%。

在全平台方面，百度仍然是中国市场第一大搜索引擎，份额达 39.64%。AI 的加入，将使国内搜索技术迈向一个新的台阶，帮助用户更方便的获取信息。搜索 3.0 时代，百度将 AI 技术在搜索中应用，开启"能听会说懂事"的智能搜索时代，实现多场景、多设备、多入口的"无处不在"和"万物可搜"，如智能音箱、无人车。

搜索引擎继续探索细分发展赛道。一是在内容建设方面：搜索引擎通过发展短视频搜索，加入用户使用时长竞争；二是在搜索连接服务方面：小程序已经成为移动端搜索的重要流量去向；三是在外部合作方面：百度正与视频社交媒体 YYLive 开展收购合并，并与哔哩哔哩、小红书达成内容合作，不断在技术、内容、流量等方面完善搜索生态体系。

7.3.3　许可 E-mail 营销

许可 E-mail 营销也叫许可营销，它是在用户事先许可的前提下，通过电子邮件方式向目标用户传递信息的一种网络营销方法。许可 E-mail 营销的开展有 3 个前提：基于用户许可、通过电子邮件传递信息、信息对用户是有价值的。

正规的 E-mail 营销都是基于用户许可的，基于用户许可的 E-mail 营销有别于滥发邮件和垃圾邮件，对用户造成的滋扰少，可以增加潜在客户定位的准确度，增强与客户的关系。许可 E-mail 营销的主要功能包括品牌形象的建立、网站推广、产品/服务的推广、客户关系的维护、市场调研等。

开展 E-mail 营销需要解决向哪些用户发送电子邮件、发送什么内容的电子邮件以及如何发送这些邮件 3 个基本问题。因此，在开展许可 E-mail 营销时，在用户自愿的情况下获得足够多的用户 E-mail 地址、设计出用户关心的有价值的邮件内容、成功选择使用或自建邮件发送技术平台是保证许可 E-mail 营销顺利地、有效地开展的核心问题。

在所有常用的网络营销手段中,电子邮件营销是信息传递最直接、最完整的方式,可以在很短的时间内有针对性地将信息传递给潜在客户和已有客户,这种独特功能在风云变幻的市场竞争中显得尤为重要。

7.3.4 博客/微博营销

1. 博客营销

博客即网络日志(Web Log),特指一种特别的网络个人出版形式,内容按照时间顺序排列,并且不断更新,是一种个人思想、观点、知识等在互联网上的共享。随着博客应用的迅速普及,博客已不仅用来为用户发布日志,还应用到了商业领域和营销活动中。

博客营销是指企业、公司或个人利用博客平台,发布并更新企业、公司或个人的相关概况及信息,并且密切关注并及时回复平台上客户对于企业或个人的咨询或评论,并通过较强的博客平台(如新浪博客、网易博客等)帮助企业或公司零成本获得搜索引擎的较前排位,以此达到宣传目的的营销方法。

博客营销是知识营销的一种表现形式,它强调自由和知识共享,商业化较强的信息内容是不受欢迎的。所以,开展博客营销的前提是拥有对用户有价值的、用户感兴趣的知识,而不仅仅是广告宣传,通过对用户感兴趣的知识或主题的持续讨论和交互,来达到传递营销信息、培养顾客忠诚的目的。

2. 微博营销

微博即微博客的简称,是一个基于用户关系的信息分享、传播以及获取平台,用户可以通过 Web、Wap 以及各种客户端组织个人社区,以 140 字左右的文字更新信息,并实现即时分享。微博营销是指以微博为营销平台,每一个听众(粉丝)都是潜在营销对象,企业更新自己的微博,跟大家交流,讨论大家感兴趣的话题,向网民传播企业、产品的信息,以树立良好的企业形象,并达到营销的目的的一种新型营销方式。

微博营销与博客营销有着本质的区别,优势非常明显,具体如下。

(1) 门槛低,简单。微博内容短小精练,重点在于表达现在发生了什么有趣(有价值)的事情,而不是系统的、严谨的企业新闻或产品介绍。140 个字发布信息,远比博客发布容易。可以方便地利用文字、图片、视频等多种展现形式。

(2) 多平台,广泛。用户可以利用计算机、手机等多种终端方便地发布或获取微博信息。

(3) 传播快,见效快。微博信息传播的方式有多样性,转发非常方便,利用名人效应能够使事件的传播量呈几何级放大。微博的传播渠道除了相互关注的好友(粉丝)直接浏览之外,还可以通过好友的转发向更多的人群传播,因此是一个快速传播简短信息的方式。

微博营销是一种基于信任的主动传播。在发布营销信息时,要尽可能地把广告信息巧妙地嵌入有价值的内容当中,像小技巧、免费资源、趣事都可成为植入广告的内容,都能为用户提供一定的价值,以此来取得用户信任。只有取得用户的信任,用户才可能帮你转

发、评论，才能产生较大的传播效果和营销效果。

7.3.5　RSS 营销

RSS（really simple syndication，聚合内容）是在线共享内容的一种简易方式，是一种基于 XML 标准，在互联网上被广泛采用的内容包装和投递协议，任何内容源都可以采用这种方式来发布，包括专业新闻、网络营销、企业甚至个人等站点。若在用户端安装了 RSS 阅读器软件，用户就可以按照喜好有选择性地将感兴趣的内容来源聚合到该软件的界面中，为用户提供多来源信息的"一站式"服务。

这就是为什么 RSS 协议曾在 Web 1.0 时代备受追捧。现在的用户对 RSS 这个词陌生是很正常的，因为当 Web 2.0 开始成熟，像 Facebook、微博等公共社交平台出现以后，直接集成、替代了 RSS 功能。Web 2.0 的确为互联网时代带来了繁荣，但同时也留下一个巨大的问题，就是互联网公司的中心化和数据垄断。无论是从 Web 1.0 的 RSS 协议，还是 Web 2.0 早期阶段涌现出的极具个性化色彩产品，或是 Web 3.0 浪潮下各种区块链协议如乐高般可组合和叠加来看，互联网精神一直是追求开源和开放。

作为 Web 3.0 时代内容社交网络设计的开放协议，RSS 3 可允许用户基于以太坊生成 RSS 3 文件，并将自己的相关资产及社交平台（如推特、即刻、Misskey 等）信息进行存储。让用户自己掌握内容的所有权和订阅权，并以不依赖中心化平台的方式进行内容聚合和呈现。只有重构以往的商业模式和生产关系，才能从根本上解决数据垄断、隐私安全和利润榨取等问题。去中心化的内容聚合和分发将成为未来社交、内容和电子商务应用程序的支柱。

RSS 阅读器中的信息是完全由用户订阅的，对于用户没有订阅的内容，以及弹出式广告、垃圾邮件等无关信息则会被完全屏蔽掉，因此不会有令人烦恼的"噪声"干扰。此外，在用户端获取信息并不需要专用的类似电子邮箱那样的"RSS 信箱"来存储，在 RSS 阅读器中保存的只是所订阅信息的摘要，要查看其详细内容与到网站上通过浏览器阅读没有太大差异，因而不必担心信息内容的过大问题和病毒邮件的危害。对下载到 RSS 阅读器里的订阅内容，用户可以进行离线阅读、存档保留、搜索排序及相关分类等多种管理操作。

目前，网络上有很多在线的 RSS 阅读器和可下载使用的阅读器软件，常用的有 Feedly、NetNewsWire、InoReader、ReadKit、Reeder 5 等。如图 7-2 所示为 Reeder 5 的移动端界面，Reeder 5 本身并没有提供云服务，而是可以添加像 Feedly、Inoreader、The Old Reader、NewsBlur、Bazqux 等这些主流的 RSS 账号，把所有的 RSS 阅读集中到一个阅读器中，这样就可以通过这些服务同步自己的阅读任务，在各个设备中轻松切换使用。

7.3.6　SNS 营销

SNS（social networking services，社会化网络服务）营销是随着社会化网络的出现而产生的一种新型网络营销方式，它利用 SNS 网站的分享和共享功能，在六度分隔理论的

图 7-2　Reeder 5 的移动端界面

基础上实现的一种营销。它可通过口碑传播的手段,让产品或服务被更多的人知道。

　　SNS 社交网站在全球范围内的轰动效应始于美国校园网站 Facebook,其在美国的火爆让人们更加认识到社交类网站的价值。SNS 网站互动性强、用户依赖性高,发展的过程中积累了丰富的用户资源,这些都给 SNS 营销带来了巨大的价值。企业可以通过在 SNS 上发软文来推广自己的网站或产品相关信息,可以通过在 SNS 的各种应用中进行网络广告,达到宣传的目的和品牌的建立,如图 7-3 和图 7-4 所示的植入式网络广告。

图 7-3　王者荣耀游戏中的植入广告

图 7-4　影视剧中的植入广告

　　植入性广告由来已久,它诞生于美国的影视作品中,最初以电影电视为媒介,借助影视作品中的道具使观众在观看作品的同时接受产品的品牌信息。随着植入性广告的发展,植入形式逐渐多样化,植入的内容信息及品牌内涵也越来越多样化。为了开拓广告客户,SNS 提供商不断进行广告创新,尤其对植入广告十分热衷,已成为 SNS 广告的主要来源之一。

结合 SNS 网站的自身特点开展植入性营销有以下几点优势。

（1）更丰富的切入对象。植入性营销都需要一个被植入的对象作为植入信息的载体，在 SNS 网站中，网站的主要内容都由用户创造，自由、互动性强，没有题材和内容限制且来自用户的日常生活、公共话题、共同兴趣等，这为各种形式的品牌和产品提供了更准确丰富的植入性营销的切入点。

（2）更互动的信息媒介。SNS 网站是一个互动平台，因而信息的传递也呈现高度的互动性，植入性信息可以成为虚拟的道具和一种符号被用户主动使用。在这样一种主动使用的过程中，用户产生了更深刻的印象，植入效果更好。

（3）病毒式的传播方式。分享是 SNS 网站的重要互动功能，这就使得用户可以将自己喜欢的各种内容和朋友分享，制作新颖、能够打动人心的内容以得到更廉价、更广泛的传播，其间植入性广告也随着载体的传播而不断扩大影响力。随着网络视频的兴趣，许多厂商将自己的产品植入短篇放在网上，获得了很好的反响，而 SNS 网站成为这些视频传播的主要途径，通过植入式广告充分发挥病毒式营销的优势。

7.3.7 病毒性营销

病毒性营销是一种常用的网络营销方法，常用于网站推广、品牌推广等。它并非真的以传播病毒的方式开展营销，而是运用了用户的口碑传播的原理。在互联网上，这种"口碑传播"更为方便，信息像病毒一样传播和扩散，利用快速复制的方式传向数以千计、数以百万计的受众。病毒性营销是一种高效的信息传播方式，由于这种传播是用户之间自发进行的，因此几乎是一种不需要费用的网络营销手段。

病毒式营销策划的核心是制造具有爆炸性的传播话题。最常见的话题，分别是情感性话题、利益性话题和娱乐性话题。

借情感性话题营销是指开展病毒式营销的企业以情感为媒介，从受众的情感需求出发，寓情感于营销之中，并使之产生心灵上的共鸣。例如，前些年异军突起的白酒新贵江小白，就是靠一手漂亮的"情感牌"营销赢得了消费者尤其是青年消费者的心，如图 7-5 所示。

借利益性话题营销是指开展病毒式营销的企业，以引人注目的利益话题来激起受众的高度关注和参与热情。例如，支付宝集五福，是 2016 年春节期间诞生的一个支付宝互动小游戏，目的是吸引更多用户使用支付宝软件，同时促进支付宝用户之间的社交活动。经过 5 年的时间，这个小游戏成了不少用户惦记的一份年味，一种新年俗。福文化也因此在更多人中传递开来。为了扫福集福，老年人贴起传统福字，年轻人则大开脑洞，用牙签、口红，甚至鸡骨头摆出福字。

借娱乐性话题营销是指开展病毒式营销的企业将娱乐元素融入话题，通过营造轻松愉快的沟通氛围来增强受众的黏性，并最终促进产品的销售。阳光的外在形象、和谐美满的家庭、话题十足的演艺生涯，让香港艺人刘畊宏成为抖音健身赛道中的"天选之子"。靠着魔性的本草纲目毽子舞、龙拳健身操等，刘畊宏的抖音账号在短短一个多月时间里，便疯狂涨粉 5000 多万，瞬间成为抖音"顶流"，如图 7-6 所示。

图 7-5 情感性话题营销

图 7-6 娱乐性话题营销

7.3.8 网络广告

网络广告是指在因特网站点上发布的以数字代码为载体的各种付费形式的宣传,利用网站上的广告横幅、文本链接、多媒体信息的方法,通过网络传递到互联网用户的一种高科技广告运作方式。随着电子商务的发展,越来越多的企业意识到网站已经成为其展示产品特点和进行营销活动的主体。在此基础上,网络广告已经成为继电视、广播、报纸杂志、路牌等广告后的第五种媒介广告。

1. 网络广告的形式

网络广告的形式多样,主要有旗帜广告、按钮广告、文本链接广告、赞助式广告、插播式广告、电子邮件广告、关键字广告等。

(1)旗帜广告。旗帜广告(banner)是以 GIF、JPG 等格式建立的图像文件,通常以横向的方式置于页面顶部和底部,所以又称横幅广告。它是最常见的网络广告形式,也是互联网界最为传统的广告表现形式。随着网络技术的发展,旗帜广告在制作上经历了静态、动态及丰富多媒体旗帜广告的演变过程。

(2)按钮广告。按钮广告(button)即图标广告,是从 banner 演变过来的一种常见的网络广告形式。按钮广告与标题广告类似,但是面积比较小,而且有不同的大小与版面位置可以选择,通常显示的是企业的商标或品牌等特定标志。它通常链接着公司的主页或站点,但网络浏览者只有主动点击,才能了解到有关企业或产品的更为详尽的信息,因此比较被动。

(3)文本链接广告。文本链接广告是以一排文字作为一个网络广告,点击都可以进入相应的广告页面。这是一种对浏览者干扰最少,但却较为有效果的网络广告形式。有时候,最简单的广告形式效果却最好。

(4)赞助式广告。赞助式广告(sponsorships)是把广告主的营销宣传活动内容与网络媒体本身的内容有机地融合起来,使其看起来更像网页上的内容而并非广告,以取得最佳效果的网络广告。常见的赞助有内容赞助、节目赞助和节日赞助 3 种形式。广告主可对自己感兴趣的网站内容或节目进行赞助,或在特别时期(如澳门回归、世界杯)赞助网站的推广活动。

（5）插播式广告。插播式广告（interstitial）是在一个网站的两个网页出现的空间中插入的网页广告，就像电视节目中出现在两集影片中间的广告一样，如果广告内容有足够的吸引力，很有可能将用户吸引到网站上去，从而达到广告的预期目的。插播式广告有不同的出现方式，有的出现在浏览器主窗口，有的新开一个小窗口，有的可以创建多个广告，也有一些是尺寸比较小的、内容可以快速下载的广告。无论采用哪种显示形式，插播式广告的效果往往比一般的 Banner 要好。

（6）电子邮件广告。电子邮件广告（E-mail advertising）是指通过互联网将广告发到用户电子邮箱的网络广告形式，它针对性强，传播面广，信息量大，其形式类似于直邮广告。其针对性强的特点，可以让企业针对具体某一用户或某一特定用户群发送特定的广告，这是其他网络广告方式所不可比的。电子邮件广告有可能全部是广告信息，也可能在电子邮件中穿插一些实用的相关信息，可能是一次性的，也可能是多次的或者定期的。但值得注意的是，那些未经同意发送的垃圾广告邮件很容易引起用户的反感，因此发送电子邮件广告之前需要得到用户的同意，在真正了解客户需求的基础上适时适量地发送邮件广告。

（7）关键字广告。关键字广告（keyword）通常出现在搜索引擎搜索结果的页面中，它是指网民使用搜索引擎（如国内最常见的搜索引擎广告媒体有百度、谷歌、中国雅虎、搜狐、搜狗、网易有道等）输入特定的关键字后，在搜索结果比较靠前的位置或右方广告版位中出现的网络广告。关键字广告是一种文字链接型网络广告，通过对文字进行超级链接，让感兴趣的网民点击进入公司网站、网页或公司其他相关网页，实现广告目的。链接的关键字既可以是关键词，也可以是语句。

2. 网络广告的特点

随着国内互联网和电子商务的迅速发展，互联网广告在企业营销中的地位和价值越显重要，主要价值体现在品牌形象宣传、产品促销、网站推广等方面。无论从信息的传播形式，还是从广告产生的效果来看，网络广告与传统广告相比，其优势和特点非常明显。

（1）传播范围广。网络广告不受时空限制，传播范围极其广泛。通过国际互联网24 小时不间断地把广告信息传播到世界各地。只要具备上网条件，任何人在任何地点都可以随时随意地浏览广告信息。

（2）交互性强。交互性是互联网络媒体的最大优势，它不同于其他媒体的信息单向传播，而是信息互动传播。在网络上，当受众获取他们认为有用的信息时，企业也可以随时得到宝贵的受众信息的反馈。

（3）实时、灵活、成本低。在传统媒体上投放广告，发布后很难更改，即使可改动也往往要付出很大的经济代价。而在 Internet 上投放广告能按照需要及时变更广告内容，当然包括改正错误。这就使经营决策的变化可以及时地实施和推广。作为新兴的媒体，网络媒体的收费也远低于传统媒体，若能直接利用网络广告进行产品销售，则可节省更多销售成本。

（4）感官性强。网络广告的载体基本上是多媒体、超文本格式文件，可以使消费者能亲身体验产品、服务与品牌。这种以图、文、声、像的形式，传送多感官的信息，让顾客如身临其境般感受商品或服务。

（5）受众针对性明确。网络广告目标群确定，由于点阅信息者即为感兴趣者，所以可以直接命中目标受众，并可以为不同的受众推出不同的广告内容。

（6）受众数量可精确统计。传统媒体投放广告，很难精确地知道有多少人接收到广告信息，而在 Internet 上可通过权威、公正的访客流量统计系统，精确地统计出每个广告的受众数，以及这些受众查阅的时间和地域分布。这样，借助分析工具，成效易体现，客户群体清晰易辨，广告行为收益也能准确计量，有助于客商正确评估广告效果，制定广告投放策略。

7.3.9　微信营销

微信营销是网络经济时代企业营销模式的一种，是伴随着微信的火热而兴起的一种网络营销方式。微信不存在距离的限制，用户注册微信后，可与周围同样注册的"朋友"形成一种联系，订阅自己所需的信息，商家通过提供用户需要的信息，推广自己的产品，从而实现点对点的营销。

1. 微信营销的方式

（1）点对点精准营销：微信拥有庞大的用户群，借助移动终端、天然的社交和位置定位等优势，每个信息都是可以推送的，能够让每个个体都有机会接收到这个信息，继而帮助商家实现点对点精准化营销。

（2）形式灵活多样的漂流瓶：用户可以发布语音或者文字然后投入大海中，如果有其他用户"捞"到则可以展开对话，如招商银行的"爱心漂流瓶"用户互动活动就是个典型案例。

（3）位置签名：商家可以利用"用户签名档"这个免费的广告位为自己做宣传，附近的微信用户就能看到商家的信息，如饿的神、K5 便利店等就采用了微信签名档的营销方式。

（4）二维码：用户可以通过扫描识别二维码身份来添加朋友、关注企业账号；企业则可以设定自己品牌的二维码，用折扣和优惠来吸引用户关注，开拓 O2O 的营销模式。

（5）开放平台：通过微信开放平台，应用开发者可以接入第三方应用，还可以将应用的 LOGO 放入微信附件栏，使用户可以方便地在会话中调用第三方应用进行内容选择与分享。例如，小红书的用户可以将自己在小红书中的内容分享到微信中，可以使一件小红书的商品得到不断的传播，进而实现口碑营销。

（6）公众平台：在微信公众平台上，每个人都可以用一个 QQ 号码，打造自己的微信公众账号，并在微信平台上实现和特定群体的文字、图片、语音的全方位沟通和互动。

（7）强关系的机遇：微信的点对点产品形态注定了其能够通过互动的形式将普通关系发展成强关系，从而产生更大的价值。通过互动的形式与用户建立联系，互动就是聊天，可以解答疑惑、可以讲故事甚至可以"卖萌"，用一切形式让企业与消费者形成朋友的关系，你不会相信陌生人，但是会信任你的"朋友"。

2. 微信营销的优势

微信一对一的互动交流方式具有良好的互动性，可在精准推送信息的同时更能形成一种朋友关系。基于微信的种种优势，借助微信平台开展客户服务营销也成为继微博之后的又一新兴营销渠道。

（1）高到达率。营销效果很大程度上取决于信息的到达率，这也是所有营销工具最关注的地方。与手机短信群发和邮件群发被大量过滤不同，微信公众账号所群发的每一条信息都能被完整无误地发送到终端手机，到达率高达 100%。

（2）高曝光率。曝光率是衡量信息发布效果的另外一个指标。信息曝光率和到达率完全是两个概念，与微博相比，微信信息拥有更高的曝光率。在微博营销过程中，除了少数一些技巧性非常强的文案和关注度比较高的事件被大量转发后获得较高曝光率外，直接发布的广告微博很快就淹没在了微博滚动的动态中了，除非你是刷屏发广告或者用户刷屏看微博。

而微信是由移动即时通信工具衍生而来，天生具有很强的提醒力度，比如铃声、通知中心消息停驻、角标等，随时提醒用户收到未阅读的信息，曝光率高达 100%。

（3）高接受率。正如上文提到的，微信用户已超 12 亿，微信已经成为或者超过类似手机短信和电子邮件的主流信息接收工具，其广泛性和普及性成为营销的基础。除此之外，由于公众账号的粉丝都是主动订阅而来的，信息也是主动获取的，完全不存在垃圾信息招致抵触的情况。

（4）高精准度。事实上，那些拥有粉丝数量庞大且用户群体高度集中的垂直行业微信账号，才是真正炙手可热的营销资源和推广渠道。比如酒类行业知名媒体佳酿网旗下的酒水招商公众账号，拥有近万名由酒厂、酒类营销机构和酒类经销商构成的粉丝，这些精准用户粉丝相当于一个盛大的在线糖酒会，每一个粉丝都是潜在客户。

（5）高便利性。移动终端的便利性再次增加了微信营销的高效性。相对于 PC 而言，未来的智能手机不仅能够拥有 PC 所能拥有的任何功能，而且携带方便，用户可以随时随地获取信息，而这会给商家的营销带来极大的方便。

3. 微信营销的缺点

微信营销所基于的强关系网络，如果不顾用户的感受，强行推送各种不吸引人的广告信息，会引来用户的反感。凡事理性而为，善用微信这一时下最流行的互动工具，让商家与客户回归最真诚的人际沟通，才是微信营销真正的王道。腾讯制定了微信公众账号行为规范，行为严重违规并影响用户体验，给其他运营者、用户及平台带来损害，一经发现将根据违规程度对该公众账号采取相应的处理措施。具体如下。

（1）使用外挂行为。未经腾讯书面许可使用插件、外挂或其他第三方工具、服务接入本服务和相关系统。例如，利用任何第三方工具或其他方式规避群发限制策略，包括但不限于用公众平台的单发功能来实现群发功能，意图规避公众平台对于群发次数的限制等。

（2）刷粉行为包括以下三种。

① 未经腾讯书面许可利用其他微信公众账号、微信账号和任何功能或第三方运营平

台进行推广或互相推广的,包括但不限于僵尸粉刷粉、公众账号互相推广、普通微信账号通过微信普通消息、附近的人打招呼、漂流瓶、摇一摇等任何形式推广公众账号,以及利用第三方平台进行互推等。

② 我们定义的推广形式,包括但不限于通过链接、头像、二维码、纯文字等各种形式完成的推广行为。

③ 制作、发布与以上行为相关的方法、工具,或对此类方法、工具进行运营或传播,无论这些行为是否出于商业目的,使用者账号都将被处理。

(3)诱导分享行为。以奖励或其他方式,强制或诱导用户将消息分享至朋友圈的行为。奖励的方式包括但不限于实物奖品、虚拟奖品(积分、信息)等。分为强制型诱导分享和奖励型诱导分享。

(4)恶意篡改功能行为。有目的性地对公众平台的功能或文字进行篡改,违反公众平台功能的原本用途或意义。例如,在原本显示作者名称(即微信公众账号名称)的位置篡改文字显示等。

7.3.10 短视频和网络直播营销

1.短视频营销

短视频是指在各种新媒体平台上播放的、适合在移动状态和短时休闲状态下观看的、高频推送的视频内容,时长为几秒到几分钟不等。短视频内容融合了技能分享、幽默搞怪、时尚潮流、社会热点、街头采访、公益教育、广告创意、商业定制等主题。由于内容较短,短视频既可以单独成片,也可以成为系列栏目。短视频的出现是对社交媒体现有主要内容(文字、图片)的补充,优质的短视频内容也可以借助社交媒体进行病毒式传播。

国内比较有代表性的短视频平台有抖音、快手、西瓜视频、火山小视频、小咖秀、秒拍、美拍等。国外比较有代表性的短视频平台有 Instagram、Vine、Snapchat 等。

短视频营销是企业和品牌主借助短视频这种媒介形式进行社会化营销。短视频营销的模式主要有广告植入式、场景式以及情感共鸣式等。广告植入式营销比较好理解,即在短视频中植入广告,通过短视频传播给目标受众,以宣传品牌和促进销售。场景式营销是指实施短视频营销的企业,通过在短视频中营造特定的购物场景,给用户以身临其境的感受,并在线与感兴趣的用户实时互动,从而达到营销目的的一种新型的网络营销方式。情感共鸣式营销是指企业从用户的情感需求出发,借助短视频引发用户的情感共鸣与反思,从而实现寓情感于营销的一种营销方式。

2.网络直播营销

网络直播营销是指运用数字技术将产品营销现场实时地通过网络展现在用户眼前。它是网络视频营销的延伸,使用户能实时地接收企业信息并与企业进行即时对话,让用户有与企业零距离接触的感觉,并能使企业形象深入人心。这种"即时视频"与"互联网"的结合,是一种对企业非常有用的营销方式。

直播营销的门槛低,投入少,借助智能手机或其他能够上网的终端设备,任何人都可

以通过直播平台开展适合自己的营销活动。在直播营销过程中，主播可以充分展示企业的实力，全面介绍产品的性能与优点，传递企业所能给予的优惠以及现场演示产品的使用方法等，从而有效打消用户的疑虑，增强其购买的决心。直播营销能够为用户打造一种身临其境的场景化体验，如用户在观看旅行直播时，只需跟随主播，就能直观地感受到旅游地的自然风光、人文景观、景区设施、酒店服务等。另外，直播营销是一种双向互动式的营销模式，主播可以和用户在线实时交流。依据直播吸引点，直播营销的方式主要有颜值营销、名人或网红营销、利他营销、才艺营销、对比营销和采访营销。

目前，直播营销平台主要包括专业垂直直播平台、短视频直播平台、电商直播平台和综合视频直播平台等。根据月活跃用户人数和影响力来分类，排名前 20 的直播营销平台可以分为三个梯队：第一梯队为淘宝、抖音和快手；第二梯队为微博、拼多多、西瓜视频、京东、小红书、哔哩哔哩，平台类型以社交媒体、综合电商和视频平台为主；第三梯队为虎牙直播、花椒直播、斗鱼直播、YY、苏宁易购和蘑菇街，平台类型以专业垂直直播平台为主。

7.3.11　网络分享式营销

网络分享式资源合作营销伴随着社会化网络应用产生和发展，以知识和关系资源的分享与交换为主要表现形式，其中知识资源分享模式已比较成熟（网络百科词条营销和 ASK 网络社区互助营销），社会关系资源分享模式尚处于实践探索阶段。

1. 网络百科词条营销

基于网络百科的 WIKI 词条营销在以网络营销工具为主线的方法体系中，被列入 Web 2.0 及社会化网络营销的范畴。实际上网络百科是最有价值的知识分享平台，尽管具有社会化网络的表象，但参与合作编辑同一词条的用户群体并没有实质性的交流活动，因此从形式上看更接近于在第三方网络平台发布信息的内容营销，只是由于百科词条内容是开放式的，任何用户都可以编辑修改，因此与传统的内容营销模式有着很大的不同。因此将 WIKI 词条营销作为基于知识的分享式营销是比较合理的。

开放式网络百科的网络营销价值体现在三个方面：通过百科词条内容直接展示企业的信息；通过百科词条的知识分享达到推广的目的；通过词条正文、参考文献，或者扩展阅读等方式添加网址链接。国内影响力较大的中文在线百科网站包括百度百科（https://baike.baidu.com）、搜狗百科（https://baike.sogou.com）、360 百科（https://baike.so.com）等，各个百科平台提供的功能有一定差异，平台的用户群也有所不同，但都有一个共同的特点，即用户可以自由创建词条以及对现有词条进行编辑修改，并且都可以在一定程度上为词条编辑者提供"网络推广"的机会。

2. ASK 网络社区互助营销

ASK 网络社区是一种辅助问答式知识分享平台，如百度知道、腾讯问问、新浪爱问、知乎网站等。在这些 ASK 社区中，所有用户都可以提出问题，同时每个人也都可以去回答别人的问题，正是在这种"问答"中，为一些企业的"网络推广"带来了机会，通过提出问题和解答问题将信息传递给潜在用户。例如,有用户提问"广州哪里能买到正宗大红袍茶叶",其中既可能有其他用户的回复,也可能有商家的回复,甚至是某个商家的自问自答,在这一问一答中,必然会涉及商家的信息。这就是 ASK 推广的基本形式,与早期的论坛推广有一定的相似性。

一般来说,利用 ASK 网络社区开展网络营销的作用主要体现在两个方面:一是 ASK 网络社区庞大的用户群体互动交流,通过解答用户提出的实际问题而形成信任和口碑效应,因而对于网络品牌和网络推广具有一定的效果;二是利用第三方 ASK 平台的站内搜索及公共搜索引擎提高企业信息网络可见度,如通过一些关键词搜索时,搜索结果中通常可以看到"百度知道"及知乎网站的相关内容。

除了 ASK 社区的直接网络推广效果外,对用户问答内容的分析,也可用于研究用户行为,如了解用户对某产品所关心的问题,以及遇到问题之后可能的行为等。对于网站营销人员来说,关注 ASK 社区用户的问题及解答,对于网站常见问题(FAQ)内容设计、博客内容选题、微博话题等也有积极意义。

7.4 网络营销管理

网络营销管理是将基础管理的计划、组织、协调、控制等职能,充分应用到企业具体的网络营销实施过程中,发现问题并适当控制。它对提高企业整体网络营销效果,增强企业市场竞争能力有着非常重要的意义。网络营销工作时时都离不开网络营销管理,网络营销管理的内容也相当繁多,并且贯穿整个网络营销策略制定和网络营销实施过程之中的多个层面,且在不同的阶段,网络营销管理的任务和实现手段也会有一定的差别。

7.4.1 技术管理

网络营销是计算机技术和网络技术的发展,以及商务应用需求驱动的必然结果。要实现真正的、完善的网络营销,一个完整的网络营销的支撑技术体系是必不可少的,如前面章节所介绍的计算机网络技术、网络互联技术、网络接入技术、WWW 技术、网上支付技术、信息与网络安全技术等。

做好网络营销所需的在线沟通技术、在线服务技术和在线支付技术等技术的安全支撑和管理工作,是进行网络营销的前提。例如,企业网络营销站点的建设管理,主要包括软硬件的选择、防火墙的设置、域名申请、Web 服务器的设置、站点的风格和内容的设计、网站管理系统开发等方面的管理。

7.4.2 效果评估管理

在网络营销活动中,对网络营销效果进行评价是一项必不可少的工作。网络营销效

果评价不仅是对一个时期网络营销活动的总结，也是制定下一阶段网络营销策略的依据。通过各种专业的评价和分析数据，可以及时发现网络营销应用中的问题，为提高下一阶段的网络营销效果提供决策依据。

网站访问量、企业的销售额、利润和各种网络营销活动反应率指标等通常被认为是衡量网络营销工作业绩的主要标准。具体常用指标如下。

（1）网站创建评价。网站建设是网络营销的基础，是网络营销信息传递的主要手段之一。评价指标主要有网站优化设计合理、网站内容和功能完善、网站服务具有有效性、网站具有可信性等。通过网站创建评价指标要素进行的综合评价，可反映一个网站在某一阶段是否具有明确的网络营销导向，以及网站基本要素中存在哪些影响网络营销效果的因素。

（2）网站访问量。网站访问量是网站的访问者数量，常用的统计指标包括网站在一定统计周期（如每天、每周或每月）的独立用户数量、总用户数量、网页浏览数量、用户在网站的平均停留时间等。它直接反映了网络营销企业网站在公众中的受欢迎程度，虽然获得用户访问并非网络营销的最终目标，但访问量直接关系到网络营销的最终效果。

（3）各种活动反应率指标。常用指标有网络广告的点击率或转化率、电子邮件的送达率和回应率、有效客户转化率、长期客户率等。这些比率反映的是网络营销活动中直接达到了一定的销售促进效果。

（4）销售额和利润。销售额是衡量网络营销企业经营情况的直接指标，利润率是衡量企业销售收入的收益水平的指标。利润额的大小反映了一家网络营销企业的发展潜力，是进行再发展的动力所在。

7.4.3 风险控制管理

电子商务和网络营销的发展历史不长，网络营销环境和管理制度尚不健全，网络营销还没有一种规范的、严谨的、公认的交易原则和交易规范，需要不断总结经验，逐步规范和完善。网络环境中，营销策略涉及的因素增多，网络消费者和网站情况都比较复杂。由于种种因素的影响，使得网络营销还存在着安全、技术、信用、法律等经营风险。因此，在网络营销中必须警惕风险，预防风险，做好风险控制和管理。

1. 安全风险及管理

对于这种以计算机为平台的虚拟交易市场，最大的风险就是交易的安全性。安全将成为制约网络营销发展的主要因素，也是电子商务技术的难点。造成安全风险的因素很多，既有人为的也有系统自身缺陷造成的，其中主要包括信息传输风险、数据交换风险、信息确认风险、交易者身份不确定风险等。

为了降低交易的风险性，必须从4个方面进行风险控制。一是信息保密性。交易中的商务信息均有保密的要求，如银行卡的账号和用户信息被人知悉，就可能被盗用；订货和付款信息被竞争对手获悉，就有可能丧失商机。因此，在网上交易的信息传播中一般均有加密的要求。二是信息不被篡改。保证交易的文件不被第三方截取或篡改,以防止给买卖双方带来不必要的损失。三是交易者身份的确定性。网上交易的双方大都素昧平生,相隔千里。若要交易成功,首先要确认对方的身份,对商家要考虑客户端不能是骗子,而客户也会担心网上商家是不是真的存在。因此,方便而可靠地确认对方身份是交易的前提。四是不可否认性。由于商情瞬息万变,交易一旦达成是不能被否认的,否则必然会损害一方的利益。因此,网上交易通信过程的各个环节都必须是不可否认的。

2. 技术风险及管理

技术风险是企业在网络技术不成熟和与之相关的技术手段不稳定,而给交易双方带来的风险,如数据加密技术还不尽如人意,数据的传送、读取、反馈会因为软硬件设施的出错而发生错误,上网速度慢、网络易堵塞、密码被盗窃等,这些大大加深了网络交易的风险。在我国,网络发展水平不高、网络基础设施差、线路少、安全性不高,这些都导致一些技术上的不稳定,从而造成上述混乱情况,技术原因形成的风险对网络营销产生较大的负面影响。

要防范网络营销中可能存在的技术风险,必须加强网络技术研究,改善网络基础设施,加快宽带光缆的建设,全面提高网络的运行速度,保证信息传递的准确、及时与安全。

3. 信用风险及管理

信用风险是网络营销发展中的主要障碍,这是因为网络营销是以信用为发展基础的,即在交易双方相互信任、信守诺言,买方假设卖方的商品合格没有缺陷,卖方假设买方有足够的支付能力,双方都会履行交易时达成的承诺。但在目前"假冒伪劣盛行,欠债不还有理"这样一种缺乏信任的经营环境中,如果没有任何信用保证,网络营销是难以开展的,信用风险将在很大程度上制约网络营销的发展。

国家应设立专门的信用认证机构,对网上企业的信用进行评估,合格者可以颁发证书并通过媒体或其他方式公布。工商、银行、税务等部门应加强交流与合作,为企业或个人提供信誉保障,也可以由保险公司设立专门的信用保险,尽可能地把信用风险降到最低,促进网络营销健康快速发展。

4. 法律风险及管理

互联网是跨地域、跨国界的全球性信息网络,在这个网络上无法像现实空间那样规定国家和地区的界限,传统的地域管辖方法难以施展于网络空间。另外,由于网络营销可以在不同国家和地区的企业和个人之间交叉进行,但各国的法律不同,社会文化、风俗习惯又有很大的差异,因此,很有可能一方看来正当的交易,但在另一方却是不可接受的,从而导致交易的失败或受到限制。

因此,在网络商场的市场准入制度,网络交易的合同认证、执行和赔偿,反欺骗,知识产权保护,税收征管,广告管制,交易监督,以及网络有害信息过滤等方面应制定规则,为网络营销健康、有序、快速发展提供一个公平规范的法律环境,最大限度地降低网络营销风险。

本 章 小 结

本章首先介绍了网络营销的概念、内容和理论基础。明确了网络营销的基本含义：网络营销是企业整体营销战略的一个组成部分，是为了实现企业总体经营目标所进行的，以互联网为基本手段营造网上经营销售环境的各种活动。在依托互联网的网络营销中，传统营销的理论基础正发生着转变，从传统营销的理论基础 4P，逐渐转向 4C，形成了网络营销中的整合营销理论。

其次对企业开展网络营销的策略和常用方法进行了详细介绍。具体介绍了新产品开发策略、产品品牌策略、定价策略、渠道策略和促销策略。常用的网络营销方法主要包括企业网站营销、搜索引擎营销、许可 E-mail 营销、博客/微博营销、RSS 营销、SNS 营销、病毒性营销、短视频和网络直播营销、网络分享式营销、网络广告及微信营销等。

最后简单介绍了网络营销管理的重要内容，就企业网络营销风险进行了分析，并探讨了规避企业网络营销风险的主要策略。

复 习 思 考 题

□ 复习与讨论

1. 比较网络市场与传统市场的差异。
2. 讨论适合上网销售的产品与服务。
3. 网络营销定价有什么特点？有哪些定价方法？
4. 如何解决网络营销的渠道冲突问题？
5. 网络营销具有哪些风险？如何进行控制和管理？
6. 网络营销的方法有哪些？

□ 案例分析

汉堡王开业促销——"皇堡免费吃半年"

2020 年 4 月 23 日，一条"汉堡王苏州路家乐福店 4 月 25 日盛大开业！皇堡免费吃半年！"的微信消息刷爆了乌鲁木齐人的朋友圈，传播量超 70 万次，然而该店在开业短短半小时内就完成了由开店到闭店的"壮举"。下面来看看都发生了什么。

1. 开业朋友圈点赞活动

经过精心筹划与准备，汉堡王乌鲁木齐第六家门店，即汉堡王苏州路店将于 2020 年 4 月 25 日开业。为庆祝新店开业，汉堡王推出了前述刷爆乌鲁木齐人朋友圈的促销活动。

（1）集赞免费吃半年。活动时间内，转发开业链接至朋友圈，集齐 88 个赞，即可在开业后的前 3 天(2020 年 4 月 25—27 日)到汉堡王苏州路店,凭本人朋友圈页面领取皇堡特权半年卡。凭本特权卡可每天免费领取皇堡一个,有效期半年,全市汉堡王门店通用,限本人使用。

(2) 明星皇堡买一赠一。2020 年 4 月 25—5 月 31 日,汉堡王苏州路店皇堡买一赠一。

(3) 任意消费送薯霸王。活动期间,在汉堡王苏州路店进行任意消费,即送薯霸王(小)一份。

(4) 爆款椒香鸡腿立减折扣。活动期间,在汉堡王苏州路店购买三个椒香鸡腿,可享立减 10 元优惠。

(5) 消费满额送周边。活动期间,单笔消费满 120 元,即可获赠汉堡王定制 U 形枕或马克杯一个。数量有限,赠完为止。

(6) 进店有礼。开业后前 3 天,汉堡王苏州路店为每一位进店顾客准备了汉堡王定制钥匙扣。数量有限,送完为止。

(7) 办理嗨卡更超值。该卡在全市汉堡王、太平洋咖啡和星辉电影公园通用,现在办理,充值 500 元送 100 元无门槛现金券,充值 1000 元送 200 元无门槛现金券,每月 8 日、18 日、28 日还可在汉堡王享受单品 8.5 折优惠特权。

(8) 学生卡专属福利免费领取。即日起,高中、初中及小学在校生可凭相关证件,在汉堡王乌鲁木齐任意门店免费领取学生卡一张,每天可享不同的专属特价。

该活动信息一经发出就被大量转发,阅读超 10 万次,传播量更是超 70 万次。

2. 开业特权卡兑换

汉堡王打出"集赞免费吃半年"的口号后,4 月 25 日一大早,成百上千的人如约而至。10:00 开门营业,特权卡兑换也正式开始。兑换活动井然有序,但随着排队人数慢慢增多,按照新冠感染疫情管控要求,汉堡王店铺被封门,开业活动只能被迫停止,苏州路店也暂停营业,人群逐渐散去。整场活动只持续了约 25 分钟,这可能是史上最短的开业。

3. 汉堡王致歉,更改特权卡办理流程

闭店后,汉堡王紧急致歉,发表致歉声明,并在汉堡王乌鲁木齐微信公众号推送一条"致最亲爱的乌鲁木齐顾客朋友:请收下我们的诚意"的消息,向公众真诚致歉,并解释事情发生的过程。

随后,汉堡王公众号推送"久等了!皇堡特权卡最新领取方式出炉"的消息,说明了皇堡特权卡新的领取方式。考虑到广大消费者的健康安全,也为了节省其时间和精力,汉堡王共推出 2149 张皇堡特权卡,通过线上领券、线下兑换的方式发放。

最终,在公证处工作人员的监督下,仅用时 3 秒,线上 2149 张皇堡特权卡兑换券全部领完。领到兑换券的消费者,可在 2020 年 5 月 6—6 月 30 日进行兑换,有 56 天的兑换期限。特权卡的有效期会从兑换日的次日开始计算,为期半年。消费者可以错峰进行兑换,从而避免门店人员聚集。

(资料来源:根据汉堡王乌鲁木齐微信公众号信息整理)

问题:

(1) 汉堡王微信促销活动被广泛传播的原因是什么?

(2) 汉堡王本次开业促销活动存在哪些问题?根据该活动情况,分析开展微信营销活动应注意哪些事项。

第 8 章

商业智能与客户关系管理

课 程 思 政

通过国之功勋、内政外交国防、治党治国治军等资料的学习,塑造爱党、爱国、爱社会主义的深厚情怀,增强科学技术精神和科技强国的理念。

教 学 目 标

1. 理解商业智能产生的背景及概念。
2. 掌握商业智能的研究内容、实施步骤。
3. 了解商业智能在不同行业中的应用实践。
4. 理解客户关系管理产生的背景和概念。
5. 掌握客户关系管理的业务流程及相关理论。
6. 理解 CRM 系统的基本功能。
7. 了解智能 CRM 系统的实践应用。

开 章 引 例

鱼 塘 理 论

如果我们把自己的目标客户比作游动的鱼,那我们要做的事情,就是先找鱼塘,再放诱饵,接着钓鱼,最终鱼生鱼。

1. 找鱼塘

不管是为了卖货,还是为了接广告,所有商业变现的前提就是要先找到你的粉丝在哪里,然后聚粉。比如卖衣服,要先想好是去商场开专卖店,还是在街边摆摊,商场、集市、学校门口就是目标鱼塘。如果是做自媒体,要决定是在微信做,还是头条,抑或是抖音、快手、知乎、微博。鱼塘找不到,找不对,会面临两种情况。

(1)没有鱼。比如在农村卖瑜伽服,很大程度上是卖不出去的,因为农村年轻人少。

(2)鱼不对。再如做健身培训,跑到小学门口做推广,那也很难。虽然小学门口每天人流很多也固定,但绝大部分接娃上学的都是爷爷奶奶,哪怕是全职主妇也比较匆忙,开单率肯定很低。所以选择鱼塘,一定要和自己想做的事情相匹配才行。

2. 放诱饵

找到鱼塘之后,接下来就要放鱼饵,鱼饵选得不好,想钓鱼肯定是很难的,以下是几个可能影响的因素。

(1)时间。比如去学校门口摆摊,那一定是早、晚最好,小学是早上,大学是晚上。时间选错了,有鱼也钓不起来。

(2)鱼饵。钓鱼的时候,在鱼钩上放个蟹腿,鱼会咬吗? 放了不对味的鱼饵,鱼是不会吃的。所以做销售,流量只是第一步,产品才是核心。产品不能解决用户的需求或者是伪需求,产品质量不过关,内容抄袭、搬运甚至是极度粗糙,那用户肯定是不喜欢的。为什么喜茶大家愿意排队等? 因为从口感、视觉、社交等多个维度设诱饵,才会真正让用户喜欢。

3. 鱼生鱼

传统意义上的钓鱼,是为了吃鱼肉。但做品牌,粉丝经济绝不是一次性买卖。相反,我们要注重的是用户体验,用户长期的贡献价值,和用户交朋友甚至是品牌共创者,这个时候,鱼料就比鱼饵更重要。

(1)品牌忠诚者。用留存和复购来形容对品牌忠诚更容易理解,本质上就是提供的产品和服务,足以打动用户。用户除了多次购买外,还愿意尝试购买新产品、新服务。就像卖衣服一样,不仅让用户买 T 恤,品牌方更希望承包用户一年四季的衣柜。

(2)品牌传播者。除了用户自己喜爱,还希望用户成为品牌的传播者,产品裂变,吸引其他用户进来。比如美团的目标是希望承包你家人及亲友的衣食住行,而不只是你一个人。再看看李佳琦、李子柒,在沉淀了他们的粉丝之后,他们依然保持高质量的内容输出和粉丝关怀,这就是它的鱼料。

(资料来源:小米、得到、李子柒粉丝运营的 5 种鱼塘模式,http://www.360doc.com/content/20/0811/09/535749_929610103.shtml)

8.1 商业智能概述

8.1.1 商业智能的产生

商业智能的起源可以追溯到 20 世纪 60 年代到 80 年代中叶流行的决策支持系统(decision support systems,DSS)。这一系统通过应用计算机模型来辅助制定决策和编制规划。伴随着 DSS 的应用,到 80 年代晚期,数据仓库、高级管理信息系统,联机分析处理(online analytical processing,OLAP)和商业智能(business intelligence,BI)的概念开始逐步兴起。

Dresner 咨询服务公司的创始人和首席研究官 Howard Dresner 于 1989 年首次提出了商业智能的概念,并将其视为一类由数据仓库(或数据集市)、查询报表、数据分析、数据挖掘、数据备份和恢复等部分组成的,以辅助企业制定决策为目的的技术和应用。他的这

一说法在 20 世纪 90 年代末期得到了广泛的传播。随着技术的发展和对 BI 的深入推进，商业智能大致经历了以下几个阶段。

第一阶段（1988—1989 年）：商业智能的开始，以数据或 IT 的管理员为主要使用对象，他们拥有数据并负责数据操作，业务人员有分析需求，需要向其提出协助请求。这一阶段，计算机技术、存储技术等都还在发展中，技术相对复杂，工具是为数据操作人员设计的，业务人员难以参与。

第二阶段（1990—2001 年）：随着技术上的改进，使 BI 作为一种分析工具让更多的人开始接受，此时业务分析人员和开发人员相对比较融合，数据的操作方法变得相对简单和标准，同时也出现了数据分析师的头衔。

第三阶段（2002 年以后）：逐步进入大数据 BI、智能 BI 时代，在企业或组织中的每个工作者都需要更有效地利用数据来支持他们的商业绩效，通过信息整合促使协助企业中的所有员工达成一致目标。此时使用 BI 的人也越来越多，不限于决策层。与企业相关的合作伙伴、供应商和客户联系得更加紧密。

全球权威的 IT 研究与顾问咨询公司 Gartner 在发布的"2022 年重要战略技术趋势"中提到，决策智能（decision intelligence，DI）是一门实用的学科。该学科通过清楚理解并精心设计做出决策的方式以及根据反馈评估、管理和改进结果的方式来改进决策。Gartner 预测在未来两年，1/3 的大型企业机构将使用决策智能实现结构化决策，进而提高竞争优势。在数智时代，一家企业的决策能力是其竞争优势的重要来源，企业在面对不断变化的内外部环境下能够更敏捷、更准确地做出决策的能力，决定了其能在激烈的市场竞争中立于不败之地。因此，数钥分析云应运而生，它以实现企业价值的最大化为目标，以分析平台为物理载体，通过借助管理模型为企业提供数据管理价值。通过产品预置的方式，将数据分析管理模型与数据分析平台有机结合，改变数据的使用，使数据管理工作量减少 70%，并加速价值实现时间。

8.1.2　商业智能的概念与功能

1. 商业智能的基本概念

商业智能（BI）是 20 世纪 90 年代末首先在国外企业界出现的一个术语，其代表为提高企业运营性能而采用的一系列方法、技术和软件。它把先进的信息技术应用到整个企业，不仅为企业提供信息获取能力，而且通过对信息的开发，将其转变为企业的竞争优势，也有人称之为混沌世界中的智能。因此，越来越多的企业提出他们对 BI 的需求，把 BI 作为一种帮助企业达到经营目标的一种有效手段。

商业智能又称商业智慧或商务智能，指用现代数据仓库技术、线上分析处理技术、数据挖掘和数据展现技术进行数据分析以实现商业价值。

目前，商业智能通常被理解为将企业中现有的数据转化为知识，帮助企业做出明智的业务经营决策的工具。这里的数据包括来自企业业务系统的订单、库存、交易账目、客户和供应商资料及来自企业所处行业和竞争对手的数据，以及来自企业所处的其他外部环境中的各种数据。商业智能能够辅助的业务经营决策既可以是作业层的，也可以是管理层和策略层的决策。

为了将数据转化为知识,需要利用数据仓库、线上分析处理(OLAP)工具和数据挖掘等技术。因此,从技术层面上讲,商业智能不是什么新技术,它只是抽取(extraction)、转换(transformation)、装载(load)、数据仓库、OLAP、数据挖掘、数据展现等技术的综合运用。

商业智能作为一个工具,是用来处理企业中现有数据,并将其转换成知识、分析和结论,辅助业务或者决策者做出正确且明智的决定,是帮助企业更好地利用数据提高决策质量的技术,包含了从数据仓库到分析型系统等。

因此,把商业智能看成是一种解决方案应该比较恰当。商业智能的关键是从来自组织的许多不同的运作系统的数据中提取出有用的数据并进行清理,以保证数据的正确性,然后经过抽取(extraction)、转换(transformation)和装载(load),即 ETL 过程,合并到一个组织级的数据仓库里,从而得到组织数据的一个全局视图,在此基础上利用合适的查询和分析工具、数据挖掘工具、OLAP 工具等对其进行分析和处理(这时信息变为辅助决策的知识),最后将知识呈现给管理者,为管理者的决策过程提供支持。

2. 商业智能具有的主要功能

商业智能在作为解决方案时,具备下列功能属性。

(1) 数据仓库:高效的数据存储和访问方式。提供结构化和非结构化的数据存储,容量大,运行稳定,维护成本低,支持元数据管理,支持多种结构,例如中心式数据仓库和分布式数据仓库等。存储介质能够支持近线式和二级存储器,能够很好地支持容灾和备份方案。

(2) 数据 ETL:数据 ETL 支持多平台、多数据存储格式(多数据源、多格式数据文件、多维数据库等)的数据组织,要求能自动地根据描述或者规则进行数据查找和理解。减少海量、复杂数据与全局决策数据之间的差距,帮助形成支撑决策要求的参考内容。

(3) 数据统计输出(报表):报表能快速地完成数据统计的设计和展示,其中包括统计数据表样式和统计图展示,可以很好地输出给其他应用程序或者以 Html 形式表现和保存。对于自定义设计部分要提供简单易用的设计方案,支持灵活的数据填报和针对非技术人员设计的解决方案,能自动地完成输出内容的发布。

(4) 分析功能:可以通过业务规则形成分析内容,并且展示样式丰富,具有一定的交互要求,例如预警或者趋势分析等。要支持多维度的 OLAP,实现维度变化、旋转、数据切片和数据钻取等,以帮助做出正确的判断和决策。

8.1.3　商业智能的研究内容及实施步骤

1. 研究内容

商业智能是对商业信息的收集、管理和分析的过程,目的是使企业的各级决策者获得知识或洞察力(insight),促使他们做出对企业更有利的决策。商业智能一般由数据仓库、联机分析处理、数据挖掘、数据备份和恢复等部分组成。商业智能的实现涉及软件、硬件、

咨询服务及应用，其基本体系结构包括数据仓库、OLAP 和数据挖掘三个部分。

1）数据仓库

数据仓库（data warehouse）和数据集市（data mart）产品包括数据转换、管理和存取等方面的预配置软件，通常还包括一些业务模型，如财务分析模型。如何把数据库中存在的数据转变为业务人员需要的信息，大部分人的答案是报表系统。简单地说，报表系统是 BI 的低端实现。传统的报表系统技术上已经相当成熟，大家熟悉的 Excel、水晶报表和 Reporting Service 等都已经被广泛使用。但是，随着数据的增多，需求的提高，传统报表系统面临的挑战也越来越多。

（1）数据太多，信息太少。密密麻麻的表格堆砌了大量数据，到底有多少业务人员仔细看过每一个数据？到底这些数据代表了什么信息、什么趋势？级别越高的领导，越需要简明的信息。

（2）难以交互分析，了解各种组合。定制好的报表过于死板，例如，可以在一张表中列出不同地区、不同产品的销量，另一张表中列出不同地址、不同年龄段顾客的销量，但是，这两张表无法回答诸如"华北地区中青年顾客购买数码相机类型产品的情况"等问题，业务问题经常需要多个角度的交互分析。

（3）难以挖掘出潜在的规则。报表系统列出的往往是表面上的数据信息，但是海量数据深处含有哪些潜在规则？什么客户对我们价值最大？产品之间相互关联的程度如何？越是深层的规则，对于决策支持的价值越大，但是，也越难挖掘出来。

（4）难以追溯历史，形成数据孤岛。长期运行中产生的数据往往存在于不同地方，太旧的数据（例如一年前的数据）可能已被业务系统备份出去，导致宏观分析、长期历史分析难度很大。

显然，随着时代的发展，传统报表系统已不能满足日益增长的业务需求，企业期待着新的技术。数据分析和数据挖掘的时代正在来临。值得注意的是，数据分析和数据挖掘系统的目的是带给我们更多的决策支持价值，并不是取代数据报表。报表系统依然有其不可替代的优势，并且将会长期与数据分析、挖掘系统并存下去。

2）OLAP（联机分析处理）

经过多年的积累，许多大中型企事业单位已经建立了比较完善的 CRM、ERP 和 OA 等基础信息化系统。这些系统的统一特点是：业务人员或者用户对数据库进行大量的增加、修改和删除等操作，即联机事务处理（online transaction process，OLTP）。OLAP 的概念最早是由关系数据库之父 E.F.Codd 于 1993 年提出的，他同时提出了关于 OLAP 的 12 条准则。OLAP 的提出引起了很大的反响，OLAP 作为一类产品同 OLTP 明显区分开来：OLTP 属于传统的关系型数据库的一个主要应用，主要用于基本的、日常的事务处理，例如银行交易；OLAP 是数据仓库系统的一个主要应用，支持复杂的分析操作，侧重决策支持，并且提供直观易懂的查询结果。OLAP 提供多维数据管理环境，其典型的应用是对商业问题的建模与商业数据分析。

多维数据库的概念并不复杂。举一个例子，要想描述 12 月农夫山泉在东部地区销售额 10 万元时，涉及时间、产品和地区几个角度，这些叫作维度，销售额叫作度量值。除了时间、产品和地区，还可以有很多维度，例如客户的性别、职业、销售部门和促销方式等。

实际上,使用中的多维数据库可能是一个 8 维或者 15 维的立方体,虽然结构上 15 维的立方体很复杂,但是概念上非常简单。

3) 数据挖掘

数据挖掘(data mining)软件使用诸如神经网络、规则归纳等技术,用来发现数据之间的关系,做出基于数据的推断。广义上说,任何从数据库中挖掘信息的过程都叫作数据挖掘。从这点看来,数据挖掘就是 BI。但从技术术语上说,数据挖掘指的是源数据经过清洗和转换等成为适合于挖掘的数据集,数据挖掘在这种具有固定形式的数据集上完成知识的提炼,最后以合适的知识模式用于进一步分析决策工作。从这种狭义的观点上,可以定义:数据挖掘是从特定形式的数据集中提炼知识的过程。数据挖掘往往针对特定的数据、特定的问题,选择一种或者多种挖掘算法,找到数据下面隐藏的规律,这些规律往往被用来预测、支持决策。

举一个关联销售的案例,超市有这样的系统:当采购一车商品结账时,售货员扫描完商品后,计算机上会显示出一些信息,这时售货员会友好地问你:有一种一次性纸杯正在促销,位于 F6 货架,您要购买吗? 这句话绝不是一般的促销,因为计算机系统早就算好了,如果你的购物车中有餐巾纸、大瓶可乐和沙拉,则 86% 的可能性你需要购买一次性纸杯。这是利用数据挖掘中的关联规则算法实现的。

每天,新的销售数据会进入挖掘模型,与过去的历史数据一起被挖掘模型处理,得到当前最有价值的关联规则。同样的算法,分析网上书店的销售业绩,计算机可以发现产品之间的关联以及关联的强弱。

2. 商业智能的实施步骤

实施商业智能系统是一项复杂的系统工程,整个项目涉及企业管理、运作管理、信息系统、数据仓库、数据挖掘和统计分析等众多门类的知识,因此用户除了要选择合适的商业智能软件工具外,还必须遵循正确的实施方法才能保证项目得以成功。商业智能项目的实施步骤可分为以下 6 步。

(1) 需求分析。需求分析是商业智能实施的第一步,在其他活动开展之前必须明确地定义组织对商业智能的期望和需求,包括需要分析的主题、查看各主题的角度(维度)和需要发现组织的哪些方面的规律等。

(2) 数据仓库建模。通过对企业需求的分析,建立企业数据仓库的逻辑模型和物理模型,并规划好系统的应用架构,将企业各类数据按照分析主题进行组织和归类。

(3) 数据抽取。数据仓库建立后必须将数据从业务系统中抽取到数据仓库中,在抽取的过程中还必领将数据进行转换、清洗,以适应分析的需要。

(4) 建立商业智能分析报表。商业智能分析报表需要专业人员按照用户制订的格式进行开发,用户也可自行开发(开发方式简单、快捷)。

(5) 用户培训和数据模拟测试。对于开发使用分离型的商业智能系统,最终用户的使用是相当简单的,只需要单机操作就可针对特定的商业问题进行分析。

(6) 系统改进和完善。任何系统的实施都必须是不断完善的,商业智能系统更是如此。在用户使用一段时间后可能会提出更多、更具体的要求,这时需要再按照上述步骤对系统进行重构或完善。

8.2 商业智能的企业实践

8.2.1 商业智能在企业管理中的应用

企业发展会扩张规模，数据成几何倍数增长，通过商业智能，能将企业的历史数据和不断增加的增量数据进行实时的数据分析、数据挖掘、市场预测，进而做出领先竞争对手的正确决策，给企业带来巨大利益。同时商业智能的过程也能大大降低企业生产过程中的资源浪费，减少企业成本，提高人员价值。随着商业智能 BI 的飞速发展，现在国内很多中小企业也开始实施 BI，市场竞争越发激烈。

商业智能 BI 可以整合信息孤岛，整体分析问题；提高决策质量，深入分析问题；数据挖掘预测，长远分析问题；帮助企业开源和节流增加利润；帮助企业进行风险预警；提高员工的工作效率。因此，BI 商业智能最本质的好处是化数据为价值，具体展现在以下几个方面。

1. 降低人力成本，提升工作效率

有些企业还是通过手工记录统计数据，要做数据分析时，再从各个业务系统中将数据导出来，通过 Excel 慢慢汇总分析，如果数据量很庞大，整个过程参与的人员必定会很多，效率也特别低。商业智能 BI 软件可以打通各个业务系统，不需要手工导数加工，业务人员通过简单的拖拽操作就可以快速做出各种数据分析报告，以前十几个人做的事情到最后只需要三四个人就可以解决，而且效率也提升了。

2. 获取企业信息，解决经营问题

商业智能 BI 软件可以有效整合企业内部的各项数据信息，按照不同的业务需求生成各种领导驾驶舱，让管理者对公司的各项业务有非常清晰的全局概览。可以及时发现公司内部的哪些数据出现了问题，运用查询与钻取功能对数据结果进行追根溯源，使问题的分析不止步于表面结果。

3. 发现潜在风险，提前布局防范

商业智能 BI 软件在进行数据分析的同时，可以对一些企业潜在的风险做出预警，提示决策者提高关注度，为潜在风险的发生提前做出预防措施，降低损失。

4. 预测挖掘，长远分析

商业分析需要具备长远发展的眼光，商业智能 BI 软件的优势便是如此，根据分析的结果，对未来的可能发展提前做出预测，让领导者心中提前做出预估的打算，降低未来的不确定因素。

8.2.2　商业智能在零售业中的应用

零售业在经营过程中产生的各项统计指标分析在原来的信息数据库中是难以实现的，企业经营者虽然知道这些数据有用，但得不到，使这些指标显得若有若无，直到 BI 技术出现后，这些指标才重新得到了管理者和分析者们的重视。

1. 销售分析

销售分析的主要指标有销售额、销售量、毛利率、毛利额、坪效、同比分析、环比分析、贡献度、客单价、客单数、客品数等。

销售分析的主要维度有零售业态、零售渠道、组织结构、类别划分、品牌结构、供应商结构、人员结构、日期时间等，这些分析维度可以进行多种排列组合，并支持多级钻取，从而获得可追溯的分析结果。

销售分析的方法主要是时间序列分析法、递归分析法、对比分析法、结构分析法，分析结果的输出不再局限于平面报表，还可以图形、仪表盘等更直观、更生动的形式展现。

支持销售综合分析的数据源主要来自 POS、MIS、CALL-CENTER、WEB 等子系统，各种指标、维度的综合运用，是在原来的基于关系数据库的子系统中难以实现的，只有使用 BI 系统，才能得心应手。

2. 商品分析

商品分析的主要数据来自销售数据和商品基础数据，据此产生以分析结构为主线的分析思路。主要的分析数据有商品的类别结构、品牌结构、价格结构、毛利结构、结算方式结构、产地结构等，从对这些数据的分析中产生商品广度、商品深度、商品淘汰率、商品引进率、商品置换率、重点商品、畅销商品、滞销商品、季节商品等多种指标，通过对这些指标的分析来指导企业调整商品结构，加强商品的竞争能力和合理配置。

3. 顾客分析

顾客分析的主要内容包括顾客结构、客单价、客流量、客品数、顾客购物频度，在此基础上，结合时间、金额等维度，构建顾客危险度分析模型、顾客忠诚度分析模型、顾客四象限分析模型。

顾客危险度分析模型应用于重点顾客的分析，主要参数有考察期间、平均购物金额、购物次数（频度）、毛利贡献度、最后消费日等，据此分析顾客流失趋势，开展挽留高端客户行动。

顾客忠诚度分析主要参数有考察期间、顾客类型、集中购物品类、购物次数分布、累计购物金额、平均购物金额等。

顾客四象限分析模型主要考察购物次数及购物金额，据此，把所有顾客分成知己型（购物次数、购物金额都达标）、蝴蝶型（购物次数不达标、购物金额达标）、藤葫型（购物次数达标、购物金额不达标）、过客型（两者都不达标），通过商品品类、品牌、价格的配置，引

导顾客的消费心理，协调顾客消费行为，为实现企业经营目标运筹帷幄。

4. 供应商分析

通过对供应商在选定的时间段内的各项指标（订货量、订货额、进货量、进货额、到货时间、库存量、库存额、退换量、退换额、销售量、销售额、所供商品毛利率、周转率、交叉比率等）进行分析，为供应商的引进、储备及淘汰（或淘汰其部分品种）及供应商库存商品的处理提供依据。主要分析的主题有供应商的组成结构、供应商的送货情况、供应商所供商品情况（如销售贡献、利润贡献等）、供应商的结算情况等。例如，发现有些供应商提供的商品，销售一直不错，从而某个时间段的结款非常稳定，但这个供应商目前的结算方式是代销，如果资金不紧张，而这个供应商所供商品销售风险又小，可以考虑将这个供应商改为购销。

5. 人员分析

通过对公司的人员指标进行分析，特别是对销售人员指标（着重销售指标，毛利指标为辅）和采购员指标（销售额、毛利、供应商更换、购销商品数、代销商品数、资金占用、资金周转等）的分析，达到考核员工业绩，提高员工积极性，为人力资源的合理利用提供科学依据的目的。主要分析参数有员工的人员构成情况、销售人员的人均销售情况、开单销售、个人的销售业绩情况、各管理架构的人均销售情况、毛利贡献情况、采购员分管商品的进货情况、购销代销比例情况、引进的商品销售情况如何等。

BI 对零售业的分析远不止以上所述，至少还有资金运转分析、库存分析、结算分析、门店分析、调拨优化、采购优化。这些分析在实际经营中有重要的利用价值，能对自己的经营做出正确的分析，能及时修正自己的经营方针和政策，将能赢得未来。

8.2.3　商业智能在客户服务中的应用

商业智能在客户服务方面最大的应用就是采用智能服务系统，智能服务系统是在大规模知识处理基础上发展起来的，适用大规模知识处理、自然语言理解、知识管理、自动问答、推理等的一项面向行业的应用。智能客服的核心在于企业与用户的交互。通过文字、图片、语音等媒介，构建企业与用户的交互桥梁，从而达到售前咨询、售中答疑、售后关怀等多重目的。相比传统的人工客服，智能客服在接入渠道、响应效率、数据管理等多方面具有突出优势，但其核心功能仍在于辅助，而非替代人工。智能客服在实际应用中仍存在一定痛点，需要人力补充及优化。这主要与底层技术发展不成熟有关。商业智能客服使用场景主要有以下几个方面。

1. 政府及事业单位

由于政府部门无法提供全天 24 小时、跨部门协作服务。针对上述问题，智能客服系统以政务大数据与人工智能为基础，致力于提供实时、高效、全面的政务辅助。其可以实现以下功能。

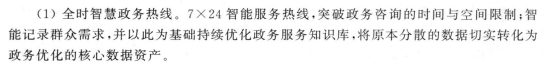

（1）全时智慧政务热线。7×24智能服务热线，突破政务咨询的时间与空间限制；智能记录群众需求，并以此为基础持续优化政务服务知识库，将原本分散的数据切实转化为政务优化的核心数据资产。

（2）多场景智能政务服务。线上智能服务渠道＋线下智能实体机器人，全方位打通线上线下场景及数据，提高政务处理速度的同时减轻政务窗口的服务压力。

（3）标准化信息服务平台。跨人员、跨部门的政务知识统一化及标准化，解决由内部信息不对称导致的回复口径不一致问题。

2. 金融业

随着我国金融业成熟度的不断提升，客户服务内容与水平愈发成为各大金融服务企业抢夺用户、保持用户黏性的重要路径。特别是在金融产品同质化较为突出的背景下，客户服务自然成为金融企业的核心竞争力。智能客服系统的搭建，以科技直击金融业客户服务痛点，驱动企业的潜在增长。金融业又可被细分为银行、保险、证券等多领域，各领域面临痛点不尽相同，因而智能客服赋能作用的侧重点也存在一定差异。

（1）银行业。银行业痛点主要在于客户咨询重复度高、高峰时期用户咨询体验差、催收人力成本高等。智能客服作为人工客服的辅助，提高咨询高峰期的响应时速；对于重复率高的问题，基于持续扩充优化的行业知识库，实现快速且精准的应答；智能催收，针对多元场景制定差异化机器人催收战略，释放人力成本。

（2）保险业。投保、核保、赔付等相关条款普遍较为复杂，消费者个人需求及投保标的的自身状况也千差万别，导致消费者咨询内容呈个性化特征。在保险售前咨询与售后理赔等环节，客户服务水平直接决定了客户转化或留存率。基于保险行业知识图谱的智能客服，能够识别各类复杂条件，提高回复精准性，在渠道获客、续保留存、核保定价、风险控制方面赋能保险企业。

（3）证券行业。与银行业类似，证券行业客服同样面临大量重复性基础问题。智能客服的介入缓解人工客服回答重复问题的压力，将有限的人力释放到更为专业的问题上去。目前，智能客服支持证券基础问题回复、智能选股诊股、证券行业信息智能推送、智能营销等功能，为证券行业降本增效提供可能。

智能客服作为金融科技中重要的一环，越来越受到企业重视。但值得注意的是，智能客服的赋能作用更多地体现在对人力资源的辅助，即解答常见的重复性问题，对于专业性较高的问题，依旧需要人力客服的介入。

3. 电商零售业

电商零售企业直接面向下游消费者，具有天然的服务属性，因而对客服的及时性和高效性具有更高要求。目前我国电商零售企业，普遍面临居高不下的客服人力资源成本：售前咨询量大，针对产品性能的问题重复率高，特别是在电商购物节前，不间断的海量用户咨询大大增加客服工作量，带动人工成本的增长；海量咨询需求与有限人工客服之间的矛盾，将影响客户体验，进而抑制客户转化率的提升。随着获客渠道的多元化拓展，客户信息来源也渐趋分散，不同客户管理系统之间并未互通。尽管企业收集了海量消费数据，

但数据烟囱林立，数据的孤岛效应削弱数据反哺前端业务的能力，影响消费者拉新、转化、促活及裂变等。

智能客服的介入，可以减轻人工座席回答重复性问题压力的同时，整合多渠道消费数据，覆盖售前、售中、售后三大场景，直击电商零售领域企业痛点。智能客服可以实现全渠道客户接入；重复性问题自动回复；智能导购及推荐；用户浏览行为记录及消费者个性化服务；消费数据管理；购物偏好预测，智能催付，复盘回顾，优化知识库等。

4. 在线教育行业

在线教育需要对学员进行全生命周期的陪伴，意味着从课程售卖、学习、复习答疑等各环节均需客服的及时介入。客户对服务的满意度直接影响用户转化率及复购率。在客户咨询量激增的背景下，在线教育面临营销、管理、服务各场景的多个痛点。

（1）营销场景复杂。受用户自身教育水平、教育目的、知识结构等影响，客户问题也呈极强的多样性，定制化的咨询需求对客服及营销转化提出了较大挑战。

（2）重复性服务。在付费学员服务方面，客服需及时进行开课提醒、复习推送、学员回访。受学员人数的影响，客服每日进行大量重复性服务，人力资源并未得到有效利用。

（3）精细化管理挑战。在线教育机构通常具有多学科、多模块课程，以满足不同学员的需求。相应地，不同客服团队得以建立。如何对跨团队客服进行精细化管理，成为各机构面临的挑战。

针对以上痛点，智能客服实现结构性问题自动回复、复杂问题转人工、开课及复习节点提醒智能触发、智能排班等，极大减轻人工客服的压力，将有限的人力保留给拉新转化、学员关系维护等环节。

8.3 智能客户关系管理

8.3.1 客户关系管理产生

客户关系管理（customer relationship management，CRM）这个概念最初由 Gartner Group 提出，对 CRM 的定义，目前还没有统一的表述。以下根据 CRM 的产生背景，来更好地理解它。

1. 需求的拉动

在很多企业，销售、营销和服务部门虽然已经建立了信息系统，但信息化程度越来越不能适应业务发展的需要。企业的销售、营销和客户服务部门难以获得所需的客户互动信息，来自销售、客户服务、市场、制造、库存等部门的信息分散在企业内，这些零散的信息使企业无法对客户有全面的了解，各部门难以在统一信息的基础上面对客户，这就需要企业对面向客户的各项信息和活动进行集成。从市场部提供的客户线索中很难找到真正的顾客,老顾客现在的需求有什么新变化,如何开发新的客户群体;顾客对产品的看法,销售人员已经接触了多少人,应该和哪些真正的潜在购买者多接触,谁是真正的潜在购买者,客户的行为如何预测,这些都是亟须解决的问题。

2. 技术的推动

计算机、通信技术、网络应用的飞速发展使上述问题的解决不再停留在梦想阶段。办公自动化程度、员工计算机应用能力、企业信息化水平、企业管理水平的提高都有利于客户关系管理的实现。信息化、网络化的理念在我国很多企业已经深入人心,很多企业有了一定的信息化基础,建立和使用了 MIS 系统,正在利用 ERP 管理企业。电子商务在全球范围内正开展得如火如荼,正在改变着企业做生意的方式。通过互联网,可开展营销活动,向客户销售产品,提供售后服务,收集客户信息。更重要的是,这一切的成本越来越低。

3. 管理理念的更新

随着社会物质和财富逐渐丰富、恩格尔系数不断下降、人们生活水平逐步提高,消费价值选择标准也不断发生改变,其过程如图 8-1 所示。

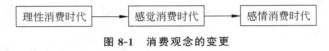

图 8-1　消费观念的变更

在理性消费时代,消费者不但重视价格,而且更看重质量,追求的是物美价廉和经久耐用,此时,消费者价值选择的标准是"好"与"差";随着生产能力的扩大,产品出现过剩,进入感觉消费时代,消费者的价值选择不再仅仅是经久耐用和物美价廉,而是开始注重产品的形象、品牌、设计和使用的方便性等,选择的标准是"喜欢"和"不喜欢";而信息技术的广泛使用,各厂家的产品和服务的差别越来越小,人们进入感情消费时代,消费者越来越重视心灵上的充实和满足,更加追求在商品购买与消费过程中心灵上的满足感。因此,其价值选择标准是"满意"与"不满意"。同理,企业管理观念也随着市场环境的变化经历了5 个阶段的演变,其过程如图 8-2 所示。

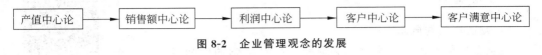

图 8-2　企业管理观念的发展

从图 8-2 中可以看出,最初企业所处的市场环境为卖方市场,产品销售基本上不存在竞争,只要生产出产品就能卖得出去,故企业管理的目标是如何更快、更好地生产出产品。后来生产能力不断加大,市场出现了竞争,企业生产出的产品如果卖不出去,就无法实现资本循环,为了实现从商品向货币的转换,取而代之的是"销售额中心论",企业一方面提高产品的质量,另一方面强化促销,所追求的目标是产品的销售额。随着市场竞争的加剧,企业发现单纯追求高销售额的同时,由于生产成本和销售费用越来越高,利润反而下降,这绝不是经营者所期望的效果。因此,企业转而追求利润的绝对值,通过在生产和营销部门的各个环节上最大限度地削减生产成本和压缩销售费用来实现利润最大化。

但众所周知，成本是由各种资源构成的，相对而言它是一个常量，不可能无限制地削减，当企业对利润的渴求无法或很难再从削减成本中获得时，自然就将目光转向了客户，并企图通过削减客户的需求价值来维护其利润。为此，企业开始从内部挖潜转向争取客户，进入了以客户为中心的管理阶段。由于需求构成了市场，也构成了企业的获利潜力，而在市场上需求运动的最佳状态是满意，客户的满意就是企业效益的源泉，这样客户的满意程度就成为当今企业管理的中心和基本观念，形成客户满意中心论，这也正是客户关系管理的产生及近年来成为又一新热点的原因。

8.3.2 客户关系管理理论基础

客户关系管理的思路是以营销思想为思想内核，以信息技术为支撑，在此基础上，主动地、有选择地建立客户关系，积极维护客户关系，并及时挽救流失客户。该思路涵盖了客户关系管理的相关知识内容，同时也体现了客户关系管理的业务流程，如图 8-3 所示。

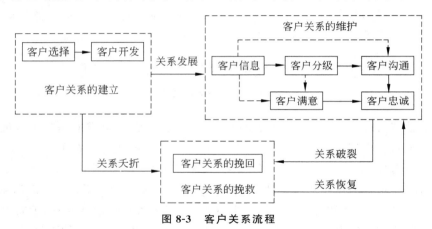

图 8-3　客户关系流程

根据图 8-3 内容可知，客户关系管理过程主要涉及以下理论。

1. 关系营销

1）关系营销的概念

关系营销的概念最早由德克萨斯州 A&M 大学的伦纳德·L.贝瑞 (Leonard L. Berry)教授于 1983 年提出，他将其界定为"吸引、保持以及加强客户关系"。这一概念的提出促使企业纷纷从简单的交易营销转向关系营销，即在企业与客户和其他利益相关者之间，建立、保持并稳固一

老客户维护
关系营销

种长远的关系，进而实现信息及其他价值的相互交换。1996 年他又进一步把关系营销定义为"通过满足客户的想法和需求进而赢得客户的偏爱和忠诚"。

随着理论界对关系营销研究的不断深入，越来越多的学者提出了自己的定义，比较有代表性的有：硅谷营销主管麦肯纳(McKenna)将关系营销的宗旨归纳为"将客户、供应商

和其他合作伙伴整合到企业的发展和营销活动中"。英国 Cranfield 管理学院的艾德里安·佩恩(Adrian Payne)教授提出了著名的"六市场模型",他认为企业面临 6 个市场,即内部市场、客户市场、供应商市场、影响者市场、员工市场和推荐者市场。因此,企业要想维持与延续客户价值,仅仅重视客户还不够,必须全面构筑与供应商、内部员工以及其他利益相关者之间的良性关系。杜克大学教授罗杰斯(Rogers)指出,关系营销就是与客户建立单独的或一对一的关系,把数据库同长期的客户保持与增长战略整合在一起。

2) 关系营销的内涵

关系营销的核心是合作,旨在找出高价值客户和潜在客户,并通过人性化的关怀使他们与企业产生"合作伙伴"式的密切关系,通过合作实现双赢或多赢,增加关联方的利益,而不是通过损害其中一方或多方的利益来增加己方的利益。

关系营销强调关系的重要性,即企业通过客户服务、紧密的客户联系、高度的客户参与、对客户高度承诺等方面来建立双方良好的合作关系,视客户为永久性的伙伴、朋友,并与之建立互惠互利的伙伴关系,其目的在于获得新客户的同时留住老客户,并在企业与客户结成的长期关系中获得收益。这种关系超越了简单的物质利益的互惠而形成了一种情感上的满足,企业通过维系这种情感来留住客户,从而形成一种长久的利益机制。

2. 客户细分

客户细分由美国营销学家温德尔·史密斯于 1956 年提出,其理论依据主要有两点:一是客户需求的异质性。只要存在两个以上的客户,需求就会不同。由于客户需求、欲望及购买行为是多元的,所以客户需求满足会存在差异。二是企业有限的资源和有效的市场竞争。任何一个企业都不能仅凭自己的人力、物力和财力满足整个市场的所有需求。因此,企业应该分辨出能够有效为之服务的、最具吸引力的细分市场,然后集中企业资源,制定科学的竞争策略,以取得和增强竞争优势。

但是,到目前为止,还没有对客户细分形成一致的定义。有学者将客户细分称为客户区隔,是指将客户分为具有不同需要、特征或行为的不同购买者的过程。有些学者认为客户细分是指按照一定的标准将企业的现有客户划分为不同的客户群。有些学者认为客户细分是指在明确的战略业务模式和专注的市场中,根据客户的价值、需求和兴趣等综合因素对客户进行分类。

客户细分的意义在于,首先,客户天生就存在差异,不同的客户有不同的需求,不同的客户其价值也不相同。通过客户细分,企业可以更好地识别不同客户群体对企业的需求,以此指导企业的客户关系管理,就可以达到吸引客户、保持客户、建立客户忠诚的目的。其次,要合理利用企业有限的资源,在现有客户群体中,并不是所有的客户都会同企业建立长期合作关系,通过客户细分,识别出具有较大概率同企业保持密切关系的客户或高价值客户,并有区别地开展目标营销,会大大节约企业有限的资源。总之,客户细分是实施客户关系管理战略的重要步骤,也是企业了解客户的重要手段。

3. 客户关系生命周期

任何关系都可能有一个生命周期,即从关系建立、关系发展、关系破裂、关系恢复到关

系结束,客户关系也不例外。客户关系生命周期是指从企业与客户建立关系到完全终止关系的全过程,是客户关系水平随时间变化的发展轨迹,它动态地描述了客户关系在不同阶段的总体特征。阶段划分是客户关系生命周期研究的基础,目前这方面已有较多的研究。一般将客户关系生命周期划分为考察期、形成期、稳定期、退化期4个阶段。

（1）考察期是客户关系的探索和实验阶段,在这一阶段,双方考察和测试目标的相容性、对方的诚意、对方的绩效,考虑如何建立双方长期合作关系。此时,企业对客户关系投入成本,但客户尚未对企业作出大的贡献。

（2）形成期是客户关系的快速发展阶段,双方关系能进入这一阶段,表明在考察期间双方对彼此满意,并建立了一定的相互信任和依赖。此时客户已经开始为企业作贡献,企业从与客户的交易中获得的收入已经大于投入,开始盈利。

（3）稳定期是客户关系发展的最高阶段,这一阶段双方对对方提供的价值高度满意,并为能长期维持稳定的关系都作了大量有形和无形的投入,交易量很大。此时,企业的投入较少,客户为企业作出较大的贡献,企业与客户的交易量处于较高的盈利时期。

（4）退化期是客户关系发展过程中关系水平逆转的阶段。当客户与企业的业务交易量逐渐下降或急剧下降,客户自身的总业务量却并未下降时,说明客户关系已进入衰退期。此时,企业有少许成本支出而无收益。

在客户关系生命周期中,考察期、形成期、稳定期的客户关系水平依次增高,稳定期是企业期望达到的理想阶段,但客户关系的发展具有不可跳跃性,客户关系必须经过考察期、形成期才能进入稳定期。

4. 客户价值理论

美国著名服务营销专家泽丝曼尔（Zaithaml）在1988年首先从客户角度提出了客户感知价值理论,她将客户感知价值定义为:客户将其所能感知到的利得与其在获取产品或服务中所付出的成本进行权衡后对产品或服务效用的整体评价。美国经济学教授菲利普·科特勒在泽丝曼尔的客户感知价值理论基础上于1994年进一步提出了客户让渡价值理论。他认为,客户是以客户让渡价值作为购买价值取向,决定购买及影响以后再购买决策的。客户让渡价值越大,客户满意度就越高;当客户让渡价值为负时,客户不满意就发生了。因此,企业只有努力提高客户让渡价值,才能提高客户满意度。

总之,客户感知价值或客户让渡价值是指客户总价值与客户总成本之差。客户总价值是指客户从某一特定产品或服务中获得的一系列利益,包括产品价值、服务价值、人员价值和形象价值等。客户总成本是指客户为了购买一件产品或服务所耗费的成本,包括货币成本、时间成本、精神成本和体力成本等。

结合客户生命周期理论,可以将客户价值看作一项可以运营的资产。因此,客户终生价值（customer lifetime value,CLV）是指一个客户一生所能给企业带来的价值,它是以客户带来的收益减去企业为吸引、服务和维系该客户所产生的成本来计算的,并且要将这个现金量折为现值。

客户带来的收益包括客户初期购买给企业带来的收益、客户重复购买带来的收益、客户增量购买及交叉购买给企业带来的收益、由于获取与保持客户的成本降低及营销效率提高给企业带来的收益、客户向朋友或家人推荐企业的产品或服务给企业带来的收益、客户对价格的敏感度降低而给企业带来的收益等。

以下是一些对客户终身价值做得成功的行业案例。银行在推销信用卡时,除了高额的广告宣传支出,还会赠送成功开卡的新顾客礼品,如剃须刀、保温杯、拉杆箱等。银行为什么会花费这么大的代价来拉新?因为大部分顾客使用一家银行的信用卡后,基本就不会再使用另一家银行的信用卡。银行看重的是顾客的终身价值。办电话卡时,有充 200 元送 200 元的优惠套餐。充的 200 元实时到账,送的 200 元分 10 个月到账,只要办理了这个套餐,至少接下来的 10 个月你都是该运营商的客户了。去理发店理发,理发一次需要88 元,办理一张 200 元的会员卡,理发打 8 折,办理一张 500 元的会员卡,理发打 7 折,办理一张 2000 元的会员卡,理发打 5 折。若办理了 2000 元的会员卡,那么接下来起码一年的理发你都要在这家店铺消费。这种关注用户终身价值的经营策略很多,每个行业都可以使用自己的办法来挖掘用户的终身价值。

5. 客户满意、忠诚理论

1)客户满意的概念

美国营销学家奥利弗(Richard L. Oliver)认为客户满意是客户得到满足后的一种心理反应,是客户对产品或服务满足自己需要的一种判断,判断的标准是看这种产品或服务满足客户需求的程度。换句话说,客户满意是客户对所接受的产品或服务进行评估,以判断产品或服务是否能达到他们所期望的程度。

提高顾客满意度
与忠诚度的方法

美国消费者行为学家亨利阿塞尔认为,客户满意取决于商品的实际消费效果和消费者预期的对比,当商品的实际消费效果达到消费者的预期时,就导致了客户满意,否则就会导致客户不满意。

菲利普·科特勒认为,客户满意是个人通过对产品的可感知效果与他的预期值比较后所形成的愉悦或失望的感觉状态。

综上所述,客户满意是一种心理活动,是客户的主观感受,是客户的预期被满足后形成的状态。当客户的感知没有达到预期时,客户就会不满、失望;当感知与预期一致时,客户是满意的;当感知超出预期时,客户就感到"物超所值""喜出望外",就会很满意。

2)客户满意的指标

(1)美誉度。美誉度是客户对企业或者品牌的褒扬程度。借助美誉度,可以知道客户对企业或品牌所提供的产品或服务的满意状况。一般来说,持褒扬态度、愿意向他人推荐企业及其产品或者服务的客户,肯定对该企业或该品牌提供的产品或服务是非常满意或满意的。

(2)知名度。知名度是客户指名消费或购买某企业或某品牌的产品或服务的程度。如果客户在消费或购买过程中放弃其他选择而指名购买、非此不买,表明客户对该企业或该品牌的产品或服务是非常满意的。

(3)忠诚度。忠诚度是客户购买或消费了某企业或某品牌的产品或服务之后,愿意再次购买的程度。如果客户持续购买,一般表明客户是满意的。通常来说,客户对该企业或该品牌的重复购买次数越多,表明客户的满意度越高,反之则越低。

（4）容忍度。容忍度是指客户在购买或消费了某企业或某品牌的问题产品或服务之后愿意包容、容忍的程度。一般来说,客户容忍度越高,表明客户越满意,反之则越低。

（5）购买额。购买额是指客户购买某企业或某品牌的产品或服务的金额多少。一般而言,客户对某企业或某品牌的购买额越大,表明客户对该企业或该品牌的满意度越高,反之,则表明客户的满意度越低。

（6）购买决策时间的长短。一般来说,客户购买决策越迅速,购买决策时间越短,说明他对该企业或该品牌的满意度越高,反之,则可能说明他对该企业或该品牌的满意度越低。

3）客户忠诚的概念

客户忠诚是指客户一再重复购买,而不是偶尔重复购买同一企业的产品或服务行为。

客户忠诚就是对偏爱产品或服务的深度承诺,在未来一贯地重复购买并因此产生的对同一品牌或同一品牌系列产品或服务的重复购买行为,而不会因市场情景的变化和竞争性营销力量的影响产生转移行为。

有学者把客户忠诚细分为行为忠诚、意识忠诚和情感忠诚,但对企业来说,如果客户只有意识忠诚或情感忠诚,却没有行为忠诚,那么他对企业就没有直接意义,企业能够从中获得多少收益是不确定的,而只有行为忠诚才能够给企业带来实实在在的利益。因此,企业不会排斥虽然意识不忠诚、情感不忠诚,但行为忠诚的客户,因为他们实实在在地、持续不断地购买企业的产品或服务,帮助企业实现利润。不过,意识不忠诚、情感不忠诚的客户难以做到持久的行为忠诚。理想的"客户忠诚"是行为忠诚、意识忠诚和情感忠诚三合一,同时具备这三者的客户是难能可贵的。

与满意度相似,客户是否忠诚可以从客户重复购买次数,客户对竞争品牌的态度,客户对价格的敏感程度,客户对产品或服务质量的承受能力,客户购买费用的多少和客户挑选时间的长短 6 个指标来判断。

8.3.3　智能客户关系管理系统

客户关系管理系统

当企业的客户群相对较大时,客户信息的调查、收集、登记、更新、分析、分类、营销等需要建立一个平台和相应的软件系统来完成,也就是说,企业有必要建立快速、准确、动态的客户关系管理系统,来满足日益复杂的管理客户关系的需要。

1. 客户关系管理系统的定义、特点

1）客户关系管理系统的定义

客户关系管理系统即 CRM 系统,是以客户数据管理为核心,利用现代信息技术、网络技术、电子商务、智能管理、系统集成等多种技术,记录企业在市场营销与销售过程中和客户发生的各种交互行为,以及各类有关活动的状态,提供各类数据模型,从而建立一个客户信息的收集、管理、分析、利用的系统,帮助企业实现以客户为中心的管理模式。

客户关系管理系统的主要工作：帮助记录、管理所有企业与客户交易和交往的记录，并通过分析、辨别哪些客户是有价值的，以及这些客户的特征等；实现自动化管理，动态地跟踪客户需求、客户状态变化及客户订单，记录客户意见；通过自动的电子渠道，如短信、邮箱、网站等，承担对客户进行的某些自动化管理的任务。

2）客户关系管理系统的特点

（1）综合性。客户关系管理系统综合了绝大多数企业有关客户服务、销售和营销管理系统自动化和优化的需要，通过具有多媒体、多渠道的联络中心实现了营销与客户服务的功能，同时通过系统具备的为现场销售和远程销售提供的各种服务实现其销售功能。客户关系管理系统使企业拥有了畅通高效的客户交流途径，综合面对客户的业务工具和竞争能力，从而使企业顺利实现从传统的企业模式向以电子商务为基础的现代企业模式的转变。

（2）集成性。客户关系管理不但要有效发挥作用，还要与企业的后台系统进行集成。在电子商务背景下，客户关系管理系统与企业资源计划、供应链管理、计算机集成制造、财务等系统的集成，将彻底改革企业的管理方式和业务流程，确保各部门各系统的任务能够动态协调和无缝连接。

（3）智能化。客户关系管理系统还具有商业智能的决策和分析能力。客户关系管理系统中获得并深化了大量的客户信息，通过加强对数据库的建设和数据挖掘工作，可以对市场和客户的需求展开智能性分析，从而为管理者提供决策依据或参考。客户关系管理的商业智能还可以改变产品的定价方式、产品组合方式，提高市场占有率，提高客户忠诚度并发现新的商业机会。

（4）高技术。客户关系管理系统涉及种类繁多的信息技术，如数据库、数据挖掘、多媒体技术等，同时为实现与客户的全方位交流，在方案部署中要求实现呼叫中心、销售平台、远程销售、移动设备，以及基于互联网的电子商务站点的有机结合，这些不同的技术、不同规则的功能模块和方案要结合在一起，最终形成一个统一的客户关系管理环境。

2．客户关系管理系统的主要功能

1）接触功能

客户关系管理系统应当能使客户以各种方式与企业接触，典型的方式有呼叫中心、面对面的直接沟通、传真、移动销售、电子邮件、互联网及其他营销渠道，如中介或经纪人等。

客户关系管理系统应当能够或多或少地支持各种各样的接触活动。企业必须协调这些沟通渠道，保证客户能够按其方便或偏好的形式随时与企业交流，并且保证来自不同渠道的信息完整、准确和一致。

2）业务功能

企业中的每个部门必须能够通过上述接触方式与客户进行沟通，而营销、销售和服务部门与客户的接触和交流最为频繁，因此，客户关系管理系统主要应对这些部门给予支持。

（1）营销自动化。营销自动化也称技术辅助式营销，主要是通过设计、执行和评估营销行动和相关活动的全面框架，赋予市场营销人员更多的工作手段及能力，使其能够对营销活动的有效性进行计划、执行、监视和分析，并能够运用工作流技术优化营销流程，从而使营销任务自动化完成。其目的在于使企业能够在活动、渠道和媒体选择上合理分配营销资源，以达到收益最大化和客户关系最优化的效果。

（2）销售自动化。销售自动化是以自动化方法替代原有的销售过程，这种方法主要是基于信息技术形成的。销售自动化的实施可以帮助企业的销售机构及销售人员高质量地完成日程安排，进行有效的客户管理，进行销售预测，制作和提交销售建议书，制定定价与折扣策略，分配和管理销售地域，以及建立与完善报销报告制度等。

（3）服务自动化。服务自动化是企业依靠信息技术与手段，根据客户的背景资料及可能的需求，与客户进行的多种交流与沟通，并且在特定的时机提示客服人员有效、快捷、准确地满足客户的需求，从而进一步发展、维系企业与客户的关系。例如，对于民航巨头来说，客户关系管理系统中最有用的功能莫过于能够在航班延误或取消的时候自动联系旅客。在飞行前，旅客能在航空公司的主页上定制参与管理的策略，当航班延迟时，民航可以通过旅客所选择的方式与之联系，并且提供几种替代的路线，旅客可以根据这些信息决定下一步的行动。

3）技术功能

赫尔维茨集团给出了客户关系管理系统的 6 个主要技术功能，即信息分析功能、对客户互动渠道进行集成功能、支持网络应用功能、建设集中的客户信息仓库功能、对工作流进行集成功能、与企业资源计划集成功能。

4）数据库功能

数据库管理系统是客户关系管理系统的重要组成部分，是客户关系管理思想和信息技术的有机结合，是企业前台各部门开展各种业务活动的基础。从某种角度说，数据库甚至比各种业务功能更为重要，其功能体现在：帮助企业根据客户生命周期价值来区分各种现有客户；帮助企业准确地找到目标客户群；帮助企业在最合适的时机以最合适的产品满足客户需求，降低成本，提高效率；帮助企业结合最新信息和结果制定新策略，提升客户忠诚度。运用数据库这一强大的工具，企业可以与客户进行高效的、可衡量的、双向的沟通，真正体现了以客户为导向的管理思想，与客户维持长久的、甚至是终身的关系来保持和提升企业短期和长期的利润。

3. 客户关系管理系统的类型

在 CRM 的发展过程中，根据企业应用重点与功能存在的差异，产生了多种类型的CRM 系统，产品的性能也逐渐趋于成熟。对于 CRM 系统分类的角度千差万别，本书顺延上文对基本功能的介绍，从 CRM 的功能侧重点进行分类说明。按照目前主流 CRM 系统功能分类方法，CRM 系统主要可分为操作型 CRM、协作型 CRM、分析型 CRM 3 种类型，如图 8-4 所示。

1）操作型 CRM

操作型客户关系管理系统有时也称为"前台"客户关系管理系统，它包括与客户直接发生接触的各个方面，通过为客户服务的自动化来改善与客户接触的流程，进而提高工作效率，使客户满意。这种系统的设计理念在于客户管理在企业经营中的地位越来越重要，它要求所有的业务流程流线化与自动化，包括经由各种渠道的客户接触点即可接触的机

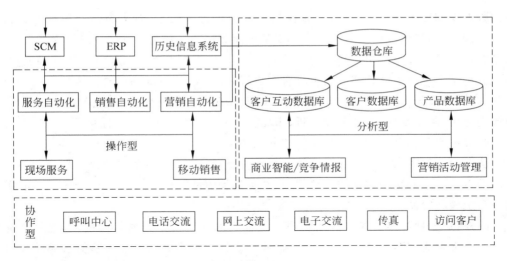

图 8-4　客户关系管理系统的类型

会的整合,使前台与后台在管理上保持平滑的无缝连接。

操作型客户关系管理系统面向的是营销、销售、客户服务等一线、前台的工作,它主要是运用现代技术手段解决"以客户为中心"带来的一系列问题,包括:销售信息管理、销售信息分析、销售过程定制、销售过程监控、销售预测功能、营销活动的环境分析、信息管理、计划预算、项目追踪、成本核算、回报预测、营销效果评估、客户服务请求,以及投诉反应机制的建立、分配、解决、跟踪、反馈、回访等。

2) 协作型 CRM

协作型客户关系管理系统基于多媒体联系中心,将多渠道的交流方式融为一体,建立统一的接入平台——交互中心,为客户和企业之间的互动提供多种渠道和联系方式,提高企业与客户的沟通能力。

协作型客户关系管理系统由呼叫中心服务、传真与信件服务、电子邮件服务、Web 站点服务和现场接触服务等几部分组成。协作型客户关系管理系统的参与对象有两种,即企业客服人员和客户。如支持中心人员通过电话指导客户修理设备,在修理这个活动中同时有员工和客户共同参与,他们之间是协作关系。而操作型客户关系管理系统和分析型客户关系管理系统只是企业员工自己单方面的活动,客户并未直接参与。

显然,协作型客户关系管理系统有其本身的特点,员工和客户由于要同时完成某项工作,所以都希望快一点解决问题。这种速度就要求客户关系管理系统的应用必须能够帮助员工快速、准确地记录客户请求内容并快速找到解决问题的答案。如果问题无法在线解决,协作型客户关系管理还必须提供智能升级处理,员工必须及时做出任务转发的决定。

3) 分析型 CRM

分析型客户关系管理系统通常也称"后台"客户关系管理,它不需要直接同客户打交道,其作用是分析、理解发生在前台的客户活动,从操作型客户关系管理系统应用所产生的大量交易数据中提取有价值的各种信息,为企业的经营管理和决策提供有效的量化依据。

分析型客户关系管理系统主要面向客户数据分析,针对企业一定的业务主题,设计相

应的数据库和数据集市,利用各种预测模型和数据挖掘技术,对大量的交易数据进行分析,对将来的趋势做出必要的预测或寻找某种商业规律。作为一种企业决策支持工具,分析型客户关系管理系统用来指导企业的生产经营活动,提高经营决策的有效性和成功度。

分析型的客户关系管理应用主要有客户群体分类分析和行为分析、客户效益分析和预测、客户背景分析、客户满意度分析、交叉销售、产品及服务使用分析、客户信用分析、客户流失分析、欺诈发现、市场分类分析、市场竞争分析、客户服务中心优化等。

4)3 种类型的客户关系管理系统之间的关系

从上面 3 类客户关系管理系统的介绍和分析可以发现,操作型和协作型应用主要解决内部工作效率和交易数据的采集问题,并不具备信息分析的能力,只有分析型客户关系管理系统最具价值。

此外,这 3 种类型的客户关系管理系统都只侧重某一个方面的问题,因此是不完整的。要实现企业与客户之间的联动机制,就需要将 3 种类型的客户关系管理系统结合在一起。在客户关系管理系统实际项目中,3 种类型的客户关系管理系统往往是相互补充的关系。一个完整的、典型的客户关系管理系统在实际应用中其实并没有严格意义的操作型、协作性和分析型的界限。

如果将客户关系管理系统比作一个人,分析型是人的大脑,操作型是人的手和脚,而协作型有点像人的感觉器官,虽然不完全贴切,但它们的确有一定的相似性,3 者共存于一个系统之中,共同完成同一个企业目标,即为目标客户服务。

企业是先上分析型,还是先上操作型或者协作型,完全取决于企业的现状。不论怎样、一定要整体设计,先从最紧迫的需求做起,这样投资小、见效快、风险少,是非常切合实际的做法。

4. 智能客户关系管理系统的应用

20 世纪 80 年代初期的客户信息系统(CIS)是 CRM 应用系统的雏形,大型企业利用 CIS 记录客户完整的信息,并做一定程度的分析。随即出现了前文提到过的"接触管理",代表软件是为前线销售人员量身定做的 ACT,进而发展成为销售自动化(SFA)。销售自动化可以帮助销售人员建立完整的销售过程记录,并能对所有销售活动进行管理,例如

ChatGpt 在电商
中的应用

订单管理、客户管理、销售机会管理、营销活动管理、报价管理等。计算机电话集成技术开发后,呼叫中心迅速成为标准化客户服务与支持的联系渠道。

随着商业智能的出现,客户关系管理逐步智能化,相比传统的 CRM 系统,智能 CRM 具有明显的优势。首先,在智能客户管理系统云平台上沉淀了大量宝贵的用户数据,数据智能就是将这些数据转化成信息,再由信息变成知识,后将这些知识产生。这个从数据到信息的链路看起来简单,其实里面的每个步骤包罗了很多工作。用户在 CRM 里的信息可能横跨 SFA、PRM、Service 等多个产品线,同时这些原始状态的信息并不能直接使用,所以就需要有一个挖掘和提取的过程将原始的数据形态转换成可以理解和处理的信息形态。

智能客户管理系统的业务场景还可以关联很多外部信息,比如市场线索的用户来源轨迹、企业工商信息、标签、维度等,这些信息是以数字、文本,甚至是图谱的形式存在,所

以就需要将这些异构的数据统一梳理和提炼,不但做到多产品线之间的连接,还能做到内外数据的打通以及多样异构的数据类型的连接。

智能客户关系管理系统的实践应用主要体现在互联网新技术、大数据挖掘、人工智能客服在客户关系管理过程中的应用。

1) 互联网在客户关系管理中的实践

互联网能够突破时空限制,让用户随时随地进行信息的发布与获取。让企业更为快捷、简单地通过网络获得潜在的客户。当浏览者在网站进行注册时,填写有关的资料,这些注册的人极有可能成为企业的潜在客户,而他们浏览过的信息也是极有价值的,企业中的销售人员可以有目的地向他们宣传和推销这些产品,使他们最终成为企业的客户。

移动互联网的出现带来了沟通方式和生活方式的变革,其可以简化互联网应用中识别不同用户身份的复杂过程,通过识别用户进行精准营销;也可以随时随地获得终端的位置信息,例如,酒店可以通过微信"查看附近的人"的功能,查找到酒店附近的用户,并向他们推送促销信息或优惠活动。随着移动互联网的发展,网络社交购物市场越来越受到各方平台和资本的青睐。社群营销是基于社群形成的一种新的营销模式,通过互联网超强的传播效应,利用群体失智、情绪化的特点,借助社群成员对社群的归属感和认可度而建立良好的互动体验,增加社群成员之间的黏合度和归属感,从而让社群成员自觉传播品牌甚至是直接销售产品,达到企业的营销目的。

互联网的应用促使新媒体产生,用户可以随时随地将自己看到的内容通过视频、图片等方式,借助网站、论坛、微信、微博、QQ、抖音等新的传播方式进行迅速的发布和传播,甚至评价及建议,而不受制于传统的制度、格式及内容方面的要求,体现出更强的自主性。新媒体的信息传播更加碎片化,传播速度更快,发布范围更广。而且这些信息的发布者会根据受众的喜好和需求,提供具有较强针对性的信息内容,打破了传统媒体在信息传播方面的滞后性等缺点。

企业可以根据用户的需求和消费喜好开发潜在客户,针对产品进行文字描述并配备相应的图片及视频,更好地实施网络推广、广告植入等,从而扩大产品宣传的范围,促进产品宣传的有效性和时效性。基于新媒体平台的用户较为广泛,企业能够借助一些门户网站及搜索引擎进行广告定制,同时能够根据消费者的消费习惯等定制所需的关键词,还可以提高产品被检索的针对性,从而有效地促进产品销售。

2) 数据挖掘在客户关系管理中的实践

(1) 客户画像。美国交互设计之父艾伦·库珀(Alan Cooper)最早提出了用户画像(persona)的概念,用户画像又称人群画像,是根据用户人口统计学信息、社交关系、偏好习惯和消费行为等信息抽象出来的标签化画像,包括客户基本属性、购买能力、行为特征、兴趣爱好、心理特征、社交网络等信息的画像。企业可以基于客户终端信息、位置信息、消费信息等丰富的数据,为每个客户打上人口统计学特征、消费行为和兴趣爱好等标签,并借助数据挖掘技术(如分类、聚类、RFM 等)进行客户分群,完善客户的 360°画像,深入了解客户行为偏好和需求特征。如马蜂窝可以对该客户的行为偏好进行聚类分析,从而为该客户推荐相应的旅游服务项目,贴合客户的旅游服务需求。又如,高德获得的行车记录不仅可以用于优化派单算法,还可以提供给保险公司,基于个人的驾驶习惯进行个性化的车险定制。通过无处

不在的数字化触点，企业得以与客户展开信息互动，对需求做出快速响应。客户通过各类触点了解企业文化、试用新产品、进行实时咨询或投诉，这极大提升了客户体验。

（2）精准营销和个性化推荐。企业在客户画像的基础上对客户特征深入理解，实现精准营销，为客户提供定制化的服务，优化产品和定价机制，实现个性化营销和服务，提升客户体验与感知。例如，新片上映前，影院会设置与影片相关的场景，供观众打卡留念，有的影院还推出互动游戏，吸引观众到场。同时，根据数据库，影院会分析各类消费者的特点，从中找出潜在客户，然后通过网络宣传并预售电影票，最终在影片上映前，预售票会占比 5% 左右。

（3）客户生命周期管理。客户生命周期管理包括客户获取、客户成长、客户成熟、客户衰退和客户离开 5 个阶段的管理。在客户获取阶段，可以通过算法挖掘和发现高潜客户；在客户成长阶段，通过关联规则等算法进行交叉销售，提升客户人均消费额；在客户成熟阶段，可以通过大数据方法进行客户分群（RFM，recency 即最近一次消费，frequency 即消费频率，monetary 即消费金额）并进行精准推荐，同时对不同客户实时忠诚计划；在客户衰退阶段，需要进行流失预警，提前发现高流失风险客户，并做相应的客户关怀；在客户离开阶段，可以通过数据挖掘发现高潜回流客户。如国产品牌飞鹤奶粉从 2016 年起，与北京大学医学部在中国母乳、儿童营养、成人营养等领域开展科研合作。如今，飞鹤全生命周期研究更进一步，飞鹤联合国内外顶尖专家，组建了一流的研发团队，即北大医学—中国飞鹤营养与生命健康发展研究中心，这一研究中心旨在持续深化对生命早期、儿童及青少年、成人的全生命周期、全人群覆盖的营养研究。

3）智能呼叫中心在客户关系管理中的实践

呼叫中心，也叫客户服务中心，起源于 20 世纪 30 年代，最初是把用户的呼叫转接到应答台。此后，随着需要转接的呼叫和应答增多，开始建立起交互式语音应答系统，这种系统能把客户部分常见问题的应答实现由机器"自动话务员"来应答和处理。现阶段的呼叫中心是指综合利用先进的计算机及通信技术，将计算机的信息处理功能、数字程控交换机的电话接入和智能分配技术、自动语音处理技术、互联网通信技术、商业智能技术与业务系统、人工业务代表等资源紧密结合在一起，对信息和流程进行优化处理和管理，集中实现沟通、服务和生产的统一指挥的高效服务平台。此外，呼叫中心同互联网结合起来，就形成了互联网呼叫中心，它能够通过互联网实现语音呼叫、文本交谈、电子邮件和回呼等功能。

互联网呼叫中心可以利用人工智能实现智慧化地与客户沟通。智能语音客服主要运用语音识别功能和语音数据挖掘功能，当客户的问题简单时，语音客服可以直接回答客户的问题。如果问题比较复杂则会转接人工服务来为客户解答。智能文字客服会记录客户在网上银行和电子银行上的操作，通过后台系统智能分析客户可能遇到的问题。当客户点击客服的按钮时，文字客服会智能地为客户提供问题以及最近客户提问到的热点问题。只要客户点击问题或者提问其他内容，智能客服就会迅速进行解答。

由于高新技术的采用，呼叫中心有效地减少了通话时间，降低了网络费用，提高了员工及业务代表完成的业务量，特别是自动语音应答系统可以将企业员工从繁杂的工作中解放出来，去管理更复杂的、直接和客户打交道的业务，提高了工作效率和服务质量。无须增加服务人员，企业便可以提高服务的等级，同时提高业务代表的利用率。在提供新产品、新业务或增加新系统、新设备时，也能够减少业务代表的培训时间。此外，呼叫中心统一完成语音与数据的传输,用户通过语音提示即可轻易地获取数据库中的数据,可以有效地减少每个电话的时长。每位座席代表在有限的时间内可以处理更多电话,大大提高电话处理的效率及电话系统的利用率,降低企业成本。

例如,自动语音设备可不间断地提供礼貌而热情的服务,即使在晚上,客户也可以利用自动语音设备提取所需的信息,而且由于电话处理速度的提高,大大减少了客户在线等候的时间。呼叫中心的座席代表可以在接听电话时从计算机屏幕上了解到有关来电客户的基本信息,如客户的姓名、住址、个人爱好等。根据这些资料,座席代表就能为客户提供更加亲切的"个性化"服务。这就可以减少向客户提供所需信息的查询与响应的时间,因此可以提高服务质量,增加客户价值,提升客户满意度。另外,不少呼叫中心在接受客户呼叫的同时,也能主动向客户进行产品宣传,实现客户重复购买,在扩大市场份额的同时,也强化了客户忠诚。

本 章 小 结

本章介绍了商业智能的产生背景、概念及主要功能,阐述了商业智能的主要研究内容及在不同行业中的实践应用。本章还介绍了客户关系理论产生的背景、概念及相关关系营销、市场细分、客户生命周期、客户价值、满意度及忠诚度等理论。并在以上基础上分析了商业智能在客户关系管理中的应用,阐明如何借助互联网技术、数据挖掘技术进行精准营销,如何借助人工智能实现传统呼叫中心的转型升级,更好地为客户服务。

复 习 思 考 题

□ 复习与讨论

1. 搜索资料并结合本章内容回答商业智能的核心思想是什么?
2. 商业智能的主要功能是什么? 各功能之间是如何协作的?
3. 如何实施商业智能?
4. 分析客户关系管理产生的背景。
5. 客户价值包含哪些内容? 如何来评价?
6. 如何判断客户是否满意?
7. 客户忠诚的指标有哪些?
8. 客户关系管理系统如何分类?
9. 商业智能如何影响客户关系管理?

□ 案例分析

释放商业新增量，全面增效客户价值

近日，快手"2023·增量效应"磁力大会在北京召开，聚焦释放商业新增量、全面增效客户价值两大方向，探索生意的确定性增长路径。

在过去的 2022 年，快手取得了远高于行业平均的增长速度。2022 年前三季度快手营收增幅 16.3%，而第三方数据显示，20 家互联网公司同期平均营收增幅为 2.23%。同时，2022 年第三季度快手月活跃广告主数量同比增长 65%。考虑到宏观经济遇到的挑战，快手交出的这些数据已经足够亮眼，意味着越来越多的客户认可了快手用户和生态的商业价值。快手承诺要以"客户至上"为信条，优化政策和服务，大幅提升客户满意度，最终实现让客户"进得来、留得下、过得好"。

1. 内容与商业融合，提升增量价值

放眼互联网行业，短视频与直播赛道增长动力依然强劲。快手 2022 年第三季度财报数据显示，快手平均日活跃用户突破 3.63 亿，同比增长 13.4%，用户规模再创历史新高。依托于快手生态，除了娱乐直播和直播电商，从 2021 年开始，本地生活、短剧、小游戏、招聘、房产等更多与用户生活、传统行业息息相关的垂直内容在快手扎根生长。

2022 年快手已经是最大的短剧消费市场，短剧日活跃用户达 2.6 亿，现在的付费用户数对比 2022 年 4 月增长超过 480%；

2023 年快手小游戏日活跃用户峰值超过 1000 万，快手原生小游戏的完播率比行业平均高 2 倍以上；

2022 年快手房产业务的总交易额超过 100 亿元；

2023 年年初，每天有超过 50 万份应聘简历通过快手投递给用人单位。

这些新内容的出现，给快手带来了新的商业机会。2022 年，快手"星芒短剧"已有超过 100 部短剧播放量破亿，爆款短剧数量增长近 40%，同时商业合作模式不断丰富。2022 年"双十一"，淘特 App 一次性合作了 10 部题材不同的短剧，抢占大促营销场域，最终全网剧目总播放量超过 200 亿。而在不久后的 2023 年春节，淘特 App 再次定制 9 部快手短剧助力其年货节的推广。唯品会则通过多次复投短剧，累计实现了 5.3 亿潜在人群的有效触达。接下来，快手会进一步探索付费短剧在生态里的内生循环，为内容制作方提供一站式解决方案，让制作方不再需要花大成本去维护一个 App 或小程序，进而在快手获得更好的转化和商业机会，也为内容消费者做好前置的审核和保障工作。

与此同时，针对商业客户提出"既要短期利润，又要长期经营"的需求。快手给出的解决思路是"内容与商业融合，提升流量价值"，以及"从浅度到深度，全面增效客户价值"。

首先，快手的商业流量有充分的扩容空间。2022 年第三季度数据显示，快手短视频播放次数（VV）单日峰值突破 1000 亿次，超过 80% 的用户每天都会进入直播间观看内容。2023 年 1 月，快手搜索日页面浏览量（PV）峰值突破 6 亿次。

其次，快手的商业流量正在进行提效。以金融行业为例，快手每周有 1.6 亿用户观看财经相关的内容，但金融行业广告投放曝光只覆盖到其中的 12%，而对财经内容感兴趣的用户的线索表单转化率是非兴趣人群的 19 倍。

为开发这些高价值流量，快手磁力引擎推出了新的产品和经营工具。比如迅猛增长的搜索流量已经开始商业化，"推荐＋搜索"模式形成的完整闭环转化效率比传统的信息流投放高将近 3 倍，因此到 2023 年 2 月，快手的搜索客户数量同比增长将近 9 倍。一些敏锐的商业客户在会议进行中就已经对快手的搜索产品表示出浓厚的兴趣。

另一个流量巨大且私域黏性和价值都非常高的场域是创作者主页，每天有近 200 亿的播放量，并且快手用户在这个页面的直播交易转化率是平均值的 1.4 倍。基于此，快手推出"磁力万合"产品，将高价值的创作者私域与优质品牌内容匹配，实现创作者、品牌、平台和用户的多方共赢。

2. 以全店 ROI 为抓手，通过深度经营获得确定性增长

在解决商业客户对流量规模和精准匹配双重需求的同时，快手磁力引擎还着手解决效率问题，以全店 ROI 为抓手，全面提升商业客户的经营效率。

全店 ROI 是快手率先在短视频、直播行业提出的一种新型经营理念。区别于传统电商的做法，快手全店 ROI 以客户的整体生意增长为目标，依托于客户在快手沉淀的内容、粉丝和人群资产，通过算法和模型对快手全域流量进行组合投放，进而保障客户在快手整体经营 ROI 目标的达成，并且追求综合收益最大化，实现从品宣到效果再到销售的全链路转化。

过往客户在快手的核心痛点是在商业化、电商、主站等多个流量域各自为战，缺乏全局经营的视野和确定性抓手。全店 ROI 可以让客户从全域流量的视角来审视整体经营效率，并且通过全店 ROI 的表达实现统一的经营把控，实现确定性增长。

以花西子、半亩花田、膜法世家、溪木源和欧诗漫为例，这 5 个品牌在 2023 年 2 月 14 日当天以全店 ROI 的逻辑进行了投放，最终整体 GMV 比 2022 年同期增加 63％，平均全店 ROI 提升 33％，其中欧诗漫 GMV 增长 164％，溪木源全店 ROI 提升 97％。

在全店 ROI 机制下做大生意规模，需要客户与快手平台协同共建，双向做功。客户聚焦在品牌心智的打造、粉丝和目标人群资产的沉淀，尤其是快手"5R 模型"中 R3 以上人群的沉淀（即对品牌、商家有兴趣，有深度互动，甚至已经产生购买行为和复购的人群）。快手则用平台擅长的算法和模型从品牌定向的目标人群中筛选出高潜人群，对快手全域流量进行组合投放，以全店 ROI 为抓手，保障投放效果，不断做大收益。

客户以快手品牌号和站内店铺为核心经营阵地，通过品牌曝光、内容心智、达人种草、创意互动、直播和搜索等场景建立起品牌心智，以全店 ROI 为抓手在全域获取流量，实现消费者的购买行动转化，然后围绕沉淀下来的人群资产和各种经营场景（如新品上市、大促、破圈等）进行长效经营，最终实现从品宣到效果到销售的全链路高效转化。

这也意味着客户要取得更好的销售结果，就不能只关注短期流量投放 ROI 是否达标，而必须用全局视野审视自己的整体经营，充分重视前期内容、粉丝和用户心智建设，为后期转化做好铺垫，而同时在货盘、价格、直播间运营等各方面保持水准，才能让快手平台从站内全域汇集来的流量实现高效率的销售转化。

（资料来源：https://www.iyiou.com/news/202302231041811）

问题：

（1）快手是如何为客户增值的？

（2）快手给我们带来哪些商业启示？

第 9 章

跨境电子商务

课程思政

通过学习国家"一带一路"倡议,提升民族自豪感和爱国情怀,能够结合中国优秀传统文化,分析国内外文化的区别,通过展示中国传统礼仪,展现国人素质。

教学目标

1. 掌握跨境电商的含义和分类。
2. 了解跨境电商的物流模式和支付方式。
3. 了解主要的跨境电商平台。

开章引例

京东携手 Shopify 出海,跨境电商的蛋糕够香吗?

随着跨境电商热度升温,京东也加速了业务布局。2022 年 1 月 18 日,京东集团宣布与国际电商服务平台 Shopify 达成战略合作,也是 Shopify 首个中国战略合作伙伴。

具体措施上,京东计划为 Shopify 上的国际商家和新兴品牌开辟跨境电商入驻绿色通道,帮助海外商家从资质审核、物流和支付开通,到选品同步、海关备案、商品上架等在内的全部入华手续的办理从数月缩短至 3 至 4 周,开店流程最快 1 天完成。通过国际物流插件,为国际商家提供京东跨境航线、海外仓及"最后一公里"配送服务。

此外,京东还将助力中国商家一站式出海,通过 Shopify 建立面向全球市场的 DTC 独立站,打造"京东一站式选品平台",为 Shopify 全球商户开放基于京东供应链网络的商品池。海外布局方面,截至目前京东已经在北美、欧洲、东南亚、中东、澳洲等地运营了 80 个保税仓库及海外仓库。

有分析人士认为,京东在海外想要更快扩张,与 Shopify 合作是一种方式。Shopify 向电商提供运营环境,自身不介入电商自营业务当中,其平台属性意味着京东可以通过 Shopify 的服务,较快地在国外建设自己的电商通道。与此同时,由于 Shopify

是电商解决方案,其平台上的电商是独立的,Shopify 通过和京东合作的方式为海外独立电商导入中国市场,则能够有效提升 Shopify 的知名度和销售额,双方业务存在互补。

Shopify 是一站式 SaaS 模式的电商服务平台。商家可以通过其管理业务运营,从建立线上门店到推广、销售和履约送货。2021 年亚马逊对一批商家进行封号处理后,不少商家选择独立站模式发展。Similarweb 数据显示,Shopify 2021 年第二季度以 11.6 亿的月平均独立访客数首次超过亚马逊,Shopify 也被视为亚马逊的威胁。截至 2022 年 1 月 18 日,Shopify 股价为 1102 美元,市值达 1385 亿美元。

而从京东国际业务发展看,自去年 12 月国际业务换帅后,京东国际业务按下了加速键。2021 年 12 月 9 日,京东发布内部公告,表示京东国际负责人闫小兵因家庭需要和身体原因于日前提出在春节后退休,同时将由现任京东国际供应链业务部负责人 Daniel Tan 代理京东国际负责人。京东在公告中表示,Daniel Tan 在零售供应链领域深耕多年,积累了丰富的销售、产品等跨领域经验。Daniel Tan 上任后,京东国际业务动作频频。1 月 10 日,京东在荷兰落地"超级仓店"ochama,提供包含生鲜在内的全品类线上购物。

从行业整体发展看,近年来跨境电商热度不断升高。从数据看,全球电商销售额也在逐年增长。在 Statista 公布的 2020 年全球电商销售数据中,除亚太、北美、西欧这三大地区排列前三之外,紧随其后的便是中欧、东欧,新兴市场则主要聚焦于拉丁美洲、中东和非洲地区。以非洲为例,外媒预计到 2025 年,非洲的电子商务交易额估计将达到 750 亿美元。

不过伴随而来的还有诸多挑战,首先,特别是美国的物流出现了极大的不稳定,不仅价格飙升,时效性也无法保障,对商家的备货策略、调度能力、库存周转、资金流转等都是很大的挑战。其次,品牌化成为不囿于价格战的必选,因为用户忠诚度是基于品牌积累的。最后,流量成本疯涨,如何布局应对是关键。

因此,出口跨境电商的关键在于找到一个积累海外用户流量的模式,通过海外用户喜欢的方式聚集用户。进口跨境电商方面,需要符合中国消费者的需求,同时要考虑进口产品的售后问题,以免影响口碑。跨境电商需要考虑物流、售后等服务的脱节问题,谁能优化这些问题,谁就能打造自己的竞争优势。

(资料来源:https://baijiahao.baidu.com/s?id=1722300541734825986&wfr=spider&for=pc)

9.1 跨境电商概述

互联网化与全球化两大趋势已经交汇,跨境电商就是这两大趋势交汇的产物,其蓬勃发展是时代发展的必然结果。跨境电商的出现,加快了国际贸易的进程,引起了世界经济贸易的巨大变革。截至 2022 年年底,中国跨境电商综合试验区已多达 165 个,从交易规模来看,在 2019 年,中国跨境电商交易规模已达到 10.5 万亿元,随后一直呈上升趋势。2022 年中国跨境电商市场规模 15.7 万亿元,较 2021 年的 14.2 万亿元同比增长 10.56%。预计,在 2025 年,中国跨境出口电商交易规模总体将突破 19 万亿元。有分析认为,由于中国制造的产品在全球风靡,且性价比在不断提高,所以,中国跨境出口电商交易规模持续增长。

9.1.1 跨境电商的含义

跨境电商是指分属不同关境的交易主体，通过电商平台达成交易、进行支付结算，并通过跨境物流及异地仓储送达商品、完成交易的一种国际商业活动。具体来说，跨境电商的概念有狭义和广义之分。狭义的跨境电商基本等同于跨境零售，是指分属于不同关境的交易主体，借助互联网达成交易、进行支付结算并采用快件、小包等方式通过跨境物流将商品送达消费者的交易过程。广义的跨境电商基本等同于外贸电商，是指分属于不同关境的交易主体，通过电子商务的手段将传统进出口贸易中的展示、洽谈和成交等各环节电子化，并通过跨境物流送达商品、完成交易的一种国际商业活动。

与境内电子商务相比，跨境电商的业务环节还需要经过海关通关、检验检疫、外汇结算、出口退税、进口征税等多个环节。在商品运输上，跨境电商的商品需要通过跨境物流出境，与境内电子商务相比，跨境电商的商品从售出到送达消费者手中所用的时间更长。跨境电商的出口流程如图 9-1 所示。

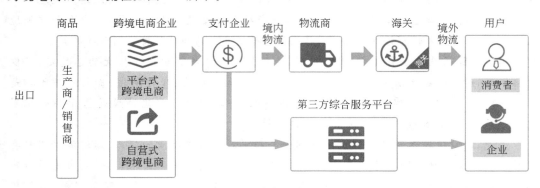

图 9-1　跨境电商出口流程

从跨境电商的出口流程来看，生产商或销售商把要出口的商品交付给跨境电商企业，跨境电商企业将商品放在跨境电商平台进行展示，消费者下单并完成支付后，跨境电商企业将商品交付给物流企业进行投递，经过出口地及进口地两次海关通关商检后，将商品送达消费者或企业手中。也有部分跨境电商企业直接与第三方综合服务平台进行合作，由第三方综合服务平台代理完成物流配送、通关商检等一系列环节，从而完成整个跨境交易的流程。在跨境电商进出口流程中，需要第三方支付企业提供支付服务，以实现境内外资金的流转。跨境电商的进口流程除了与出口流程的方向相反，其他内容基本相同。

9.1.2 跨境电商的分类

1. 按照交易模式分类

按照交易模式的不同，跨境电商可分为 B2B 跨境电商、B2C 跨境电商和 C2C 跨境电商。

1）B2B 跨境电商

B2B 跨境电商是指分属不同关境的企业对企业开展在线销售商品或服务，通过电子商务平台达成交易、进行支付结算，并通过跨境物流送达商品、完成交易的一种国际商业活动。敦煌网、阿里巴巴国际站和环球资源网等都是十分具有代表性的 B2B 跨境电商平台。

2022 年中国跨境电商交易额为 15.7 万亿元，其中，跨境电商 B2B 交易占比达 75.6%，为 11.87 万亿元，预计到 2025 年中国跨境电商 B2B 市场规模将达到 13.9 万亿元。目前出口 B2B 在线采购已逐步成为全球采购主流趋势，对贸易经济带动面较大。

B2B 跨境电商平台主要有以下两种模式。

（1）"交易佣金＋服务费"模式。在这种模式下，商家可以免费注册、免费展示商品信息，平台只收取交易额佣金。平台依据类目分别设定固定的佣金比例来收取佣金，并实施"阶梯佣金"政策，当单笔订单数额达到一定金额时，即按照统一的标准收费。另外，平台还为商家提供了一系列的服务，如开店、运营和营销推广等，并从中收取一定的服务费。

（2）"会员制＋推广服务"模式。在这种模式下，平台主要为商家提供贸易平台和资讯收发等信息服务，并收取会员服务费，针对不同的目标企业，提供不同的资讯服务。

2）B2C 跨境电商

B2C 跨境电商是指分属不同关境的企业直接面向个人消费者开展在线销售商品或服务，通过电商平台达成交易、进行支付结算，并通过跨境物流送达商品、完成交易的一种国际商业活动。2022 年中国跨境电商 B2C 交易占比 24.4%。速卖通、亚马逊、eBay、Wish 等都是十分具有代表性的 B2C 跨境电商平台。

B2C 跨境电商平台的模式主要包括"保税进口＋海外直邮"模式、"直营＋招商"模式和"直营"模式 3 种。

（1）"保税进口＋海外直邮"模式。这种模式典型的代表是亚马逊、天猫国际和 1 号店。亚马逊平台中的商家分为专业商家和个人商家，其中专业商家北美站点每月租金为 39.99 美元，欧洲站点每月租金为 25 欧元，上传商品的数量无限制且不收取费用。而对于个人商家，亚马逊按照每笔 0.99 美元的佣金进行收取，免租金。亚马逊在各地保税物流中心建立了跨境物流仓储，在全球范围内拥有自己的物流配送系统，这是它与天猫国际、1 号店的最大区别。

（2）"直营＋招商"模式。这种模式可以发挥企业的最大内在优势，通过招商的方式来弥补自身的不足，其典型代表为苏宁易购。苏宁易购在综合分析自身情况，充分发挥自身供应链、资金链等优势的同时，通过全球招商来弥补国际商用资源的不足，打造为全球消费者服务的"苏宁国际"。

（3）"直营"模式。这种模式是指跨境电商企业直接参与采购、物流和仓储等境外商品的交易流程，拥有自己的物流监控和支付系统。"直营"模式的典型代表是聚美优品，它通过整合全球供应链，直接参与到整个买卖流程中，并独辟了"海淘"直营模式。2014 年，聚美优品在河南保税物流区建设了自理仓，大大缩短了商品运输时间，并让物流信息能够被全程跟踪。

3）C2C 跨境电商

C2C 跨境电商是指分属不同关境的个人商家对个人消费者开展在线销售商品或服务，由个人商家通过第三方电商平台发布商品和服务信息，由个人消费者进行筛选并最终通过电商平台进行交易、支付结算和跨境物流配送等的一种国际商业活动。典型的 C2C 跨境电商平台有淘宝全球购、淘世界和洋码头等。

2. 按进出口方向分类

跨境电商按进出口方向的不同，可分为进口跨境电商和出口跨境电商。2022 年我国跨境电商的进出口结构上，出口电商市场规模 12.3 万亿元，占比达到 78.3%，进口电商市场规模 3.4 万亿元，进口比例 21.7%。目前进口与出口跨境电商市场在政策鼓励、税收优惠等助推下已初步成熟，市场核心驱动力是需求及生产端对海外的领先。

（1）进口跨境电商。进口跨境电商是指境外卖家将商品直销给境内买家，一般流程是境内买家访问境外卖家的购物网站选择商品，然后下单购买并完成支付，由境外卖家发国际物流给境内买家。在跨境进口贸易中，传统海淘模式是一种典型的 B2C 模式。除了海淘模式，还有进口零售电商平台的运营模式、海外代购模式、直发/直运平台模式、自营 B2C 模式、导购返利平台模式和境外商品闪购模式等。

（2）出口跨境电商。出口跨境电商是指境内卖家将商品直销给境外买家，一般流程是境外买家访问境内卖家的网店，然后下单购买商品并完成支付，由境内卖家发国际物流给境外买家。艾媒数据中心监测数据显示，从跨境电商零售进出口总值结构上看，2018—2022 年，零售进口商品总值占比在持续降低，而零售出口商品总值占比相应提高。从 2021 年开始出口电商正加速从野蛮生长向精耕细作转变。在一定时期内，出口跨境电商贸易额的比例将持续高于进口跨境电商。

我国出口跨境电商商品的品类主要有手机和手机附件、服装、健康与美容用品、母婴用品、家居用品、消费类电子商品、运动与户外商品、计算机和网络商品等。

9.2 跨境电商物流与支付

跨境电商物流

在跨境电商活动中，跨境物流和跨境支付都是非常重要的环节，物流保障跨境电商交易过程中的实体物品运输流动，而跨境支付则为双方的支付结算提供支持，两者共同促进了国际商务贸易活动。

9.2.1 跨境物流的主要模式

与国内物流运输不同，跨境物流需要跨越边境，将商品运输到境外国家。目前常见的跨境物流方式主要有邮政包裹、国际快递、专线物流和境外仓储。

（1）邮政包裹。邮政具有覆盖全球的特点，是一种主流的跨境物流运输方式。目前常用的邮政运输方式包括中国邮政小包、新加坡邮政小包和一些特殊情况下使用的邮政小包。邮政包裹对运输的管理较为严格，如果没有在指定日期内将货物投递给收件人，负责投递的运营商要按货物价格的 100％赔付客户。需要注意的是，对于邮政包裹运输，含粉末、液体的商品不能通关，并且需要挂号才能跟踪物流信息，运送的周期一般较长，通常要 15～30 天。

（2）国际快递。国际快递主要是通过国际知名的四大快递公司，即美国联邦快递（FedEx）、联合包裹速递服务公司（United Parcel Service，UPS）、TNT 快递和敦豪航空货运公司（DHL）来进行国际快递业务的邮寄。国际快递具有速度快、服务好、丢包率低等特点，如使用 UPS 从中国寄送到美国的包裹，最快 48 小时内可以到达，但价格较昂贵，企业一般只在客户要求时才使用该方式发货，且要求客户自己承担费用。

（3）专线物流。专线物流一般是通过航空包租舱的方式将货物运输到境外，再通过合作公司进行去往目的地的派送，具有送货时间基本固定、运输速度较快和运输费用较低的特点。目前，市面上常见的专线物流产品是美国专线、欧美专线、澳洲专线和俄罗斯专线等，也有不少物流公司推出了中东专线、南美专线和南非专线等。整体来说，专线物流能够集中将大批量货物发往某一特定国家或地区，通过规模效应来降低成本，但具有一定的地域限制。

（4）境外仓储。境外仓储是指在其他国家（或地区）建立境外仓库，货物从本国出口通过海运、货运和空运等形式储存到其他国家（或地区）的仓库。当消费者通过网上下单购买所需物品时，商家可以在第一时间做出快速响应，通过网络及时通知境外仓库进行货物的分拣、包装，并且从该境外仓库运送到其他国家或地区，大大缩短了物流的运输时间，保证了货物安全、及时、快速到达消费者手中。

9.2.2 跨境物流中的报关与报检

1. 进口商品报关报检

当境内消费者成功支付订单后，跨境电商企业将订单信息发送至服务平台进行申报；支付企业将订单支付信息发送至服务平台进行申报；跨境物流企业在成功预订舱单信息后，将对应的跨境贸易相关的舱单信息（含运单信息）发送至服务平台进行申报。服务平台集齐三单信息后，自动生成清单供有报关报检资质的企业进行申报。清单经海关、检验检疫审核后，若无异常，则放行进入终端配送环节。

1）清单申报（三单信息汇总）

（1）国内消费者在电商平台成功支付订单后，电商企业将订单信息发送至服务平台；支付企业发送支付信息至服务平台；物流企业发送舱单和运单信息至服务平台。服务平台将接收到的三单信息（订单、运单、支付单）汇总生成清单信息。

（2）清单生成后，核对主运单、分单、重量等信息是否完整，核对无误后，将生成的清单信息（三单和清单）分别批量申报至海关管理平台和检验检疫管理平台。

2）平台审单

平台审单分为电子审单和人工审单两种。根据审单规则（包括企业分类管理参数等风险参数)进入电子审单和人工审单的清单,处理结果包括审单通过、退单。

（1）清单申报后,系统首先进入电子审单环节,电子审单完成后,对于有潜在风险的物品,系统进入人工审单,由海关、商检人工审核。审单结果包括暂存(退单)、审单通过、检验查验、检验放行等。

（2）清单生成后,核对主运单、分单、重量等信息是否完整,核对无误后,将生成的清单信息(三单和清单)分别批量申报至海关管理平台和检验检疫管理平台。

3）机检查验、放行

（1）审单完成后,通知海关、商检人员对货品进行现场过X光机。监管场所运营人员对包裹物流单进行逐一扫描,上X光机对申报货物进行同屏对比,机检正常做自动放行,机检异常的对相应的包裹进行下线查验处理。监管科查验关员和商检科查验人员分别对下线包裹实施拆包查验,查验完毕后记录查验结果。查验结果包括查验放行、改单、删单、移交缉私处理等。

（2）机检完毕后,在通关服务平台清单查询中,查询每一单的海关、商检指令状态,确保每一单指令均为放行(如为查验请海关、商检录查验结果)。

4）出库放行、增值税及消费税缴纳

（1）跨境电商仓库场站人员对过机放行的包裹进行逐单扫描,扫描无误后,放行出库。放行的货物由国内的物流企业进行配送,运送至消费者手中。

（2）对于产生行邮税的物品,海关管理平台自动汇总生成《海关进境物品进出口税缴款单》。企业可按照有关程序缴纳税款,税单核销完毕后,通关服务平台中的保证金账户扣款自动退回账户。

2. 出口商品报关报检

跨境电商企业可以通过通关服务平台实现通关一次申报,同时海关、税务、检验检疫、外汇、市场监管等部门也可通过通关服务平台获得跨境电商的商品信息,并对商品交易实现全流程监管。

在进行跨境电商零售出口商品申报前,跨境电商企业或电商交易平台企业、支付企业、物流企业应当分别通过跨境电商通关服务平台如实向海关传输交易、支付、物流等电子信息。一般来说,跨境电商出口报关需要经过6个步骤。

（1）跨境电商企业在跨境电商通关服务平台上备案。

（2）货物售出后,电商、物流、支付企业向跨境电商通关服务平台提交"三单"信息。

（3）跨境电商通关服务平台完成"三单"信息比对,自动生成货物清单,并向"中国电子口岸"发送清单数据。

（4）货物运往跨境电商监管仓库。

（5）海关通过跨境电商通关服务平台审核,确定单货相符后,货物放行出口。

（6）跨境电商企业凭报关单向税务局申请退税。

9.2.3 跨境支付

在跨境商贸过程中,当买卖双方的交易顺利达成,货物通过跨境物流送达买方,买方确认商品合格后,就需要进行款项支付。跨境支付可以通过银行电汇、信用卡支付和第三方平台支付等方式进行。特别是第三方平台支付,随着跨境电商的发展,人们对其的需求日益增多。国际上常用的第三方平台支付工具是 eBay 的贝宝(PayPal)、西联汇款等。在国内,银联较早开展跨境电商支付业务,其他支付工具紧随其后。

2015 年 4 月 24 日,国家外汇管理局正式发布了《支付机构跨境外汇支付业务试点指导意见》,开始在全国范围内开展部分支付机构跨境外汇支付业务试点,允许支付机构为跨境电商交易双方提供外汇资金收付及结售汇服务。此举对跨境支付的发展意义重大,不仅能大大增强跨境电商及跨境购物用户操作上的便利性,而且能在一定程度上提升跨境支付的安全性,保证国家税收。2019 年 4 月 29 日,国家外汇管理局又发布了《支付机构外汇业务管理办法》,旨在便利跨境电子商务结算和促进支付机构外汇业务健康发展,防范跨境资金流动风险。

跨境支付的发展为国内第三方平台支付企业打开了新的广阔市场空间,帮助其获取相对更高的中间利润,同时也有利于第三方平台支付企业对跨境商家进行拓展并简化支付的结算流程。对于境内消费者来说,由于无须再为个人结售汇等手续困扰,可以直接使用人民币购买境外商家的商品或服务,因此也大大简化了交易流程。截至 2022 年年底,国内拥有跨境支付资格的支付企业数量达到 43 家,常见的支付工具包括支付宝、财付通、银联、网银在线、快钱和易宝等。

9.3 典型跨境电商平台

2022 年中国跨境电商交易额占我国货物贸易进出口总值 42.07 万亿元的 37.32%。跨境电商企业超过 1.4 万家,境内通过各类平台开展跨境电商的企业已超过 20 万家。在众多跨境电商平台中,速卖通、亚马逊、eBay 和敦煌网这 4 家跨境电商平台占据了大部分市场份额,其他市场份额和知名度较高的平台还有 Wish 等平台。其中,速卖通主营 B2C 业务,敦煌网主营 B2B 业务,其他平台则是综合业务。

9.3.1 全球速卖通

1. 速卖通概况

速卖通的全称为全球速卖通(AliExpress),是阿里巴巴旗下面向全球市场打造的在线交易平台,可以简单地理解为国际版"淘宝",主要针对国外中小企业。在速卖通平台上,商家可以将商品信息编辑为在线信息发布到境外,消费者查看并购买商品后,平台通过国际快递进行货物运输,完成交易。速卖通于 2010 年 4 月正式上线,目前已经发展成为覆盖 230 多个国家和地区的跨境电商交易平台之一,境外成交消费者数量已突破 1.5 亿人。虽然在美国等成熟市场中,速卖通无论是品牌形象还是流量,都无法和亚马逊、eBay相抗衡,但是在俄罗斯、巴西、以色列、西班牙、乌克兰和加拿大等新兴市场中,速卖通是非

常重要和受欢迎的购物平台。

和其他竞争者相比,速卖通的优势包括较低的交易手续费、丰富的商品资源,以及使商家可以方便地将商品一键卖向全球的淘代销功能。速卖通还专门为商家提供了一站式商品翻译、上架、支付和物流等服务。另外,全球知名度和联盟站点,以及 Google 线上推广等为速卖通引入了更多优质流量。

值得一提的是,对于没有进行过培训的跨境电商新商家而言,速卖通的一个优势在于其简单、易上手,后台界面是全中文的,在商家与客服沟通时没有语言和文化上的差异。同时,商家还可以通过阿里巴巴提供的在线社区和线下的跨境电商培训课程,掌握后台操作的技巧并了解平台的新政策。

2. 速卖通盈利模式

卖家在速卖通平台上注册、发布商品都是免费的。速卖通平台收费项目主要包括交易佣金、提现手续费和增值服务费:交易佣金是指根据成交总金额(包含产品和运费),按一定比例收取手续费,不同品类收费比例不同;提现手续费是指将平台资金提现至支付宝账号或银行卡账号收取的费用,其中,提现至支付宝账号按 0.3% 收取手续费,手续费不足 8 美元的,按 8 美元收取,提现至银行卡账号的按每笔 15 美元收取费用;增值服务费是指速卖通还提供付费营销工具等服务,如速卖通直通车和联盟推广。速卖通直通车按点击付费,类似于淘宝直通车。速卖通联盟推广由卖家设置佣金比例,吸引境外网站推广,按成交付费,类似于阿里妈妈淘宝联盟。

9.3.2 亚马逊

1. 亚马逊概况

亚马逊是美国最大的一家网络电子商务公司,位于华盛顿州的西雅图,是在互联网上最早开始经营电子商务的公司之一。亚马逊成立于 1995 年,一开始只经营网络书籍销售业务,目前已涉及其他许多类目的商品。

亚马逊平台非常适合中国的工厂或者有供应链优势的品牌商,是一个非常优质的 B2C 平台,消费者主要为发达国家的中产阶层,他们对价格不敏感,因此商品利润率较高。如果商家有给外国知名品牌代工的经验,并已建立商品品质把控标准,亚马逊绝对是不可错过的销售平台,对于自有品牌和专利,商家还可以在平台上进行商标备案,防止被其他商家跟卖和侵权。但在亚马逊开店是有一定门槛的,不但开店手续复杂,而且上手相对困难,如果商家不小心触犯了它的规则,轻则会被警告,重则直接被封店。

2. 亚马逊的优势

和其他跨境电商平台相比,亚马逊有以下几项优势。

(1) 国际货源丰富,买家遍布全球。亚马逊运作多年,其平台上已经聚集了大量的全球各地的供应商和消费者。

(2) 物流供应链系统化。亚马逊通过布局大型仓储运营中心,建立了较为完善的物流体系,降低了整个供应链的运行成本。

（3）规模化。亚马逊通过与中国（上海）自由贸易试验区管理委员会、上海市信息投资股份有限公司合作,在上海自由贸易试验区进行跨境电商业务规模化运营。

（4）服务配备齐全。亚马逊平台能够为卖家提供包括物流、推广、商业顾问等在内的一系列服务。其中,FBA(fulfillment by Amazon,指亚马逊的库存、物流和配送服务)库存可以用于履行卖家自己的网站或其他第三方网站产生的订单,为卖家提供快捷、方便的跨境业务扩展方式。平台提供免费的站内推广服务,卖家的商品可以在主题活动中得到免费推广;亚马逊也提供付费推广服务,包括关键词搜索、页面广告等。同时,亚马逊拥有专业的顾问团队,可向平台卖家免费提供首次上线的技术支持和咨询服务,并定期提供网络培训服务。

9.3.3 eBay

1. eBay 概况

eBay(易贝)是全美最大的在线商品交易平台。与亚马逊一样,eBay 在中国也有独立的网站,致力于为中国商家开辟境外网络直销渠道。目前,eBay 在全球数十个国家和地区都拥有本地站点,全球活跃消费者总数超过 1.5 亿人,其核心市场是美洲和欧洲地区。eBay 最初是一个拍卖网站,其创办的初衷是让美国人把家中的闲置物品放到网络上买卖。这种拍卖模式很容易吸引流量,同时每一个商家都可以将商品价格设置为最低0.01 美分的底价,再让消费者竞相加价。由于创办时间早,国际知名度高,所以 eBay 上的商家非常多,商品也是琳琅满目。

2. eBay 的销售方式与收费模式

在 eBay 平台上,卖家发布的商品主要有拍卖和一口价两种销售方式。拍卖就是通过竞拍的方式进行销售,卖家设置商品的起拍价格和拍卖时间,对商品进行拍卖,最后确定中标者;一口价的方式就是以定价的方式来销售商品。卖家采用的销售方式不同,eBay向卖家收取的费用也不同。

卖家在 eBay 上开店铺、刊登物品进行销售是需要支付一定的手续费的,主要包括刊登、成交费、特色功能费、贝宝收款手续费、店铺费 5 个部分。其中,刊登费用,即商品上传展示费用;成交费,即交易完成后,收取一定比例的佣金;特色功能费是指卖家为物品添加一些特色功能所要缴付的费用;贝宝收款手续费由贝宝来收取;店铺费是针对在 eBay平台开设店铺的卖家收取的店铺月租费,不同等级店铺的收费标准不同。

在物流方面,eBay 联合第三方合作伙伴中国邮政速递,为中国消费者提供经济、便捷的国际 e 邮宝货运服务,并逐渐向俄罗斯、巴西等新兴市场延伸。

9.3.4 敦煌网

1. 敦煌网概况

敦煌网成立于 2004 年,是中国首个为中小企业提供 B2B 电商交易的网站,致力于帮

助中国中小企业通过跨境电商平台走向全球市场，开辟更加安全、便捷和高效的国际贸易通道。

敦煌网是中小额 B2B 跨境电商的首个实验者，其盈利模式与其他 B2B 电商不同，它主要以在线贸易为核心，通过收取交易佣金的模式进行运营，商家在敦煌网注册、开店、发布商品都是免费的，而消费者购买时需要支付一定数量的佣金。

敦煌网的优势在于较早推出增值金融服务，根据自身交易平台的数据为商家提供无须实物抵押、无须第三方担保的网络融资服务。另外，敦煌网在行业内率先推出 App 移动端应用，不仅解决了跨境沟通和时差问题，而且打通了订单交易的整个购物流程。

2. 敦煌网的商业模式

1）交易佣金模式

敦煌网为买卖双方提供了一个交易平台，为卖家提供免费注册、免费上传商品、免费展示等服务。买卖双方可以在该平台上完成交易，交易成功后，平台向买家收取一定比例的佣金。敦煌网采用统一佣金率，实行"阶梯佣金"政策。当单笔订单金额少于 300 美元时，平台佣金率为 8.5％～15.5％，单笔订单金额越高，平台佣金率越低，如当单笔订单金额达到 10000 美元时，平台佣金率为 0.5％。

2）服务费模式

敦煌网为用户提供物流、金融、代运营等一系列服务，并收取相应的服务费。

（1）基本服务费。敦煌网为卖家提供入驻开店、平台运营、营销推广、资金结算等一系列服务，并收取一定的费用。

（2）营销推广费。为帮助卖家提高商品曝光度，敦煌网提供了多种营销工具，包括定价广告、竞价广告、展示计划等。卖家可通过购买敦煌币的方式进行付费。

（3）代运营服务费。敦煌网为卖家提供培训、店铺装修及优化、账号托管等服务，并根据服务类型收取相应的费用。

（4）一体化外贸服务费。敦煌网能够为卖家提供跨境交易一体化服务，包括互联网金融服务，物流集约化服务、境内和海外仓储服务，以及通关、退税、质检等服务，并收取相应的服务费。

9.3.5　Wish

1. Wish 概况

Wish 2011 年成立于美国旧金山，是一个基于移动端 App 的商业平台。起初，Wish只是向用户推送信息，并不涉及商品交易，2013 年，其升级成为购物平台。Wish 的系统通过对买家行为等数据的计算，判断买家的喜好，并且选择相应的商品推送给买家。与多数电商平台不同，Wish 的买家一般不会通过关键词搜索来浏览商品，而更倾向于无目的地浏览。这种浏览方式是西方人比较容易接受的，所以超过六成的 Wish 平台买家来自美国、加拿大及一些欧洲国家或地区。Wish 平台免费向卖家开放注册，但从 2018 年10 月 1 日起，卖家需要缴纳 20000 美元作为保证金，Wish 对每笔交易收取 15％的佣金。

Wish 的主要销售类目是服装服饰，尤其是时尚类服装服饰，其他销售类目包括母婴用品、家居用品、3C 配件、美妆、配饰等。Wish 上的商品具有种类丰富、使用更换频率高、话题性强等特点。

2. Wish 的特点

（1）专注于移动端。Wish 是一个专注于移动端发展的平台，它通过了解用户的偏好，智能地将用户想要的商品展现给对应的用户，极大地增加了用户冲动性下单的可能。

（2）独特的推荐算法。Wish 拥有一套自己的推荐算法：根据用户喜好以瀑布流的形式向用户推荐其可能感兴趣的商品，以最简单、最快捷的方式帮助商户将商品销售出去。相比而言，亚马逊、易贝、速卖通虽然都推出了自己的 App，但都只是对 PC 端的补充。

（3）图片质量很重要。不少 Wish 的买家并不看重商品的描述，而是更加关注商品的图片，图片的精美度和清晰度在一定程度上决定了转化率。因此，在 Wish 上销售的商品要以图片展示为主，而且图片清晰度要高，并应从多角度拍摄，同一件商品的图片数量最好不要超过 6 张。此外，Wish 上的商品具有差异性和独特性。Wish 在同一页或同一推送下，会将重复或相似度高的商品自动屏蔽。

（4）搜索功能不重要。Wish 的用户很少使用搜索功能，通常只是简单地浏览页面，看到喜欢的商品才会点击。因此，商品标题优化、关键词等在 Wish 上不是非常重要。标题只要简洁明确，包括必要的商品名称、品牌名称、关键属性等信息即可。

9.3.6 其他平台

1. Shopee

Shopee（虾皮）成立于 2015 年，是东南亚最大的电商平台，覆盖印度尼西亚、马来西亚、越南、泰国、菲律宾和新加坡，同时在我国的深圳、上海和香港地区设有子公司，以帮助我国跨境卖家把优质货物出口至东南亚。Shopee 拥有的商品种类包括电子消费品、家居用品、美容保健品、母婴用品、服饰及健身器材等。Shopee 自成立起，一直保持快速成长。2022 年，Shopee GMV（gross merchandise volume，成交总额）达到 735 亿美元，同比增长 17.6%；总订单数达到 76 亿，同比增长 23.7%。

Shopee 为卖家提供自建物流、小语种客服和支付保障等解决方案。卖家可通过该平台接触东南亚市场。Shopee 旨在为买家打造一站式的社交购物平台，营造轻松愉快、高效便捷的购物环境，提供性价比高的海量商品，方便买家随时随地浏览、购买商品并进行即时分享。

2. Lazada

Lazada（来赞达）于 2012 年 3 月推出，是东南亚重要的网上购物平台，在印度尼西亚、马来西亚、菲律宾、新加坡、泰国以及越南等地设有分支机构。Lazada 在韩国、英国以及俄罗斯等地设有办事处。

Lazada 提供了包括货到付款在内的多种付款方式,其客户服务和免费退货服务也较完善。

Lazada 的商品种类涵盖电子商品、家庭用品以及时装等。

Lazada 自建了物流网络,截至 2021 年 4 月,其在东南亚的 17 个城市拥有超过 30 个仓储中心。Lazada 在多国建立了自营仓库、分拣中心和电子科技设施,着力配合合作伙伴增强跨境通关能力及“最后一千米”的配送能力。Lazada 的自有物流渠道是 LGS (lazada global shipping),致力于解决东南亚部分地区因基础设施落后而运费高昂的问题。

本 章 小 结

本章简要介绍了跨境电商的含义和分类,跨境电商按交易主体可分为 B2B 跨境电商、B2C 跨境电商和 C2C 跨境电商;按进出口方向可分为进口跨境电商和出口跨境电商。物流与支付是跨境电商交易中的两个重要环节。跨境电商卖家在选择物流服务商的时候,要了解自己的实际需求,了解各种物流方式的特点及服务商所能提供的服务内容,多方对比,选择最适合自己的物流方式。通关是出口跨境电商物流必不可少的一个环节,所以卖家需熟悉通关的流程。跨境支付既关系到买家的购物体验,也关系到卖家的收款成本,卖家应知晓各种支付方式的优缺点。各大跨境电商平台都有自己的特点、行业优势和客户群。卖家要选择适合自己行业和商品的跨境电商平台。

复 习 思 考 题

□ 名词解释

跨境电商　保税模式　海外仓　海淘　FBA

□ 单项选择题

1. 在跨境电商模式中占主导地位的是(　　　),跨境电商模式,交易规模增长更迅速的是(　　)跨境电商模式。

  A. B2B   B. B2C   C. C2C   D. O2O

2. 专注于移动端的跨境电商平台是(　　　)。

  A. 速卖通   B. Wish   C. 亚马逊   D. 敦煌网

3. 阿里巴巴国际站属于(　　　)类型的跨境电商网站。

A. B2C   B. B2B   C. C2C   D. B2B2C

4. ( )不属于国际商业快递。

 A. UPS   B. TNT 快递   C. 新加坡邮政小包 D. FedEx

□ 复习与讨论

1. 搜索资料并结合本章内容谈谈跨境电商和传统国际贸易的区别。

2. 试分析比较邮政物流、商业快递、专线物流 3 种物流模式的优缺点。

3. 简述阿里巴巴国际站、亚马逊、速卖通、敦煌网、Wish 等跨境电商平台的特点。

□ 案例分析

一达通：阿里巴巴跨境供应链平台

1. 一达通的发展历程

成立于 2001 年的一达通是为外贸中小企业提供进出口代理服务的平台，主要业务包括通关、结汇和退税等服务。2010 年，一达通被阿里巴巴收购，开始进入阿里巴巴外贸生态圈。2014 年，一达通正式成为阿里巴巴的全资子公司，迎来爆发式增长。2018 年 11 月 23 日，在阿里巴巴举办的 2018 年全国供应链拍档年度大会上，阿里巴巴外贸综合服务平台一达通正式升级为跨境供应链平台。

一达通在升级为阿里巴巴跨境供应链平台后，依托于阿里巴巴国际站，整合全球知名银行、金融机构、物流服务商以及菜鸟网络和蚂蚁集团等资源，为阿里巴巴国际站平台上的外贸中小企业提供数智化履约服务，满足商家包括信用保障、支付结算、供应链金融、物流和外贸综合服务等在内的一站式需求，为外贸中小企业的稳定发展提供底层服务。

跨境供应链升级后，最受关注的模块当属跨境支付结算业务，一达通打造了跨境信用保障服务产品。当买卖双方在国际平台上达成交易后，首先会通过信用保障产品进行支付。信用保障产品可以理解为国际版的支付宝，是阿里巴巴旗下专业的跨境 B2B 交易体系，致力于为全球 B 类买、卖家提供安全、高效、可视化的交易服务，整合各方资源以提供综合性跨境支付、结算、金融等服务，帮助买、卖家轻松实现全球买、全球卖。

在跨境支付和收款上，跨境供应链的信用保障产品为卖家量身定制了专业和多元的解决方案，支持多种支付方式：T/T（含本地 T/T）、信用证、信用卡、西联、Pay Later、Online Bank Payment、Online Transfer。阿里巴巴跨境供应链通过搭建本地 TT 网络，成功地将资金跨境时间缩短至 1 秒，汇款费用下降到 1 美元，同时避免了汇损的发生。

除此之外，在大数据技术赋能下，阿里巴巴跨境供应链让原本无法预测和监控的事情尽在掌握之中。通过与 SWIFT 合作提供全球支付创新服务 SWIFT GPI，阿里巴巴国际站实现了支付资金全链路的数字化和透明化，提高了跨境汇款的确定性。一方面，卖家可以实时掌握买家支付动态、银行处理时效、扣费等信息；另一方面，该服务可以实时地向买家推荐最优惠的汇款路径，同时为卖家提供到账时效及费用预测。

2. 加速物流"端到端"数字化

在支付完成后，卖家只需要通过供应链运输平台进行查价，便可对所有费用了如指掌，从而一键选择合适的物流方案进行货物运输，并且可全程查询追踪货物运输轨迹。

通过升级后的跨境供应链平台完成的进出口业务的物流成本降低了 10%。阿里巴巴跨境供应链重新规划了物流拍档体系，引入多方物流服务商，联合菜鸟网络打造货物运输平台，为买家、卖家提供海运拼箱、海运整柜、国际快递、国际空运、集港拖车、中港运输和海外仓、中美专线等跨境货物运输及储存中转服务，以降低国际物流成本。例如，联合菜鸟网络让中美专线快递价格在首重和续重上比市场价格低了 44%；在中美海运上，从原来的拼箱变成"拼箱＋整柜"，大大提高了中美物流时效。

原来的物流匹配多以主观选择为准，而如今则是以订单为维度的匹配，买家和卖家在流通领域更多以数据作为相互选择的标准。当一个交易订单在平台上形成后，跨境供应链平台通过调取历史履约情况、历史履约确定性，基于数据为客户提供人工智能线路选择和推荐算法，从而缩短买、卖家的选择时间。

3. 推动通关退税持续迭代

在关务上，一达通从 2000 年开始便做了非常多的尝试。如今，一达通为客户提供"2＋N"和"3＋N"服务。"2＋N"指出口代理服务，为客户提供通关和外汇两个环节的服务，而退免税申报由客户自行在当地完成。客户不需要支付信保交易手续费，发货后信保额度立即释放，累积信保数据，同时享受快速退税和融资贷款。而"3＋N"指外贸综合服务，为客户提供通关、外汇、退税及配套的物流、金融服务等"一揽子"外贸服务。

阿里巴巴跨境供应链通过区块链能力，和相关政府部门共同搭建了退税平台，从而可以查看到不可篡改的 KYC、KYB 买、卖家的交易情况、流通情况、报关资料申报情况等。

未来，通过物联网和区块链等新技术，打造涵盖供应链拍档、报关行、国际物流和贸易金融的生态体系，将是阿里巴巴跨境供应链重要的探索方向。

（资料来源：根据阿里巴巴国际站内容整理）

问题：
（1）一达通在跨境支付结算上是如何做的？
（2）一达通是如何加速物流"端到端"数字化的？
（3）一达通是如何帮助客户退税的？

第10章

电子商务法律问题

提升产权意识、法律意识、公民意识、国家意识,具有一定辨别、分析能力,能够自觉抵制不正当竞争,维护国家安全。

教 学 目 标

1. 了解电子商务法律涉及的领域以及国内外电子商务立法现状。
2. 熟悉我国主要的电子商务法律法规。
3. 了解并掌握数据电文、电子合同、网上消费者权益保护、电子商务知识产权、电子商务安全和网络犯罪相关的法律问题。

开 章 引 例

"AI 换脸"搞诈骗

人工智能又火了,这次是围绕电信诈骗。小王此前久未使用的一社交账号突然收到一位多年未联系的高中"好友"的问候,起初并未起疑心。但简单寒暄过后,对方提出借款 2000 元应急。尽管略感困惑,但基于过往关系不错,他没有在第一时间拒绝,而是提出要通过语音和视频进行核验身份。发过来的语音听起来很正常,紧接着小王拨通视频电话,对方很快接通,确实是同学的脸。对方并没有详细解释借钱原因,而是在确认"脸"后急着挂断了电话,这一反常举动引起了小王的警惕。随后,小王在电话中询问两人共同的高中老师的姓氏,对方未能正面回答,在意识到可能遇到诈骗后,小王挂断电话,并进一步使用其他渠道联系上了该同学,确认借钱者并非同学本人。小王遇到的正是近日广受关注的 AI 诈骗。利用 AI 技术实施诈骗的方式主要包括声音合成、AI 换脸,以及盗取微信号后,提取语音文件或安装非官方版本(插件),向微信好友转发此前的语音记录获取信任。还有一种方式,则是通过 AI 技术筛选受骗人群,在精细筛选后找到目标对象。由此来看,与传统诈骗方式相比,AI 诈骗还涉及了人脸、声纹等生物信息。数字化时代,指纹、声纹、人脸甚至是虹膜等生物信息都能成为能开启资金账户的"钥匙",这也意味着,除了常规的验证码、身份证

号信息外，当前用户要保护的隐私信息也逐渐包括个人生物信息。

专家建议需要从 3 个层面提高防范意识：一是监管侧，需及时向社会公众发布风险提示和预警，在执法队伍中进一步加大科技人才引进，总结提炼新型电信诈骗的新特征、新模式，树立一批大案、要案以震慑市场；二是平台侧，例如骗子常驻、常利用的购物平台、社交平台、支付平台等，需加强风控管理，合理采取拦截措施，在账户异常或者聊天内容异常时及时向用户发布提醒；三是用户侧，不轻信陌生来电和短信，在转账、付款前通过官方等渠道核实对方的身份信息。

近年来电商飞速发展，假货问题成为制约其发展的瓶颈，在很大程度上也反映了传统监管方式难以适应互联网创新的尴尬。电子商务快速发展带来了很多问题，比如资金监管、质量安全、知识产权保护、信息安全、信用评价、交易保证金、虚假广告、投诉解决机制、垃圾广告等，急需通过立法对网络交易予以规范。电子商务带来了一些新的问题，给传统法律制度带来了前所未有的冲击和挑战。不仅传统商务活动涉及的法律问题会出现在电子商务活动中，而且电子商务的电子化、信息化和网络化的特征也引起许多新的法律问题。与电子商务和互联网有关的法律问题涉及众多领域，主要包括以下几个方面。

（1）与电子商务主体身份及行业准入有关，包括电子签名法、电子认证法等。

（2）与电子商务交易流程有关，包括电子合同相关法律、电子支付相关法律等。

（3）与电子商务中权益有关，包括消费者权益保护法、网络隐私权保护法、知识产权保护法等。

（4）与电子商务安全有关，包括电子商务安全保护法、网络犯罪相关法律等。

（5）与电子商务广告有关，包括电子商务中的广告法律制度等。

（6）与电子商务税收有关，包括电子商务中税种、征税方式等法律。

（7）与电子商务纠纷有关，包括电子证据、解决方式、司法管辖权等法律。

电子商务法是调整电子商务活动中各参与主体之间依靠互联网等信息网络和电子通信技术，以数据电文为交易手段所产生的各种商事交易关系，以及与这种商事交易关系密切相关的社会关系、政府管理关系的法律规范的总称。

广义上讲，从电子商务法的立法框架及内容可以看出，电子商务法调整的对象不仅包括通过互联网等信息网络销售商品或者提供服务的经营活动，还包括因此而产生的物流服务、电子支付、电子商务监管、争议解决、电子商务治理等多种法律关系。本书认同广义电子商务法的观点。

10.1 电子商务立法现状

电子商务跨地区、跨国界流通的性质使法律的适用成为一个难点，很多国家、地区甚至国际组织意图建立一个清晰的和概况性的法律框架，以协调统一市场内部的有关电子商务的法律问题。

电子商务法在保留和遵循商法基本原理的基础上，逐步扬弃规范传统商业活动的内容，增加和补充用于规范电子商务活动的内容。电子商务立法主要围绕数据电文、电子签名、电子认证、信息安全的法律问题展开，对于电子合同、知识产权和消费者权益等方面的立法，则是主要采取对原有法律进行修改或补充的方式。目前，国际组织和发达国家的立法占主导地位，对其他国家和地区的电子商务立法起指导性作用。基于世界各国的经验教训和我国国情，我国也制定了相关的法律规则。一方面，电子商务立法要重视网络自治的特点，重视电子交易的规律和特点，既解决信息技术对我国法律制度带来的挑战和机遇，也要解决电子商务发展的需要，为产业发展留有余地；另一方面，电子商务立法要借鉴国外互联网立法的先进经验，以战略眼光看待电商立法，提升电商立法层级和前瞻性，建立涵盖互联网资源管理、电子商务、网络信息安全、个人信息保护、防治网络犯罪等各个方面的完备的互联网法律体系。

我国电子商务行业发展迅速，新的领域和模式不断出现，这就要求相关管理部门不断出台和更新法律、法规制度。"十四五"电子商务发展规划提出推进电子商务相关法律、法规制定、修订，加快数据立法进程，探索建立数据产权制度，统筹数据利用和数据安全。加强新技术应用的规范和监管，完善市场准入规则，细化反垄断和反不正当竞争规则。强化知识产权保护，提高执法效能，探索建立新领域新业态知识产权保护制度和监管框架。积极推进电子商务新领域新业态标准化建设，进一步完善标准治理体系。推动建立覆盖全社会的信用体系，加强电子商务诚信体系建设，建立健全失信惩戒和守信激励机制，引导激励多方市场主体参与信用共建。强化消费者权益保护，在新型消费领域开展消费教育和消费警示，建立健全消费纠纷多元化解机制，加大行政执法和司法保护力度。

目前，我国电子商务法律体系由电子商务基本法、电子商务实体法和电子商务程序法3部分构成。3部分内容相互联系、相互制约，电子商务基本法起统驭作用，电子商务实体法构成电子商务的具体法律，电子商务程序法构成诉讼和司法内容，3者构成电子商务法的统一体。目前，《中华人民共和国电子商务法》（简称《电子商务法》）属于电子商务基本法范畴，《中华人民共和国电子签名法》（简称《电子签名法》）等属于电子商务实体法范畴，无电子商务程序法相关法律。

《电子商务法》
宣传片

为了避免与其他已有法律发生冲突，《电子商务法》仅对电子商务领域的特殊事项进行了规范。对于电子商务主体，因从事电子商务活动所涉及的民事、商事及其他领域的行为，还需要用民事、商事法律、经济法、知识产权法、刑法等法律、法规予以调整。因此，调整电子商务的法律体系就包括《电子商务法》《中华人民共和国民法典》《中华人民共和国电子签名法》《中华人民共和国消费者权益保护法》《中华人民共和国产品质量法》《中华人民共和国著作权法》《中华人民共和国商标法》《中华人民共和国专利法》《中华人民共和国反不正当竞争法》《中华人民共和国反垄断法》《中华人民共和国企业所得税法》《中华人民共和国个人所得税法》《中华人民共和国网络安全法》《中华人民共和国刑法》等法律、法规。

国内外有关电子商务的立法情况如表10-1～表10-3所示。

表 10-1　国际组织有关电子商务的立法一览表

立 法 机 构	法 规 名 称	发布时间
联合国大会	《电子商务示范法》	1996 年
	《电子签名示范法》	2000 年
联合国国家贸易法委员会	《行政、商业和运输、电子数据交换规则》	1986 年
	《国际贷记资金划拨示范法》	1992 年
国际商会	《电传交换贸易数据统一行动守则》	1986 年
	《国际数字化安全商务应用指南》	1997 年
国际海事委员会	《电子提单规则》	1990 年
	《信息系统安全性指南》	1992 年
经济合作与发展组织	《在全球网络上保护个人隐私宣言》	1998 年
	《关于在电子商务条件下包含消费者的宣言》	1998 年
	《关于电子商务身份认证的宣言》	1998 年
	《电子商务:税务政策框架条件》	1998 年
	《电子商务中消费者保护的指南》	1999 年
世界贸易组织	《信息技术协议》	1996 年
	《全球基础电信协议》	1997 年
	《开放全球金融服务市场协议》	1997 年
欧盟	《欧盟关于处理个人数据及其自由流动中保护个人的指令》	1995 年
	《欧盟电子签名法律框架指南》	1999 年
	《电子签名指令》	1999 年
	《电子商务指令》	2000 年

表 10-2　国外有关电子商务的国家立法一览表

国　　家	法 规 名 称	发布时间
美国	《数字签名法》(犹他州)	1995 年
	《统一计算机信息交易法》	1997 年
	《电子商务安全法》(伊利诺伊州)	1998 年
	《国际与国内商务电子签名法》	2000 年
俄罗斯	《俄罗斯联邦信息法》	1995 年
	《国际信息交流法》	1996 年
	《电子数字签名法》	2001 年
德国	《信息与通用服务法》	1986 年
日本	《电子签名与认证服务法》	2000 年

国　　家	法　规　名　称	发布时间
新加坡	《电子交易法》	1998 年
意大利	《数字签名法》	1997 年
法国	《信息技术法》	2000 年
加拿大	《统一电子商务法》	1999 年
澳大利亚	《电子交易法》	1999 年
韩国	《电子商务基本法》	1999 年
印度	《电子商务支持法》	1998 年
菲律宾	《电子商务法》	2000 年

表 10-3　我国有关电子商务的立法一览表

立 法 机 构	法　规　名　称	发布时间
人大常委会	《关于维护互联网安全的决定》	2000 年
	《中华人民共和国电子签名法》	2004 年
	《中华人民共和国电子商务法》	2018 年
国务院	《计算机信息网络国际联网管理暂行规定》	1996 年
	《商用密码管理条例》	1999 年
	《互联网信息服务管理方法》	2000 年
	《中华人民共和国电信条例》	2000 年
	《信息网络传播权保护条例》	2006 年
	《信息网络传播权保护条例》	2013 年
	《公共资源交易平台管理暂行办法》	2016 年
	《关于推动电子商务发展有关工作的通知》	2016 年
	《关于深入实施"互联网＋流通"行动计划的意见》	2016 年
	《快递暂行条例》	2018 年
	《推进农业高新技术产业示范区建设发展的指导意见》	2018 年
	《推进电子商务与快递物流协同发展的意见》	2018 年
	《坚持农业农村优先发展做好"三农"工作的若干意见》	2019 年
	《批复 46 个城市和地区设立跨境电子商务综合试验区》	2020 年
	《互联网信息服务算法推荐管理规定》	2022 年
工业和信息化部	《中国公用计算机互联网国际联网管理方法》（原邮电部）	1996 年
	《互联网电子公告服务管理规定》	2000 年
	《互联网站从事登载新闻业务管理暂行规定》（联合国务院新闻办公室）	2000 年

立 法 机 构	法 规 名 称	发布时间
工业和信息化部	《关于互联网中文域名管理的通告》	2000 年
	《电信业务经营许可证管理办法》	2001 年
	《互联网出版管理暂行规定》（联合新闻出版总署）	2002 年
	《中国互联网络域名管理办法》	2004 年
	《互联网电子邮件服务管理办法》	2005 年
	《电子认证服务管理办法》	2005 年
	《互联网著作权行政保护办法》（联合国家版权局）	2005 年
	《互联网新闻信息服务管理规定》（联合国务院新闻办公室）	2005 年
	《互联网信息服务管理办法》	2005 年
	《信息产业部关于做好互联网网站实名管理工作的通告》	2007 年
商务部	《关于网上交易指导意见（暂行）》	2007 年
	《电子商务模式规范》	2008 年
	《网络购物服务规范》	2008 年
	《商务部关于促进网络购物健康发展的指导意见》	2010 年
	《关于规范网络购物促销行为的通知》	2011 年
	《第三方电子商务交易平台服务规范》	2011 年
	《推进国家电子商务示范基地建设工作的指导意见》	2017 年
	《推进商品交易市场发展平台经济的指导意见》	2019 年
	《多渠道拓宽贫困地区农产品营销渠道实施方案》	2019 年
	《推动农商互联完善农产品供应链的通知》	2019 年
	《实施"互联网＋"农产品出村进城工程的指导意见》	2019 年
	《扩大跨境电商零售进口试点的通知》	2020 年
	《网络直播营销管理办法（试行）》	2020 年
	《设立农村电商公开课的通知》	2020 年
	《推动电子商务企业绿色发展工作的通知》	2021 年
	《城市一刻钟便民生活圈建设指南》	2021 年
中国互联网络信息中心	《中国互联网络信息中心域名争议解决办法程序规则》	2006 年
	《中国互联网络信息中心域名争议解决办法》	2006 年
	《关于加强网络直播规范管理工作的指导意见》	2021 年
公安部	《计算机信息网络国际联网安全保护管理办法》	1997 年
	《互联网安全保护技术措施规定》	2005 年

立 法 机 构	法 规 名 称	发布时间
公安部	《关于加强银行卡安全管理预防和打击银行犯罪的通知》（联合央行、国家工商总局）	2009 年
文化与旅游部	《互联网文化管理暂行规定》	2003 年
	《网络游戏管理暂行办法》	2010 年
	《在线旅游经营服务管理暂行规定（征求意见稿）》	2019 年
卫生部	《互联网医疗卫生信息服务管理办法》	2001 年
国家密码管理局	《电子认证服务密码管理方法》	2005 年
中国银行业务监督管理委员会	《电子银行业务管理办法》	2005 年
	《关于严厉打击涉及公共安全的违禁品网上非法交易的通知》	2007 年
中国人民银行	《电子支付指引（第一号）》	2005 年
	《关于促进银行卡产业发展的若干意见》（联合 9 个部门）	2005 年
	《非金融机构支付服务管理办法》	2010 年
	《非金融机构支付服务管理办法实施细则》	2010 年
市场监督管理局	《互联网药品信息服务管理暂行规定》	2001 年
	《互联网药品信息服务管理办法》	2004 年
	《互联网药品交易服务审批暂行规定》	2005 年
	《网络商品交易及有关服务行为管理暂行办法》	2010 年
	《关于加强网络团购经营活动管理的意见》	2012 年
	《网络餐饮服务食品安全监督管理办法》	2017 年
	《关于加强网络直播营销活动监管的指导意见》	2020 年
	《网络购买商品七日无理由退货暂行办法》	2020 年
	《关于加强网上销售消费品召回监管的公告》	2020 年
	《网络交易监督管理办法》	2021 年
	《网络食品安全违法行为查处办法》	2021 年
国家邮政局	《关于促进快递服务与网络零售协同发展的指导意见》（联合商务部）	2012 年
	《无法投递又无法退回邮件管理办法》	2013 年
	《寄递服务用户个人信息安全管理规定》	2013 年
	《关于推进邮政业服务乡村振兴的意见》	2019 年
国税总局	《网络发票管理办法》	2013 年
	《关于跨境电商综试区零售出口企业所得税核定征收有关问题公告》	2019 年
中国电子商务协会	《网络交易平台服务规范》	2005 年

续表

立法机构	法规名称	发布时间
最高人民法院、最高人民检察院	关于办理危害计算机信息系统安全刑事案件应用法律若干问题的解释	2011年
	《关于审理涉电子商务平台知识产权民事案件的指导意见》	2020年
海关总署	《关于全面推广跨境电子商务出口商品退货监管措施有关事宜的公告》	2020年
	《关于开展跨境电子商务企业对企业出口监管试点的公告》	2020年
交通运输部	《网络预约出租汽车监管信息交互平台运行管理办法》	2018年
	《关于推进乡镇运输服务站建设加快完善农村物流网络节点体系的意见》	2019年
教育部	《关于规范校外线上培训的实施意见》	2019年
	《关于促进在线教育健康发展的指导意见》	2019年

10.1.1　联合国《电子商务示范法》简介

1996年12月16日，联合国国际贸易法委员会第85次全体大会通过了《电子商务示范法》，该法是世界上第一个电子商务的统一法规，其目的是向各国提供一套国际公认的法律规则，以供各国法律部门在制定本国电子商务法律规范时参考，促进使用现代通信和信息存储手段。

《电子商务示范法》共17条，有两部分。第一部分为电子商务总则，即一般条款；对数据电文的适用法律要求；数据电文的传递。第二部分为电子商务的特定领域，主要涉及货物运输中的运输合同、运输单据、电子提单的效力和证据效力等问题。该法对电子商务的一些基本法律问题做出的规定，有助于填补国际上电子商务的法律空白。虽然它既不是国际条约，也不是国际惯例，仅仅是电子商务示范的法律范本，但却有助于各国完善、健全其有关传递和存储信息的现行法规和惯例，并给全球化的电子商务创造出统一的、良好的法律环境。

《电子商务示范法》体现了两个基本原则：一是数据电文的效力原则，该原则强调数据电文的法律效力、有效性和可执行性；二是中立原则，该原则包括技术中立、媒介中立、实施中立和同等保护。

10.1.2　《中华人民共和国电子签名法》简介

2004年8月28日，中华人民共和国第十届全国人民代表大会常务委员会第十一次会议通过《中华人民共和国电子签名法》，自2005年4月1日起施行。该法共计36条，包括总则、数据电文、电子签名与认证、法律责任和附则5个部分。主要规定了以下4个方面的内容。

1. 确立电子签名的法律效力

对于确认电子签名的法律效力,该法通过对电子签名进行定义,要求电子签名必须起到两个作用,即识别签名人身份、保证签名人认可文件中的内容。在此基础上,该法明确规定了电子签名具有与手写签名或者盖章同等的效力(第三条、第十四条)。在解决什么条件下电子签名具有效力的问题上,参照联合国贸易法委员会《电子签名示范法》的规定,以目前国际公认的成熟签名技术所具备的特点为基础,明确规定了与手写签名或者盖章同等有效的电子签名应当具备的具体条件(第十三条)。

2. 对数据电文做了相关规定

数据电文是指电子形式的文件,并且明确规定电子文件与书面文件具有同等效力,才能使现行的民商事法律同样适用于电子文件。

3. 设立电子认证服务市场准入制度

为了防止不具备条件的人擅自提供认证服务,该法对电子认证服务设立了市场准入制度(第十六条、第十七条)。同时,为了确保电子签名人的身份真实可靠,要求认证机构为电子签名人发放证书前,一方面必须对签名人申请发放证书的有关材料进行形式审查;另一方面还必须对申请人的身份进行实质性查验(第二十条)。此外,为了防止认证机构擅自停止经营,造成证书失效,使电子签名人和交易对方遭受损失,还规定了认证机构暂停、终止认证服务的业务承接制度(第二十三条)。

4. 规定电子签名安全保障制度

该法明确了有关各方在电子签名活动中的权利、义务。

10.1.3 《中华人民共和国电子商务法》简介

2013 年 12 月 27 日,全国人民代表大会财政经济委员会召开电子商务法起草组成立暨第一次全体会议。2016 年 12 月 19 日,第十二届全国人民代表大会常务委员会第二十五次会议在北京首次审议《中华人民共和国电子商务法(草案)》。2017 年 10 月 31 日,第十二届全国人民代表大会常务委员会第三十次会议对电子商务法草案进行了再次审议。2018 年 6 月 19 日,第十三届全国人民代表大会常务委员会第三次会议,对电子商务法草案三审稿进行了审议。2018 年 8 月 28 日,第十三届全国人民代表大会常务委员会第五次会议就电子商务法草案四审稿进行了分组审议。2018 年 8 月 31 日,第十三届全国人民代表大会常务委员会第五次会议审议电子商务法草案五次审议稿并通过,以中华人民共和国主席令第七号公布,自 2019 年 1 月 1 日起施行。

《中华人民共和国电子商务法》旨在保障电子商务各方主体的合法权益,规范电子商务行为,维护市场秩序,促进电子商务持续健康发展。该法共七章八十九条:第一章总则;第二章电子商务经营者(第一节一般规定、第二节电子商务平台经营者);第三章电子商务合同的订立与履行；第四章电子商务争议解决；第五章电子商务促进；第六章法律责任；第七章附则。

10.2 电子商务相关的主要法律问题

10.2.1 数据电文的法律问题

1. 数据电文的含义

根据《电子商务示范法》第二条的规定，数据电文是指经由电子手段、光学手段或类似手段生成、发送、接收或储存的信息。这些手段包括但又不限于电子数据交换、电子邮件、电报、电传或传真。

联合国经济贸易委员会在《电子商务示范法实施指南》中，对数据电文做了详细的注释。

（1）数据电文的概念并不仅限于通信，还包括计算机生成的，准备用于通信的记录。

（2）条文中"类似手段"一词，旨在反映《电子商务示范法》并不仅仅应用于现存通信技术环境的事实，它还为可预见的技术发展提供保障。数据电文是指包括所有类型的、本质上是以无纸化形式生成、存储或通信的信息。从《电子商务示范法》的意义上讲，"相类似"是指"功能上的等价"。

（3）数据电文定义，还意在包括其废除或修改的情况。某种暂时认为是具有确定信息内容的数据电文，但它可能被其他的数据电文所废除或改进。

2. 数据电文的法律效力

（1）数据电文符合法定书面形式。根据我国《电子签名法》第四条的规定，能够有形地表现所载内容，并可以随时调取查用的数据电文，视为符合法律、法规要求的书面形式。除了这两个条件外，数据电文要满足原件形式的要求，即能够可靠地保证自最初形成时起内容保持完整、未被更改。数据电文既要满足文件保存的要求，还需要能够识别数据电文的发件人、收件人以及发送、接收的时间。数据电文的证据效力表现在数据电文的可采性和真实性。

（2）数据电文的归属和确认。数据电文的归属，是指数据电文由谁发出，即谁是数据电文的发件人。我国《电子签名法》第九条规定，在以下 3 种情况下，数据电文可以视为由发件人发送的：①经发件人授权发送的，这种情况属于代理行为；②发件人的信息系统自动发送的，这种信息系统也称作"电子代理人"；③收件人按照发件人认可的方法对数据电文进行验证后结果相符的。

另外，基于当事人意思自治原则，我国《电子签名法》第九条还规定：当事人对前款规定的事项另有约定的，从其约定。

关于数据电文的确认收讫，我国《电子签名法》第十条规定：法律、行政法规规定或者当事人约定数据电文需要确认收讫的，应当确认收讫。发件人收到收件人的收讫确认时，数据电文视为已经收到。

确认收讫类似于邮政系统中的回执制度。确认收讫有多种方式。如果发件人与收件人约定必须采用某种特定形式或方法确认收讫,或发件人单方面要求如此,则收件人应以该方式确认收讫。如果未约定特定方式,则收件人可以通过任何一种方式确认收讫,包括由其信息系统自动发出确认收讫函的方式,只要该方式能明确表示该数据电文已经收到即可。对于必须经过确认收讫的,在发件人收到确认信息之前,数据电文可视为从未发送。

(3) 数据电文的发送和接收时间。①数据电文发送时间的确认。《电子商务示范法》第十五条前 3 款规定:除非发件人与收件人另有协议,一项数据电文的发送时间以它进入发件人或代表发件人发送数据电文的人控制范围之外的某一信息系统的时间为准。②数据电文接收时间的确认。除非发件人与收件人另有协议,数据电文的收到时间按下述办法确定:a. 如收件人为接收数据电文而指定了某一信息系统,以数据电文进入该指定信息系统的时间为收到时间,或如数据电文发给了收件人的一个信息系统但不是指定的信息系统,则以收件人检索到该数据电文的时间为收到时间。b. 如收件人并未指定某一信息系统,则以数据电文首次进入收件人的任一信息系统的时间为收到时间。

(4) 数据电文的发送和接收地点。《电子商务示范法》第十五条规定:除非发件人与收件人另有协议,数据电文应以发件人设有营业地的地点为其发出地点,而以收件人设有营业地的地点视为其收到地点。如发件人或收件人有一个以上的营业地,应以对基础交易具有最密切关系的营业地为准,又如果并无任何基础交易,则以其主要的营业地为准;如发件人或收件人没有营业地,则以其惯常居住地为准。

10.2.2 电子合同相关的法律问题

我国《民法典》第四百六十九条规定:以电子数据交换、电子邮件等方式能够有形地表现所载内容,并可以随时调取查用的数据电文,视为书面形式。因此,电子合同可以理解为平等民事主体之间通过电子信息网络,以数据电文形式达成的设立、变更、终止民事权利义务关系的电子协议。电子合同具有易改动性和易消失性、易保存和复制性、效力的特殊性等特征。

《民法典》第四百九十一条规定:当事人采用信件、数据电文等形式订立合同要求签订确认书的,签订确认书时合同成立。这就是说,在签署合同时可以不签订确认书,直接使用电子签名;也可以根据实际情况,首先签订使用这种方法的确认书。后一种做法可以提高合同的可靠性,防止电子签名的伪造。而《电子签名法》在确立电子签名的法律效力问题上,解决了两个关键性问题:一是通过立法确认电子签名的合法性和有效性;二是明确合法有效的电子签名应当具备的条件。

1. 电子合同的要约

电子合同的要约和传统合同的要约的含义一样,《民法典》第四百七十二条规定,要约是希望与他人订立合同的意思表示,该意思表示应当符合下列条件:内容具体确定;表明经受要约人承诺,要约人即受该意思表示约束。

(1) 电子要约的生效时间。《民法典》第一百三十七条规定:以非对话方式作出的意

思表示，到达相对人时生效。以非对话方式作出的采用数据电文形式的意思表示，相对人指定特定系统接收数据电文的，该数据电文进入该特定系统时生效；未指定特定系统的，相对人知道或者应当知道该数据电文进入其系统时生效。当事人对采用数据电文形式的意思表示的生效时间另有约定的，按照其约定。

（2）电子要约的撤回和撤销。《民法典》第一百四十一条规定：行为人可以撤回意思表示。撤回意思表示的通知应当在意思表示到达相对人前或者与意思表示同时到达相对人。但是，采用数据电文订立合同时，由于信息传输的高速性，要约人一旦发出要约，受要约人即刻就可以收到，撤回要约实际上是不可能的，可以采取撤销要约处理。《民法典》第四百七十七条规定：撤销要约的意思表示以对话方式作出的，该意思表示的内容应当在受要约人作出承诺之前为受要约人所知道；撤销要约的意思表示以非对话方式作出的，应当在受要约人作出承诺之前到达受要约人。《民法典》第四百七十六条规定，要约可以撤销，但是有下列情形之一的除外：①要约人以确定承诺期限或者其他形式明示要约不可撤销；②受要约人有理由认为要约是不可撤销的，并已经为履行合同做了合理准备工作。

（3）电子要约的失效。《民法典》第四百七十八条规定，有下列情形之一的，要约失效：要约被拒绝；要约被依法撤销；承诺期限届满，受要约人未作出承诺；受要约人对要约的内容作出实质性变更。

2．电子合同的承诺

电子合同的承诺和传统合同的承诺的含义一样，《民法典》第四百七十九条规定：承诺是受要约人同意要约的意思表示。承诺的法律效力在于一经承诺并送达要约人，电子合同便成立。承诺必须具有以下4个条件才能产生效力：承诺必须由受要约人向要约人做出；承诺必须在要约的有效期限内达到要约人；承诺的内容必须与要约的内容一致；承诺的方式必须符合要约的要求。在电子商务环境下，承诺由受要约人的电子代理人做出的，应视为受要约人的行为。同样，承诺也可向要约人的电子代理做出。

（1）电子承诺的迟延。《民法典》第四百八十六条规定：受要约人超过承诺期限发出承诺，或者在承诺期限内发出承诺，按照通常情形不能及时到达要约人的，为新要约；但是，要约人及时通知受要约人该承诺有效的除外。

（2）电子承诺的撤回和撤销。《民法典》第四百八十五条规定：承诺可以撤回。撤回承诺的通知应当在承诺通知达到要约人之前或者与承诺通知同时达到要约人。电子承诺的撤回存在着与电子要约撤回同样的问题。虽然法律并没有禁止电子承诺的撤回，但通过网络通信订立合同时，电子承诺的做出是在瞬间完成的，实际上要撤回几乎是不可能的。由于在电子交易中当事人一旦做出承诺，合同即可成立，所以当事人不可能撤销承诺，撤销承诺的行为通常造成违约。

3．电子合同的效力

电子合同的法律效力是指电子合同在当事人之间产生的法律约束力。《民法典》第五百零二条规定：依法成立的合同，自成立时起生效。但是，依法成立的合同并非都有法律效力，对电子合同来说，影响其效力的主要原因有如下几点。

（1）无权代理订立的合同。这在电子交易中可能有两种情形。一是双方或一方使用的是未经加密、认证的电子邮件系统。在这种情形下，传输的数据电文有被他人截获、篡改的可能，因此电子合同的效力很难得到保障。二是双方均采用了数字认证等安全系统。在这种情形下，如果交易一方认为已经成立的合同于己不利而想毁约时，可能会声称所做的意思表示是工作人员未经授权的擅自行为，对此，除非主张合同无效的一方有确凿的证据，否则相对一方可依据表见代理的规定主张该代理行为有效。

（2）限制民事行为能力人订立的合同。如果电子商务经营者一方已知购买方的购买行为与其年龄、智力、精神健康状况不相适应，在能够通知其法定代理人的情况下则应催告代理人追认，在不能通知的情况下应主动撤销合同。

（3）可撤销的合同。如果消费者对产品没有足够的认识与了解，就会对产品的基本情况产生重大误解，按照《民法典》的理论这样的合同属于可撤销合同，但消费者要在网络购物情形下证明这一点并不容易。

（4）格式合同及免责条款。由于网络购物的特殊性，在 B2C 的方式中，基本上是采用格式合同。一些商家从自己的利益出发，在冗长的格式合同中掺杂了大量不利于消费者的条款，特别是免责条款。如果电子商务经营者有意免除自己责任、加重消费者责任、排除消费者主要权利，除合同无效外，还应赔偿消费者的损失。

（5）系统设置与系统障碍。在 B2B 方式下，交易一方或双方设置了系统自动确认或自动回复功能的，由于系统障碍造成错误回应的，在 B2B 方式下可解除合同的效力。在 B2C 方式下，如果出故障的是电子商务系统，则合同有效；如果出故障的是消费者一方的计算机，则可解除合同。

电子合同的履行、终止、违约救济等方面基本上与传统合同一样，可以适用于普通合同的规则。

10.2.3　电子商务消费者权益的法律问题

根据我国《消费者权益保护法》的规定，消费者是指为生活消费需要而购买、使用商品或者接受服务的人。在电子商务环境中，消费者网上消费行为的本质和交易性质并没有因消费者环境的变化而发生改变，仅仅是消费形式发生了变化。由于我国《消费者权益保护法》并没有对交易形式做出专门规定，所以该法对消费者的定义也同样适用于电子商务领域。2014 年 3 月 15 日实施的新《消费者权益保护法》，是《消费者权益保护法》颁布实施 20 年来的第二次修正，进一步强化了对消费者权益的保护，新增和更正了不少与电子商务直接相关的条款，规范了网络购物新的消费方式，给予了网购者更大的反悔权和更方便的投诉方式，将存在多年的"电商乱象"纳入重点规范领域。

1. 电子商务中消费者权益保护的主要问题

目前网络交易中消费者权益不能得到强有力的保障的问题有很多，这些问题都在某种程度上对个人网络交易产生了负面影响，阻碍了个人网络交易的发展。网上消费者权益保护存在的问题主要有以下几个方面。

（1）网络虚假信息问题。在电子商务活动中，网上消费者只能通过广告对网上经营者的身份以及所销售的产品或提供的服务进行了解，其知情权无法得到保障。某些网上经营者利用互联网虚拟性的特点发布虚假的商业信息误导消费者，甚至利用广告进行网络欺诈活动，损害了消费者的合法权益。

（2）网络交易安全问题。消费者在进行网络交易时，从合同的订立到款项的支付都通过互联网进行，其交易信息（如消费者身份证号码、信用卡账号、密码等）可能由于技术原因而泄露或被不法分子截获、破译、篡改、窃取，会极大地侵害网上消费者的财产安全权。

（3）侵害消费者隐私问题。网上消费者在网络交易过程中都会主动或被动地提供很多个人信息，网上经营者同时也会利用技术方法获得更多的消费者个人信息。经营者为了促销商品等目的，未经授权向网上消费者发送垃圾邮件，影响消费者个人生活安宁，构成侵害网络消费者隐私权的行为，有的甚至将这些信息卖给其他网上经营者以谋取经济利益。

（4）电子商务合同问题。电子商务合同的格式化以及网络交易过程的即时性对网上消费者权利的行使造成了很大的限制。网上经营者为了自身的利益往往利用这些格式合同中的免责条款减轻或免除其责任，或者使用一些技术手段将合同条款置于另外的网页上，令消费者无法直观地了解合同内容。对这些格式合同中的交易条件，网上消费者只能被动接受。

（5）侵害消费者索赔权问题。首先，在网络交易中的网上经营者并不总会很清楚地表明自己的真实身份或地址，无法得知经营者的真实身份或者经营者处于其他地区而无法或不便寻求索赔。其次，网络交易的完成需经过多个环节、多个主体参与，在发生纠纷时，往往难以确定网上经营者、银行、物流公司在各个环节上的责任，或者因法律无明文规定而造成对当事人不公平的情况。最后，电子商务活动的跨地域性增加了网上消费者退换货的难度。

2. 网上消费者权益的保护

根据《消费者权益保护法》，我国消费者在购买、使用商品和接受服务时享有9项权利，即安全权、知情权、公平交易权、求偿权、自主选择权、结社权、获知权、受尊重权和监督权。

（1）安全权的保护。网上消费者人身安全权和财产安全权的一般性保护可适用《民法典》《消费者权益保护法》《产品质量法》等法律法规的相关规定，网上经营者应根据其对消费者安全造成损害的性质、情节和危害程度依法承担相应的民事责任、行政责任和刑事责任。

电子商务安全技术是保护网上消费者安全权的有力保障，主要包括网络通信安全和支付安全两方面的内容。个人信息被随意泄露或买卖，消费者的正常生活受到严重干扰。修改后的新《消费者权益保护法》明确了个人信息保护，首次将个人信息保护作为消费者权益确认下来。其中第十四条规定：消费者在购买、使用商品和接受服务时，享有人格尊严、民族风俗习惯得到尊重的权利，享有个人信息依法得到保护的权利。第二十九条规定：经营者收集、使用消费者个人信息，应当遵循合法、正当、必要的原则，明示收集、使用信息的目的、方式和范围，并经消费者同意。

（2）知情权的保护。网上消费者知情权保护的主要法律依据是《消费者权益保护法》，《民法典》《广告法》《产品质量法》等也提供了法律依据。

新《消费者权益保护法》第二十条规定：经营者向消费者提供有关商品或者服务的质量、性能、用途、有效期限等信息，应当真实、全面，不得作虚假或者引人误解的宣传。第二十八条规定：采用网络、电视、电话、邮购等方式提供商品或者服务的经营者，以及提供证券、保险、银行等金融服务的经营者，应当向消费者提供经营地址、联系方式、商品或者服务的数量和质量、价款或者费用、履行期限和方式、安全注意事项和风险警示、售后服务、民事责任等信息。

该条款规定的核心是保障消费者的知情权。要求经营者提供经营地址、联系方式，有助于明确经营主体，解决非现场购物面临的突出问题；安全注意事项和风险警示等信息有助于消费者全面、客观地进行分析和决策；售后服务、民事责任事前明确，便于发生问题从速解决。

（3）公平交易权的保护。消费者公平交易权是指消费者在购买商品或接受服务时，所享有的与经营者进行公平交易的权利。《消费者权益保护法》第二十五条规定，经营者采用网络、电视、电话、邮购等方式销售商品，消费者有权自收到商品之日起七日内退货，且无需说明理由，但下列商品除外：消费者定作的；鲜活易腐的；在线下载或者消费者拆封的音像制品、计算机软件等数字化商品；交付的报纸、期刊。消费者退货的商品应当完好。经营者应当自收到退回商品之日起七日内返还消费者支付的商品价款。退回商品的运费由消费者承担。经营者和消费者另有约定的，按照约定。网络购物的"非现场性"导致消费者和商家的信息极不对称，消费者的权益容易受到侵害。新《消费者权益保护法》针对网络等远程购物方式赋予了消费者七天的反悔权，旨在促进买卖双方的平等地位。

对网上格式合同内容的规制也是网上消费者公平交易权保护的重点，《消费者权益保护法》和《民法典》都对格式合同的内容做出了相应的规定。这些规定不仅规制了格式合同的内容，还针对网上消费者和经营者对格式合同条款的理解发生争议的情况做出了规定。《民法典》第四百九十六条规定：采用格式条款订立合同的，提供格式条款的一方应当遵循公平原则确定当事人之间的权利和义务，并采取合理的方式提示对方注意免除或者减轻其责任等与对方有重大利害关系的条款，按照对方的要求，对该条款予以说明。提供格式条款的一方未履行提示或者说明义务，致使对方没有注意或者理解与其有重大利害关系的条款的，对方可以主张该条款不成为合同的内容。

新《消费者权益保护法》对于经营者以不公平格式条款损害消费者权益的行为进行了进一步规制。第二十六条规定：经营者在经营活动中使用格式条款的，应当以显著方式提请消费者注意商品或者服务的数量和质量、价款或者费用、履行期限和方式、安全注意事项和风险警示、售后服务、民事责任等与消费者有重大利害关系的内容，并按照消费者的要求予以说明。经营者不得以格式条款、通知、声明、店堂告示等方式，做出排除或者限制消费者权利、减轻或者免除经营者责任、加重消费者责任等对消费者不公平、不合理的规定，不得利用格式条款并借助技术手段强制交易。格式条款、通知、声明、店堂告示等含有前款所列内容的，其内容无效。

（4）求偿权的保护。根据《民法典》《消费者权益保护法》《产品质量法》的有关规定，网上经营者侵害了网上消费者的人身权利和财产权利的，应承担赔偿责任。

① 加重发布虚假广告责任。新《消费者权益保护法》第四十五条规定：消费者因经营者利用虚假广告或者其他虚假宣传方式提供商品或服务，其合法权益受到损害的，可以向经营者要求赔偿。广告经营者、发布者发布虚假广告的，消费者可以请求行政主管部门予以惩处。广告经营者、发布者不能提供经营者的真实名称、地址和有效联系方式的，应

当承担赔偿责任。广告经营者、发布者设计、制作、发布关系消费者生命健康商品或者服务的虚假广告，造成消费者损害的，应当与提供该商品或者服务的经营者承担连带责任。社会团体或者其他组织、个人在关系消费者生命健康商品或者服务的虚假广告或者其他虚假宣传中向消费者推荐商品或者服务，造成消费者损害的，应当与提供该商品或者服务的经营者承担连带责任。针对网络虚假广告、明星代言产品质量参差不齐等损害消费者权益的情况，新《消费者权益保护法》做出了相应规制。一是强化虚假广告发布者的责任；二是规定虚假荐言者的责任。今后出现问题不仅可以找社会团体、组织、广告的发布者、经营者、广告主，同时也可以把广告的代言人直接纳入进来，这样的惩处更有力度。

② 明确网购平台责任。新《消费者权益保护法》第四十四条规定：消费者通过网络交易平台购买商品或者接受服务，其合法权益受到损害的，可以向销售者或者服务者要求赔偿。网络交易平台提供者不能提供销售者或者服务者的真实名称、地址和有效联系方式的，消费者也可以向网络交易平台提供者要求赔偿。网上购物方式同普通的购物不同，对于商家是否具备经营资质、信誉等情况，买家无从查证，这就需要网络平台加强审查和监管。新《消费者权益保护法》对网购平台的责任进行了清晰定位，新法规定网络交易平台提供者作为第三方，承担有限责任。一是在无法提供销售者或者服务者的真实名称、地址和有效联系方式的情况下，承担先行赔偿责任。二是在明知或应知销售者或者服务者利用平台损害消费者权益的情形下，未采取必要措施的，承担连带责任。同时规定，网络交易平台做出更有利于消费者的承诺的，应当履行承诺，防止承诺不兑现。消费者在各大电商平台购物过程中，往往难以找到经营主体，而上述规定则起到了督促电商平台履行审查义务，有利于消费者实现索赔。电商平台除负有审核义务、信息披露义务外，还负有其他应尽义务，如保障网络服务安全、告知消费者风险防范、规范信用评估服务、保护消费者个人信息、制定纠纷解决规则及协助解决争议、协助出证义务等，电商平台不履行应尽义务，损害消费者权益的，也要承担相应责任。

③ 数字化产品退换货以及交易当事人的责任分担问题。对于实体商品的退换，按照传统法律的相关规定，允许消费者在一定的冷静期内有权退换货。但对于数字化商品的法律定位，尚处于空白与模糊地带。我国应借鉴他人经验，在《消费者权益保护法》中增加"犹豫期"的规定，并尽快解决数字化商品的法律定位问题。北京市《电子商务监督管理暂行方法》第二十六条规定，对于数字化产品，除有严重错误或含有计算机病毒等破坏性程序者外，经营者可免除无条件退货的责任。

对电子商务损害责任的分担需根据损害产生的原因做出具体分析，在一般情况下，各方当事人在责任分担上应遵循以下原则。

① 由于网上消费者输入错误且未及时通知网上银行加以纠正所造成的财产损失应由消费者自行承担。及时通知网上银行而银行未能及时做出纠正的，应由网上消费者与网上银行共同分担损失，但银行承担责任的范围应仅限于直接损失。

② 由于网络通信系统中断等原因造成的损失，应由网络服务提供者承担责任，但此种责任应限于直接损失。

③ 由于第三方（如黑客攻击）而造成的损失，网上经营者应承担责任。

④ 由于物流公司的原因致使货物损失或货物灭失而造成网上消费者损失的，应由网

上经营者承担责任。

⑤ 由于计算机软硬件的缺陷或故障而造成网上经营者损失的,应由计算机软硬件设备提供者承担损失。

10.2.4　电子商务知识产权的法律问题

电子商务知识产权的法律问题主要包括网络著作权、网络商标权和域名的知识产权法律保护。

1. 网络著作权

网络著作权是指著作权人对受著作权法保护的作品在网络环境下所享有的著作权权利。根据《最高人民法院关于审理涉及计算机网络著作权纠纷案例适用法律若干问题的解释》第二条规定:网上作品的著作权仍然属于原作品的著作权人。

网上作品是指以数字形式在互联网上出现的文学、艺术和科学作品。既包括传统作品的数字化形式,也包括以数字化形式在网上直接创作的作品。计算机软件、电子数据库和多媒体作品也属于网上作品。

网络著作权的内容主要包括两个部分。

(1) 人身权利。我国《著作权法》规定了著作权人的发表权、署名权、修改权和保护作品完整权 4 项人身权利。

(2) 财产权。也称为经济权利,是指著作权人利用其作品获得财产收益的权利。我国《著作权法》规定了著作权人享有的 13 项经济权利,网上作品著作权人的财产权主要包括作品的网络复制权和信息网络传播权。

网络复制权应当是一种能够维护著作权人和社会公众广泛利益并兼顾网络技术发展的复制权。它所指向的复制应当有一定的限制,即网络环境中的复制应当包括用户为达到特定目的,通过进行特定的操作而固定作品的行为。而暂时复制,即互联网缓存中所发生的复制,是不具有法律意义的复制。

《著作权法》第十条将信息网络传播权定义为作者以有线或者无线方式向公众提供,使公众可以在其个人选定的时间和地点获得作品的权利。《信息网络传播权保护条例》共27 条,包括合理使用、法定许可、避风港原则、版权管理技术等一系列内容,区分了著作权人、图书馆、网络服务商、读者各自可以享受的权益。网络传播和使用都有法可依,体现了产业发展与权利人利益、公众利益的平衡。

网上作品著作权侵权的形式主要有 3 种:①网站、网络用户对传统作品的侵权行为;②传统媒体对网上作品的侵权行为;③网站、网络用户对网上作品的侵权行为。

网络著作权侵权的构成要件包括 4 个方面:①须有侵权网络著作权的不法行为;②有损害事实;③有主观过错;④不法行为和损害事实有联系。

2. 网络商标权

《商标法》规定:经商标局核准注册的商标为注册商标,商标注册人享有商标专用权,受法律保护。在电子商务环境下，商标的域名抢注、网页链接和搜索引擎中的商标侵权等商标侵权行为越来越突出，这些侵权行为的责任承担也因电子商务模式的不同而有所不同。

本质上讲，电子商务中商标侵权行为和传统的商标侵权行为认定没有根本的不同，相对于传统商务而言，电子商务只是改变了一种交易形式。但是电子商务中的商标侵权行为毕竟是一种新型的商标侵权，其构成要件主要除了侵害行为、损害结果、因果关系以外，更应该强调行为人的主观过错。因为电子商务中的商标侵权的归责原则主要是过错责任原则，因而在电子商务商标侵权责任的认定中，过错要件是重要的必备要件之一，要求行为人主观上具有故意或过失，即明知或应当知道其行为侵犯他人商标权仍然实施或是为了牟取非法利益的，才能追究其法律责任。

在电子商务活动中，以下行为构成对商标权的直接侵权。

（1）在 B2B、B2C 或 C2C 模式下，在网上直接销售假冒名牌产品的企业或个人，构成商标侵权的。

（2）企业或个人在其网络商店的标志、网页设计以及广告宣传中未经许可使用他人注册的商标，构成商标侵权或者不正当竞争的。

（3）企业或个人将他人注册的商标或驰名商标恶意抢注为域名，构成商标侵权或者不正当竞争的。

3. 域名的知识产权法律保护

《中国互联网络域名注册暂行管理办法》和《中国互联网络域名注册实施细则》是目前中国域名管理与保护的基本法律依据。根据这两个文件的规定，我国目前对域名注册实行与商标注册类似的禁止性条款，如明确规定域名不得使用公众知晓的国家或地区名称、外国地名、国际组织名称，未经批准不得使用县级以上行政区划名称的全称或缩写，不得使用行业名称或商品的通用名称及其他对国家、社会或公共利益有损害的名称；不得使用他人已经在中国注册过的企业名称或者商标名称等。

《关于审理涉及计算机网络域名民事纠纷案件适用法律若干问题的解释》，对域名纠纷案件的案由、受理条件和管辖，域名注册、使用等行为构成侵权的条件，对行为人恶意以及对案件中商标驰名事实的认定等，都做出了规定。

该解释同时列举了 4 种最为常见的恶意情形：一是为商业的目的将他人驰名商标注册为域名；二是为商业目的注册、使用与原告的注册商标、域名等相同或近似的域名，故意造成与原告提供的产品、服务或者原告网站的混淆，误导网络用户访问其网站或其他在线站点；三是曾要约高价出售、出租或以其他方式转让这个域名获取不正当利益；四是注册域名后自己不使用也未准备使用，而有意阻止权利人注册这个域名。

10.2.5 电子商务安全与网络犯罪的法律问题

我国现行法律制度对计算机安全保护表现在两个方面：一方面是对计算机系统的安全保护；另一方面是对计算机犯罪的防范打击。

《全国人大常委会关于维护互联网安全的决定》分别从互联网的运行安全，国家安全和社会稳定，社会主义市场经济秩序和社会管理

抖音电商发布商家"欺诈发货"违规处罚公示

秩序,个人、法人和其他组织的人身、财产等合法权利 4 个方面共 15 款,规定了对构成犯罪的,依照刑法有关规定追究刑事责任。在《中华人民共和国刑法》妨害社会管理秩序罪分则中,规定了非法侵入计算机信息系统罪和破坏计算机信息系统罪共 2 条 4 款。《中华人民共和国计算机信息系统安全保护条例》规定了计算机信息系统的建设和使用、安全等级保护、国际联网备案、计算机信息系统使用单位的安全案件报告、有害数据的防治管理等计算机信息系统安全保护的 9 项制度。

2011 年 9 月 1 日开始实施的《最高人民法院、最高人民检察院关于办理危害计算机信息系统安全刑事案件应用法律若干问题的解释》共有 11 条,主要规定了以下几个方面的内容。

(1)明确了非法获取计算机信息系统数据、非法控制计算机信息系统罪,提供侵入、非法控制计算机信息系统程序、工具罪,破坏计算机信息系统罪等犯罪的定罪量刑标准。

(2)规定了对明知是非法获取计算机信息系统数据犯罪所获取的数据、非法控制计算机信息系统犯罪所获取的计算机信息系统控制权,而予以转移、收购、代为销售或者以其他方法掩饰、隐瞒的行为,以掩饰、隐瞒犯罪所得罪追究刑事责任。

(3)明确了对以单位名义或者单位形式实施危害计算机信息系统安全犯罪的行为,应当追究直接负责的主管人员和其他直接责任人员的刑事责任。

(4)规定了危害计算机信息系统安全共同犯罪的具体情形和处理原则。

(5)明确了"国家事务、国防建设、尖端科学技术领域的计算机信息系统""专门用于侵入、非法控制计算机信息系统的程序、工具""计算机病毒等破坏性程序"的具体范围、认定程序等问题。

(6)界定了"计算机信息系统""计算机系统""身份认证信息""经济损失"等相关术语的内涵和外延。

我国现行法律制度对计算机安全保护表现的另一个方面就是对计算机犯罪的防范打击。计算机网络犯罪,是指运用计算机技术,借助于网络对计算机应用系统或信息进行攻击和破坏,或者利用网络进行其他犯罪的总称。网络犯罪包括两种类型。

1. 网络对象犯罪

网络对象犯罪只能在计算机网络上实施,表现形式主要有袭击网站和在线传播破坏性病毒等其他破坏性程序。罪名主要包括侵入计算机系统罪、破坏计算机信息系统功能罪、破坏计算机数据和应用程序罪以及制作传播破坏性程序罪。

2. 网络工具犯罪

网络工具犯罪是利用计算机网络实施的犯罪,表现形式主要有电子盗窃、网上洗钱、网络侮辱、诽谤与恐吓、网上诈骗、网络赌博、网上色情传播、网上非法交易等。

本 章 小 结

　　本章介绍了电子商务法涉及的相关领域和国内外电子商务立法现状，还简单介绍了《电子商务示范法》《中华人民共和国电子商务法》和《中华人民共和国电子签名法》。

　　主要探讨了电子商务相关的数据电文、电子合同、网上消费者权益保护、电子商务知识产权、电子商务安全和网络犯罪五大法律问题。

　　数据电文是指经由电子手段、光学手段或类似手段生成、发送、接收或储存的信息。这些手段包括但又不限于电子数据交换、电子邮件、电报、电传或传真。我国《电子签名法》对数据电文的法律效力、归属、发送和接收的时间和地点等方面做了规定。

　　电子合同是平等民事主体之间通过电子信息网络，以数据电文形式达成的设立、变更、终止民事权利义务关系的电子协议。我国《民法典》规定了电子合同的要约和承诺、效力方面相关的法律问题。

　　电子商务中消费者权益的问题主要有网络虚假信息问题、网络交易安全问题、侵害消费者隐私问题、电子商务合同问题、侵害消费者索赔权问题等。网上消费者权益的保护主要有安全权的保护、知情权的保护、公平交易权的保护和求偿权的保护等。

　　电子商务知识产权的法律问题主要包括网络著作权、网络商标权和域名的知识产权法律保护。网络著作权是指著作权人对受著作权法保护的作品在网络环境下所享有的著作权权利。

　　我国现行法律制度对计算机安全保护表现在两个方面：一方面是对计算机系统的安全保护；另一方面是对计算机犯罪的防范打击。网络犯罪，是指运用计算机技术，借助于网络对计算机应用系统或信息进行攻击和破坏，或者利用网络进行其他犯罪的总称。网络犯罪包括网络对象犯罪和网络工具犯罪。

复 习 思 考 题

□ 选择题

1. 关于电子合同与传统合同的区别，下面 4 个选项中错误的是（　　）。
　　A. 合同当事人的权利和义务有所不同
　　B. 合同订立的环境不同
　　C. 合同订立的各环节发生了变化
　　D. 传统合同的履行比电子合同更加复杂

2. 域名作为一种在互联网上的地址名称，以下（　　）不属于其法律特征。
　　A. 安全性　　　　　B. 标识性　　　　　C. 唯一性　　　　　D. 排他性

3. 下列情况，属于侵犯信息网络传播权的有（　　）。

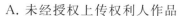
A. 未经授权上传权利人作品

B. 未经允许在网络上转载、摘编他人的网上信息

C. 未经授权以 P2P 方式共享他人作品

D. 未经允许链接使用他人作品

4. 赵经理的公司刚刚在阿里巴巴中文网站上开展贸易业务,由于警惕性不高,经验不足,很快遭遇了骗局,当发现上当受骗后,赵经理应该(   )。

A. 保留所有交易过程中的一切资料,包括合同、聊天记录、往来邮件、发货凭证、汇款凭证、账号信息、联系方式等

B. 到当地公安机关报警

C. 将公安机关的立案证明(受理案件回执)或者法院的立案通知书签字盖章的复印件提供给阿里巴巴

D. 到诚信论坛投诉

□ 复习与讨论

1. 网络犯罪的类型有哪些?

2. 在电子交易活动中,网络服务提供商有可能承担哪些法律责任?

3. 针对电子商务中出现的新问题,你认为我国现行法律还有哪些亟待完善之处?

4. 《最高人民法院、最高人民检察院关于办理危害计算机信息系统安全刑事案件应用法律若干问题的解释》对电子商务安全有什么影响?

□ 案例分析

网红补税第一例曝光

2021 年 10 月,郑州市金水区税务局运用大数据实现信息系统自动提取数据,加大对文娱领域从业人员税收征管力度,追征一名网红的 662.44 万元税款收入国库。

前不久,在通过"自然人电子税务局"平台对汇缴欠税数据的例行监测中,该局税政二股在系统内查询到,文化路税务分局一笔 2020 年汇算清缴的大额欠税有疑团。二股的工作人员在第一时间与文化路税务分局进行沟通,了解这笔税款的来龙去脉。收到这一信息后,文化路税务分局税务人员立即着手了解情况,户籍管理员多次与纳税人联系,但纳税人一直不接电话,随后工作人员又联系其任职单位,向企业了解该笔大额申报情况。单位财务人员说该纳税人为一名网络主播,已离职前往北京。

经过税务人员对相关税收政策的宣讲,这家企业财务人员表示会尽快通知到这名网红,积极配合做好追征工作。随后,这名纳税人和文化路税务分局取得了联系,当即表态服从税收管理,清缴税款,但是由于本人在北京,受银行限额的规定,税款不能一次性缴纳,需要逐日分批支付。这名纳税人分 15 笔结清了税款,共补交税款 634.66 万元,滞纳金 27.78 万元,合计 662.44 万元。

(资料来源:https://m.thepaper.cn/baijiahao_14881470)

问题:

(1) 根据本案案情,讨论网红补税的法律依据是什么?

(2) 采取哪些措施可以防范互联网企业偷税、漏税行为?

参 考 文 献

[1] 埃弗雷姆·特班,乔恩·奥特兰德,等.电子商务:管理与社交网络视角(原书第9版)[M].占丽,
    孙相云,时启亮,等译.北京:机械工业出版社,2020.

[2] 白东蕊,岳云康.电子商务概论[M].4版.北京:人民邮电出版社,2021.

[3] 冯英健.网络营销基础与实践[M].5版.北京:清华大学出版社,2016.

[4] 张荣刚.电子商务法律法规[M].北京:人民邮电出版社,2021.

[5] 胡广伟.网络营销理论、工具与方法[M].北京:人民邮电出版社,2021.

[6] 宋文官.电子商务概论[M].4版.北京:清华大学出版社,2017.

[7] 陈德人.电子商务概论及案例分析[M].北京:人民邮电出版社,2022.

[8] 欧伟强,钟晓燕.电子商务物流管理[M].北京:电子工业出版社,2021.

[9] 黄旭强,梅琪,洪文良.直播运营实务[M].北京:清华大学出版社,2021.

[10] 邵兵家.电子商务概论[M].4版.北京:高等教育出版社,2019.

[11] 刘亚男,胡令.新媒体营销[M].北京:人民邮电出版社,2021.

[12] 马文娟,杜作阳.短视频运营实务[M].北京:清华大学出版社,2021.

[13] 梅琪,王刚,黄旭强.新媒体内容营销实务[M].北京:清华大学出版社,2021.

[14] 王立华.电子政务概论[M].西安:西安交通大学出版社,2011.

[15] 苏朝晖.客户关系管理:理念、技术与策略[M].4版.北京:机械工业出版社,2021.

[16] 王忠元.电子商务概论与实训教程[M].4版.北京:机械工业出版社,2022.

[17] 汤兵勇.客户关系管理[M].3版.北京:高等教育出版社,2014.

[18] 陈彩霞.电子支付与网络金融[M].2版.北京:清华大学出版社,2020.

[19] 叶万军,东旭,邹益民.跨境电子商务物流[M].北京:清华大学出版社,2021.

[20] 温希波,邢志良,薛梅.电子商务法[M].北京:人民邮电出版社,2021.

[21] 昝梦莹,王征兵.农产品电商直播:电商扶贫新模式[J].农业经济问题,2020(11):77-86.

[22] 宋华,陈思洁.供应链金融的演进与互联网供应链金融:一个理论框架[J].中国人民大学学报,
    2016,30(05):95-104.

[23] 胡雯.电商新业态兴起 直播类人才需求猛增[J].中国对外贸易,2022(07):79-81.